BEIJINGSHI DIER ZHONGJI RENMIN FAYUAN

北京市第二中级人民法院

司法体制综合配套改革的探索与实践

SIFA TIZHI ZONGHE PEITAO GAIGE DE
TANSUO YU SHIJIAN

鲁桂华　主编

法律出版社
LAW PRESS · CHINA
北京

图书在版编目(CIP)数据

北京市第二中级人民法院司法体制综合配套改革的探索与实践 / 鲁桂华主编. -- 北京 : 法律出版社, 2023
ISBN 978-7-5197-7305-2

Ⅰ. ①北… Ⅱ. ①鲁… Ⅲ. ①法院-体制改革-研究-北京 Ⅳ. ①D926.22

中国版本图书馆 CIP 数据核字(2022)第 219146 号

北京市第二中级人民法院司法体制综合配套改革的探索与实践
BEIJINGSHI DIER ZHONGJI RENMIN FAYUAN SIFA TIZHI ZONGHE PEITAO GAIGE DE TANSUO YU SHIJIAN

鲁桂华 主编

责任编辑 朱海波
装帧设计 汪奇峰

出版发行 法律出版社
编辑统筹 法律应用出版分社
责任校对 王 丰 李景美
责任印制 刘晓伟
经　　销 新华书店

开本 710 毫米×1000 毫米 1/16
印张 23.5 **字数** 360 千
版本 2023 年 4 月第 1 版
印次 2023 年 4 月第 1 次印刷
印刷 唐山玺诚印务有限公司

地址:北京市丰台区莲花池西里 7 号(100073)
网址:www.lawpress.com.cn
投稿邮箱:info@lawpress.com.cn
举报盗版邮箱:jbwq@lawpress.com.cn

销售电话:010-83938349
客服电话:010-83938350
咨询电话:010-63939796

书号:ISBN 978-7-5197-7305-2
定价:98.00 元
凡购买本社图书,如有印装错误,我社负责退换。电话:010-83938349

编辑委员会

序

深入推进司法体制改革是全面深化改革和全面依法治国的必然要求，是推进国家治理体系和治理能力现代化的重要举措，也是国家治理领域一场广泛而深刻的革命。党的十八大以来，以习近平同志为核心的党中央坚持走中国特色社会主义法治道路，以“让人民群众在每一个司法案件中感受到公平正义”为目标，着力破解影响司法公正、制约司法效能的深层次问题，对新一轮司法改革作出了系统化的顶层设计，密集出台了一大批政策文件，驰而不息推动各项改革措施落地。新一轮司法改革涉及的范围之广、投入的力度之大、推进的程度之深，无论是在中国司法文明史中还是在世界司法改革史中都留下了浓墨重彩的一笔。

北京市第二中级人民法院作为全市司法体制改革综合试点法院和司法体制综合配套改革试点法院，在北京市委政法委、北京市高级人民法院的领导、指导和支持下，严格按照上级有关要求和部署，坚持顶层设计和实践探索相结合，坚持促进司法文明进步和维护社会大局稳定相结合，坚持改革创新和依法推进相结合，坚持遵循司法规律和紧贴自身实际相结合，大力推进各项改革措施落实落地，取得的显著成效受到社会广泛关注。北京市第二中级人民法院审判团队建设、速裁机制建设、法官绩效考评机制建设等多项改革举措也得到了上级领导的充分肯定，其中，利用大数据开展法官绩效考评、对二审独任制案件进行监督管理的做法分别入选最高人民法院首批和第九批司法改革指导案例，充分体现了首都法院司法改革“领头羊”和“排头兵”作用，形成了具有鲜明首都中级法院特色的改革实践样本。

经过七年的不懈探索与改革创新,北京市第二中级人民法院逐步构建起上下贯通、内外联动、系统完备、规范高效的司法改革工作体系,在更高站位、更深层次、更宽领域,以更大力度深化司法体制综合配套改革,有力推动各项工作向更高层次迈进。目前,北京市第二中级人民法院以司法责任制为核心的四项基础性改革已经全面落地见效;以明确的审判组织、审判人员权限和职能为基础,以有效的审判管理和监督制度为保障的新型审判权力运行机制已经初步建成;以"多元调解+速裁"机制为牵引,以专业化审判为支撑的新审判格局已经搭建完毕;以立案登记、诉讼服务为代表的便民利民机制改革逐步完善;以审判为中心的刑事诉讼制度改革,以实质化审理为方向的行政诉讼制度改革,以民事案件繁简分流、轻重分离、快慢分道为目标的民事诉讼制度改革迈出关键步伐;以科技赋能审判、技术服务群众为理念的智慧法院建设不断深入,促进了司法公正与效率的有机统一。北京市第二中级人民法院各项体制性、机制性、创新性改革举措相辅相成、环环相扣,正朝着建设公正高效权威的中国特色社会主义司法制度目标稳步迈进。

为全景展示司法改革工作情况,北京市第二中级人民法院组织全院力量编写了本书,既是对北京市第二中级人民法院改革推进情况的一次系统全面梳理和总结,也凝聚着全院干警对改革的思索和洞见,更期冀为社会各界观察、研究、剖析北京乃至全国法院司法改革工作提供一个既有共性又有特色的窗口和切面。本书对每项改革举措的描述均分为四个部分:第一部分是改革的顶层设计,帮助读者梳理司法改革自上而下的脉络;第二部分是北京市第二中级人民法院对本项改革的思考和谋划,体现中级法院的认识程度,展现一线法官"怎么看"的问题;第三部分是具体的改革推进措施,展示"怎么办"的问题;第四部分是工作开展成效和下一步改革要解决的问题,明确今后努力方向。这四个部分共同组成了每项改革内容,立体展示了改革进程，客观呈现了改革全貌，具有一定的鲜活性和思辨性。综观北京市第二中级人民法院司法改革谋划和推进情况，有四个较为鲜明的特点值得关注。

一是突出政治属性。始终牢记政法机关首先是政治机关，看北京首先要从政治上看的要求，坚持司法体制改革的正确政治方向，将思想政治工作贯穿司法改革全过程。北京市第二中级人民法院党组按照知责明责、守责尽责的标准，不断深化认识，坚决承担起推动全院改革的主体责任。同时，北京市第二中级人民法院及时成立司法改革工作领导小组及办事机构，形成党组书记挂帅，党组成员抓落实，各部门广泛参与的工作机制。党组第一时间学习领会中共中央办公厅、中央政法委、最高人民法院、北京市委政法委、北京市高级人民法院关于司法改革的部署和要求，做到统一思想认识。定期对司法改革工作进行专题研究，做到既有总体部署又有阶段目标，既正确贯彻上级有关司法改革的总体精神要求，又结合本院实际突出针对性和可操作性。坚持思想政治工作全方位、全覆盖，改革推进到哪一步，思想政治工作就跟进到哪一步，在改革过程中切实向全体干警讲清楚为什么改、改什么、怎么改的问题。政治部、机关党委、各党支部充分发挥战斗堡垒作用，认真做好全体干警的思想工作，确保不落下一个人、不留下一个死角，使每一名干警了解改革精神、知晓改革政策，做到老同志无怨言、中年同志有干劲、年轻同志有目标，最大限度调动干警参与改革的积极性。

二是站稳人民立场。坚持司法体制改革必须为了人民、依靠人民、造福人民，在推进改革过程中注重广泛听取群众意见，始终将人民群众对公正司法的关注点、需求点，作为深化司法改革的着力点、突破口，把解决了多少问题、人民群众对问题解决的满意度作为评判改革成效的标准，把提高人民群众司法获得感贯穿改革始终。北京市第二中级人民法院深入探索系统化、标准化、智能化、社会化、精细化的诉讼服务工作机制，构建线上线下互动的立体式诉讼服务模式。坚持便民利民服务理念，坚持“将最好的位置留给群众”“用最先进的技术服务群众”，全力打造现代化诉讼服务中心，一站式满足诉讼群众立案登记、案件查询、法律援助等各项诉讼服务需求。始终秉持司法为民理念，坚持司法公开、不断改进司法作风，通过将社会主义核心价值观融入裁判文书、深入落实刑事案件“律师全覆盖”、深度参与社会治理、大力贯彻文明执行理念、加大司法救助等方式，保证法官做到“以至公无私之心，行正大光明之事”，切实让人民群众在改革过程中获得感更足、幸福感更可持续、安全感更有保障。

三是注重体系完备。北京市第二中级人民法院在司法改革之初，即建立由政治部、审管办、研究室中层领导干部和审判经验丰富的一线法官、理论功底好的调研骨干组成的七个司法改革研究小组，实行集中化管理、项目化推进，对各项改革举措进行深入科学论证。紧盯上级要求、跟踪一线办案、加强实证研究，先后制定出台五十七项实施细则和制度规范，形成了较为完备的机制链与制度群。驰而不息整合各项改革举措，构建起系统联动、结构明晰、动态调控的“一引领二融合三规范”配套改革体系。“一引领”是党建工作引领，旨在推动党建与司法体制改革同步深化，增强改革的匹配度和融合度；“二融合”是司法改革与审判工作相融合、司法改革与科技应用相融合，旨在强化现代信息技术对司法体制改革及审判工作的结构性提升功能；“三规范”是规范审判权力运行、规范人员分类管理和规范职业保障，旨在强化四项基础性改革与关键领域专项改革的制度关联。

四是坚持首善标准。作为管辖首都功能核心区案件的中级人民法院，北京市第二中级人民法院把首善标准贯穿于司法改革始终，集众智、汇众力，发扬基层首创精神，以一流业绩彰显改革成果。在北京法院率先开展新型审判权运行机制改革，率先探索建立“审权事权双模运行”新型审判团队，建立专业法官会议、审委会有机衔接机制；在诉讼制度改革中，探索建立“民事案件法庭调查法庭辩论合并进行”“行政诉讼一并解决民事争议”“刑事重罪案件认罪认罚”“大体量网络司法拍卖”等创新制度，审执质效不断提升；在监督制约和统一法律适用方面，构建了“一轴两极三线”民商事审判内部监督机制、当事人提交类案检索报告强制回应机制，形成流程全闭环、权责全要素、人员全覆盖的司法责任制落实体系，进一步提升了司法公信力。积极推动信息化建设走在全国前列，努力打造“全国一流、北京特色”的标准统一、功能完善、安全可靠、覆盖全面的智慧法院。

新时代，唯改革者进，唯创新者强，唯改革创新者胜。司法体制改革是全面深化改革的重要组成部分，事关党和国家长治久安、社会公平正义，事关社会大局稳定、人民切身利益。北京市第二中级人民法院将始终坚持以习近平新时代中国特色社会主义思想为指导，深入贯彻习近平法治思想，坚持司法体制改革的正确政治方向，坚持符合国情和遵循司法规律相结合，坚定信心、凝聚共识、锐意进取、攻坚克难，继续书写好新时代司法体制改革新篇章！

鲁桂华

北京市第二中级人民法院党组书记、院长

目　录
CONTENTS

第一章　审判权运行机制改革

第二章 法律适用分歧解决机制改革

第三章　诉讼制度改革

第四章 执行制度改革

第五章　智慧法院建设和诉讼服务改革

第六章　人员分类改革及法院队伍建设

第一章
审判权运行机制改革

第一节　新型审判团队建设改革

一、相关改革精神

1.《最高人民法院关于深化人民法院司法体制综合配套改革的意见——人民法院第五个五年改革纲要(2019—2023)》:全面加强基层人民法院审判团队建设,理顺审判机构、审判组织、审判团队的关系,完善内部组织架构,优化审判资源配置。

2.《最高人民法院关于进一步全面落实司法责任制的实施意见》:加强基层人民法院审判团队建设,基层人民法院应当根据案件数量、案件类型、难易程度和人员结构等因素,适应独任制、合议制的不同需要,统筹考虑繁简分流和审判专业化分工,因地制宜地灵活组建审判团队。审判团队中法官与审判辅助人员实行双向选择与组织调配相结合,完善团队内部分工,强化审判团队作为办案单元和自我管理单元的功能,切实增强团队合力。统筹内设机构改革与审判团队建设,人员编制较少的基层人民法院可以设置综合审判庭或者不设审判庭,实行“院—综合审判庭”或者“院—审判团队”管理模式;人员编制较多的基层人民法院一般实行“院—审判庭—审判团队”的管理模式。

3.《最高人民法院关于完善人民法院司法责任制的若干意见》:基层、中级人民法院可以组建由一名法官与法官助理、书记员以及其他必要的辅助人员组成的审判团队,依法独任审理适用简易程序的案件和法律规定的其他案件。

4.《最高人民法院关于深化司法责任制综合配套改革的实施意见》:优化审判团队组建。基层、中级人民法院应当综合考虑人员结构、案件类型、难易程度、综合调研等因素,适应繁简分流和专业化分工需要,灵活组建多种类型的审判团队。强化审判团队作为办理案件单元、自我管理单元的功能,根据职能需要合理确定人员配比。以优化协同高效、利于监督管理为原则,进一步完善内部组织架构,理顺审判团队、审判组织与审判机构之间的关系,确保审判团队负责人、独任法官、审判长、副庭长、庭长工作权责明晰合理、事务分配衔接有序。法官与审判辅助人员配备可以实行双向选择与组织调配相结合,赋予法官对审判辅助人员的工作分配权、考核建议权以及一定的人事管理建议权。

二、二中院审判团队建设的思路

(一)对审判团队性质特征的认识

建立审判团队是为了能够突出法官的作用,围绕法官来建立审判团队,发挥主审法官对团队的引领和带动作用,从而实现审判权运行机制改革的目标,即去行政化,为法官去除非审判事务,实现依法独立行使审判权。建立审判团队既是合议庭负责制的需要,也是法官员额制的必然要求。传统的"一审一书"工作模式是按照简单的分工组合形成的,这种工作模式虽然能够满足基本的办案要求,但是不符合法治社会的审判标准,不能满足建立法治社会的需要。因此,审判团队是以合议庭审判权行使为核心,以员额法官为主体、科学配置审判辅助人员,权责明晰、高效运转的独立审判单元。

一是作为依照合议制而组建的团体。审判团队所使用的结构类型并不是传统的层级制度,类似于"合弄制"的要义,即"子整体从属于一个更大的整体,子整体之间的联系就是合弄制”。这一系列的子整体组合——从细胞到器官再到有机组织——便是合弄制结构。合弄制结构的价值在于实践中的真实方式(既有结构)更准确地反映了规定的工作方式(规定结构),而明文规定的工作方式更贴切地反映了最适合组织的方式(必要结构),合弄制结构将这三者融为一体。

二是以法官为团队中心,人员相对固定。首先,以法官为中心需要在法院组织人员的构成中减少行政管理人员的数量,突出法官在组织中的主体地位。在这一方面,本轮司法改革的亮点之一便是将现有司法人员划分为行政管理人员、司法辅助人员和法官三大类,实行员额制下的分类管理。其次,以法官为中心意味着在法院内部纵向的组织结构中,应尽量减少中间层次的权力层级,同时在人员构成上分离司法主体和司法行政管理主体。再次,以法官为中心必须保障法官的独立办案环境。以法官为中心的“审判型”组织结构不仅应当确定和落实法官在法院独立审判职能中的核心地位,而且在法院的外部关系中也应确保法官能按自己独立的意志与行动实现宪法赋予其的职责。最后,团队结构中心必须是法官,审判辅助人员的配置按照法官人数、一定比例适配,确保法官脱离非核心审判工作的事务性工作,达到进一步解放法官的目的。作为分类管理的职业群体,法官与法官助理、书记员之间没有行政化的隶属关系或者从属关系,审判辅助人员需要在法官指导下完成各种事务性任务。

三是权责明晰且高效运转是审判团队的运行方向。权责明晰是静态的考察要求,审判团队之间不能在职责分工上模糊不清,必须实现权责利的配置对应,这是团队开展各项事务实现良性运作的基础。高效运转则是动态方面的要求,审判团队作为独立办案单元,必须实现将合议庭改造为审判团队的价值、凸显改革的优势所在。

四是责任落实为根本保障。司法责任制改革“让审理者裁判、由裁判者负责”审判团队建设的目标,之所以强调“独立”的办案单元,就在于既然赋予了审判权独立行使的定位，完全区别于改革前合议庭的权力分享主体，审判权的享有同时也意味着责任的承担，并且独立的权力行使对应着责任的完全自负。

（二）建立审判团队模式的价值

审判团队与合议庭的区别是，合议庭属于临时性组织，审判团队则是常设性办案单元。审判业务庭与行政管理部门是法院内设机构中的两大类，审判团队尽管是独立审判单元，但是基于合议制要求扁平化的组织原理，若审判团队再度沦为审判庭的下设组织，无疑是对科层制的加剧，因此审判团队尽管是在审判庭内部设立的，但其并不是按照“法院—审判庭”这种行政管理的需要而设立的，强调审判单元的意旨就在于期待强化其独立性。

一是去除“行政化”并实现“扁平化”。“组织的结构与组织的功能是密切相关的，一定的组织结构，只有具有一定功能才有意义；而一定的功能，又必然依赖于一定的组织结构才能产生。”组织功能并不是我们能够随意设计出来的，而要由一定的组织结构来保障；也就是说法院之所以具有一定的功能，如实现公正、效率和社会正义等，是由法院相应的组织结构所决定和保证的。审判团队虽然不是审判组织，但在设置原则上依然坚守“合议制”这一前提，也就意味着排斥行政化的因素。作为独立的审判单元，审判团队之间吸收了合议庭组织关系的精髓，即相互之间互为独立，不存在任何从属及隶属关系。

二是审判团队有助于提升办案质效。审判团队区别于合议庭，审判团队中审判辅助人员是不可或缺的主体之一。合议庭成员中只有法官，但审判团队成员中不仅有法官，还包括法官助理和书记员，这也是团队技能互补特点的表征。审判团队中的法官区别于合议庭中法官的地方在于，其可以集中精力办案并且仅需关注核心审判工作，而审判辅助人员的价值就在于将其他事务从法官职责中剥离。审判辅助人员与法官的优化配置,在办案中的进一步体现是法官办理案件更加高效,法官的关注焦点或者审判工作更加集中在审判流程中的庭审、评议、裁判三个核心点,其他的流程节点完全委托或者指导审判辅助人员完成。

三是审判团队实现审判单元与管理单元的融合。合议庭作为审判组织的本质,决定了其本身是排斥任何管理职责的。审判团队则不同,其核心主体的法官不再对案件从头包到尾,专注于“判断”的做出,这是审判单元的核心,当然,案件合议制程序启动时,审判团队内部要组成合议庭。作为管理单元,审判团队要确保合议庭运行,也要对案件的裁判质效开展审判管理,这种管理有别于院庭长对审判庭的行政化管理。

(三)合议制下审判团队内部构造的改革

一是合议庭审判长与团队负责人。改革前的科层制人员结构之下,审判长介于司法与行政角色之中,在司法审判中属于合议庭的当然成员,应当符合审判权主体的各种特点,当涉及合议庭事务管理时,又处于“庭长—合议庭成员”之间,担当了行政管理中的一个上传下达的层级而变成合议庭的实际行政首领。改革后应当强调三个角色定位,首先,作为合议庭成员之一,审判长只是一名合议庭法官,需要共同参与案件审理、平权行使合议庭审判权、共同承担审判责任。其次,作为合议庭审判长,需要承担组织者、协调者、指挥者的角色,组织者要求担负起合议庭组建任务,协调确保合议庭成员之间案件运转的高效,指挥者主要针对诉讼程序而言,负有防止诉讼迟延的义务。最后,作为庭审与评议环节主持者,确保庭审成为案件审判的实质性环节,也要担负保证合议庭实质化评议的责任。

二是重新定位法官,制度革新的方向是改“承办人负责制”为“合议庭负责制”。将承办案件的“法官”角色定位于合议庭的“受托法官”,只是合议庭内部负责处理具体诉讼事务的成员,对外以合议庭名义行权,并且行为后果由合议庭承担。要求就是行权过程中必须恪守合议庭的授权范围。法官避免陷入“承办法官”的角色定位陷阱。改革前的承办人负责制最根本的弊端就是对案件从头至尾一包到底。改革后的员额法官如何避免重蹈覆辙,仍有赖于成员之间具体职责的明确划分,通过职责划分实现共同参与,而非承办法官一家独大。

三是激活合议庭其他成员。强化此类人员的主体意识将是合议庭制度革新的重点工作。其一,要使失位的合议第三人,即合议庭其他成员就位,借助共同阅卷制度、共同拟定庭审提纲等机制,切实让合议第三人承担相应的审判任务,合议第三人对合议庭的审判工作必须配合。其二,要严格落实合议第三人责任,在合议庭共同负责制下,细化责任形式,尤其是对案件质量采取“连带责任制”,扭转以往合议第三人“事不关己”的办案心态,切实让合议第三人与承办法官、审判长权利平等的同时,一起共担办案责任。其三,要发挥合议第三人优势作用,合议第三人与承办法官、审判长相比,多了一份“旁观者”的理性及更为灵活的思索时间,对于其他两个成员的审判行为持有不同意见,应该第一时间提出,并由合议庭成员合议决定。

四是发挥法官助理、书记员作用。法官助理毕竟属于改革后新增加的角色,按照事务助理层级的划分,可以分为高级助理与一般助理,并分类合理使用。高级助理可以在法官指导下整理案件诉争焦点、草拟法律文书等,一般助理主要负责处理案件程序性事项,包括办理诉讼手续、安排审判流程的承接流转等。书记员的定位就是记录归档,并且可以尝试采取驻庭书记员的方式,提升司法资源的配置合理化。

(四)相关因素考量

一是法院审级是第一位因素。中级以上的法院主要适用合议制,在组建审判团队时,必须将合议制与审判团队结合起来,因此中级以上法院并不适合“1+1+1”。基层法院的特点是案件数量大,但办理难度相对较低,“1+N+N”的模式更加有利于发挥出法官核心决策的作用,辅助人员配备齐整,更容易实现结案效率的大幅提升。

二是法院体量的大小。对于大体量法院而言,可以结合不同庭室、不同案件类型、不同人员构成比例,灵活采取各种模式;可以设立专业化审判团队,采取随机方式等。但是对于小体量法院而言,一个合议庭就是一个审判庭的改革方式值得提倡,毕竟管理层级的减少可以相对地增加审判资源的投入。

三是案件情况。包括简易程序与普通程序案件的数量及比例,一审、二审案件的数量及比例,民商事、刑事、行政案件的类型及难易程度,同时需要考虑各个审判庭、各个审判团队以及法官的人案比等情况。以刑事案件为例,多发性案件的比重高,则可以采取审判辅助人员团队化的做法,并不一定将法官助理直接配置给法官。

四是审判辅助人员的配置是否到位。司法改革的推进中,随着试点地区及试点法院法官入额工作告一段落,改革的重点已经从重点解决员额制困难的问题,转变到如何补充审判辅助人员的力量,并且审判辅助人员是否配备到位直接关系到人员分类管理改革根本目的的实现,这直接影响一线办案的基本任务完成和公正高效司法的实现。

三、二中院新型审判团队建设情况

2016 年 10 月 14 日,二中院整建制组建了“审权事权双模运行”审判团队,全面启动了新的审判权运行机制。以落实司法责任制为核心,遵循审判规律,借鉴组织行为理论,以改革思维构建权责明晰、分工协作、运转高效的新型审判团队。每个团队以 3 名至 5 名员额法官为核心,配备一定数量的法官助理和书记员,由副庭长或资深法官牵头负责团队审判管理和行政事务;审理案件时,团队内的员额法官依次轮转组成合议庭,取消固定审判长制,由承办法官担任审判长。在新型审判团队的组建和运行过程中,二中院坚持问题导向,发挥主观能动性,边试点、边总结,边研究、边调整,以“配置—组织—运行—责任”为主线,做到“四个确保”,实现了“两个平稳”的良好效果。

在新型审判团队推进会召开后,二中院各部门召开会议贯彻落实“严格控制审判团队数量、完善团队内人员配置、明确各类人员职责清单、未入额人员不得独立办案”等七项具体要求。经各部门贯彻、调整、重组后,二中院共建立审判团队 50 个,其中执行团队 13 个,立案审判团队 3 个,审监审判团队 2 个,行政审判团队 5 个,刑事审判团队 8 个,少年审判团队 2 个,民商事审判团队 17 个。在团队建设上各部门基本上做到了“四个一律”:所有审判执行部门一律成立了新型审判团队,全部实现了“3~5 名法官+1~2 名法官助理+2~3 名书记员”的组合;各部门庭长、副庭长一律编入团队,实现了庭长办案的常态化、规范化;未入额人员一律严禁独立办案,不折不扣落实上级要求;取消内勤专设机制,一律投入办案工作,进一步加强了办案力量,审判团队组建进一步优化。

(一)精准测算配置资源,确保审判力量与案件均衡匹配

长期以来,法院不同庭室由于案件数量不同和每个案件具体情况的差异,相互之间难以进行工作量横向比对,只能凭经验下判断、做决策,成为制约审判资源科学配置和工作业绩考核的难题。二中院结合运用精准测算的数据思维,组建了相对固定的审判团队。

结合首都中院特点设置团队架构。根据法院组织法和诉讼法的规定,中级法院案件普遍适用合议制,客观上不宜选择“1+N+N”的小团队模式,需要组建 3 人以上法官组成的多核心的审判团队。具体到二中院的现实情况,入额法官 189 名,年收案 2.2 万件,案由复杂多样,需要保留专业化

审判庭，在庭室内设相对固定的审判团队，形成“院—庭—团队”三个管理层级，实现相对的扁平化。

依据数据测算结果配置审判资源。依据自主研发的“司法工作量核定系统”，二中院归纳整合了400多个权重点，自动抽取案件的差别信息，通过“标杆案件对比”的方式，对每起案件的工作量进行精准核定。同时，结合审判运行态势变化，持续监测人案匹配系数，动态调整各庭室审判团队、法官员额数量，优化审判辅助人员分配，实现了全院整体审判力量与案件的匹配均衡。

（二）重置人员角色定位，确保团队组织“以法官为核心”

传统模式下，审判长成为一个特殊的行政管理层级，甚至权力扩张成为“二庭长”；承办法官大量时间、精力被庭前准备等事务性工作占据，制约了核心审判权的行使。二中院运用统筹规划的系统思维，取消固定审判长制，缩短管理链条，明确规定法官10项职责、法官助理14项职责和书记员的13项职责，确保每个团队角色都明白自己应该做什么、怎么做。

扁平组织架构，突出法官主体地位。新模式下，79名委任制审判长退出历史舞台。审判长由承办法官担任，随案产生，所有员额法官都要担任审判长主持庭审，都有机会办理大案要案。副庭长和审判团队负责人合二为一，实现了组织扁平化运行。院庭长回归一线办案，副庭长的办案数量达到人均数量的80%。

剥离非核心审判事务，发挥新角色关键作用。法官助理分为专业助理和事务助理两个类别：专业助理主要负责庭前调解、草拟文书等工作，充分发挥专业助理具有一定审判经验，实现分流部分简易案件的作用；事务助理主要负责庭前准备、各类记录、收取材料等工作。在搭配使用上，结合不同庭室特点，采取“助理固定搭配法官”和“助理集约分工、共同辅助团队”两种模式，确保法官将全部精力都用于“坐堂审案”“拍板定案”。由于庭审效率提高,平均庭审时间缩短,案件周转提速明显,团队合力初步显现。

(三)案件审理与团队事务分离运行,确保审判权独立高效行使

传统的固定合议庭中,案件审理与事务管理在组织上无法分离,相互干扰;审判长签批制行政管理色彩浓厚,法官各自为战,“形合实独”现象屡见不鲜。二中院运用统分配合的协同思维,将案件审理与团队事务相分离,既规范合议庭运行,又实现了审判团队的独立自洽运转。

审权事权“双模”运行,团队独立运转。二中院将审判团队定位为基本的审判管理单元,由副庭长或资深法官牵头负责组内分案、开庭排期、合议安排、绩效考核等审判管理和行政事务。审理案件时,团队内员额法官依次轮转组成合议庭,取消固定审判长制,由承办案件的法官担任审判长。合议庭内嵌于审判团队,二者既有重合又相对分离,防范了合议庭成员固定带来的“同质化”“关系案”等风险。当合议庭成员出现角色缺位时,审判团队内其他法官可以自动补位,实现内部成员的自动调节,无须求助于上一级管理单元的组织协调,实现了审判团队独立自洽运转。

法官亲历审判全程,规范合议庭运行。探索依托信息平台,划分流程节点,确保全程留痕,实现合议庭成员的“四共同”:通过实时电子卷宗推送、法官限时反馈“阅卷完成”信息的方式确保合议庭成员“共同阅卷”;法官助理拟定争议焦点,助力合议庭“共同开庭”,提高庭审效率;“共同评议”过程全程录音录像,归入电子档案;合议庭成员使用电子签名,在分享平台“共同修改签署裁判文书”。

(四)量化审判团队考评,确保司法责任全流程覆盖

传统模式下,法院考核庭室,庭室考核法官,管理成本较高。员额制推行后,法官数量减少,考核层级扁平化成为可能。二中院运用明晰有序的责任思维,探索从“以庭室考核为主”的传统模式向“以审判团队考核和法

官考核为主”的新模式逐步推进。

创新建立审判团队考评模型。依托审判业绩档案和工作量核定系统,将团队考核分为主观评价和客观评价两部分,其中客观评价由审判业绩评价和团队管理效能评估组成,每个部分又量化为若干项目和指标。创新法官助理考评机制,将包括草拟裁判文书、调解等可拆解、可量化、可测算的工作内容,通过系统后台抓取基础数据,精准核定法官助理工作量。将法官考核与员额管理挂钩,积极探索不能胜任工作的法官退出员额的机制。

建立“案件评查—纪检监察—涉诉信访”三位一体质量监管机制。在常规抽查、专项评查、重点检查的基础上,将涉诉信访线索、纪检监察线索纳入案件评查范围,全方位监管案件质量。打出司法公开组合拳,通过严格执行裁判文书上网制度,大力推行庭审直播,完善案件查询系统和审判流程公开机制,对审判团队高质、高效履行职责形成强有力的倒逼机制。

二中院新型审判团队经过试运行,实现了“两个平稳”。一方面,审判队伍平稳,人员分类角色转换顺畅,未出现大的思想波动,法官责任感与尊荣感明显增强,优秀审判人员被充实到办案一线,发挥骨干作用。另一方面,案件质效稳步提升,收案数、结案数、结案率同比上升,未结案数下降,呈现“三升一降”的良好态势;一审案件改发率多年来首次实现大幅度下降。

四、二中院新型审判团队建设工作特点

新型审判团队建设是深入落实司法责任制、推进组织结构创新的重要举措。二中院一直高度重视新型审判团队建设,“两权双模运行”审判团队建设也先后在全市、全国的司法改革会议上做经验介绍。该项工作也充分体现了“重视高、部署早、研究细、工作实”的特点,司法改革调研小组认真

开展调研分析，院党组多次召开专题会议研究，并在全院范围内召开两次会议进行部署，目前新型审判团队已经由“建起来”到“转起来”，审判团队的组建、人员配备、工作职责、案件管理都形成了一套行之有效的制度，高度契合了中央政法委提出的“以法官为核心、以审判业务需求为导向”的专业化审判团队建设方向。

（一）审判团队建设和运行以党建创新为引领

为最大限度凝聚改革共识、汇聚全院力量，二中院坚持党建跟进，提出思想政治工作要全方位、全覆盖，改革推进到哪一步，思想政治工作就跟进到哪一步。通过扎实的党建创新和全面细致的思想工作，形成了全体干警理解改革、参与改革的合力。

第一，坚持思想政治工作全方位覆盖。确定思想工作“一把手工程”，利用问卷调查、走访谈心等形式，准确掌握干警思想状况，党组成员和中层领导亲自解读司法改革政策，先后召开 12 场征求意见座谈会。发挥好党组、机关党委、党支部三级党建责任制，建立“书记访谈”机制，院党组书记、机关党委书记、党支部书记多次走进“直播间”，针对改革中的焦点问题，畅谈看法，表明态度，明确方向，提升定力。创设“党代表工作室”，充分发挥党代表作用，积极传导司法改革工作精神；听取、收集党员群众的意见建议，及时进行分析、落实、反馈，做好疏导帮扶工作。

第二，加强党建创新深度融合审执工作。坚持构建“一层级一重点、一支部一品牌、一小组一特色、一名党员一面旗帜”的机关党建整体格局。将党小组建在审判团队上，全部审判团队均成立了党小组，一批青年业务骨干担任党小组组长。支部建设突出项目化，积极推进“心秤工程”“五下乡工作法”“微信调解平台”“诉讼服务直通车”等支部品牌，与审判执行工作深度融合。党小组建设突出特色化，结合新型审判团队的特点，分为深挖型、互动型、拓展型、延伸型、引领型“五型”党小组，以多样性、灵活性的教育引导形式凝聚队伍力量,优化团队建设效果,二中院民二庭“白大夫党小组”被评为北京市法院基层党建创新规范化项目。

二中院审判团队建设和信息化、党建工作深度融合切实保障了人力资源配置的均衡和团队的平稳运行。二中院将继续以党建为引领,以信息化为支撑,加强队伍建设,加快建设智慧法院,推动形成具有首都中院特色的新型审判团队运行新模式。

(二)审判团队的建设和运行凸显以法官为核心

二中院紧紧围绕“以法官为核心、以审判业务需求为导向”来开展审判团队的建设和运行工作,审判团队建设和运行进一步精细化和规范化,有力地促进了案件质效提升。

第一,以法官为中心组建团队。一是在新型审判团队法官的组合上,主要由庭室统筹调配,注重法官搭配的均衡,以团队内法官的能力素质、工作经验和性格特点为考量因素,力求实现能力互补、经验互补和性格互补。民三庭、民五庭还注重党员法官分布的均衡,将支部委员、党小组组长与其他党员平均配置到各个审判组,实现各党小组在党建上“比学赶帮超”。二是在和司法辅助人员的搭配上,突出法官的主导作用,赋予法官和司法辅助人员双向选择权,既尊重每名法官的主观意愿、保护审判团队的自治和首创精神,又遵循团队运行规律、确保团队组建的结构均衡。二中院各部门审判团队负责人由副庭长和资深员额法官担任,各团队内员额法官基本形成“老中青”梯次搭配结构,法官助理配备则实现了人员辅助办案能力、调研宣传能力、党建政务能力的相对均衡,有助于形成良性的竞争格局。三是赋予法官适当调整法官助理和书记员的工作内容的指挥权,只要有利于团队的协作配合,就由其统筹安排,可不拘泥于职责限定内容,一旦某一环节出现空缺,能够迅速有人补位,保持工作的有效衔接。同时针对团队内排庭、合议、对法官助理的使用等冲突问题,各团队均建立了应急机制，团队负责人发挥管理职责，通过网上办公系统建立工作日志协调审判团队内各类人员，定期对承办案件进行梳理，提高团队应对突发情况的能力。

第二，以法官为中心主导工作。一是庭长"去行政化"，突出办案示范作用。二中院各部门采取三项措施，推动庭长由个案审批向宏观审判管理和直接办案转变。首先，取消副庭长具体分管特定工作的模式，将副庭长编入审判组，并担任审判组组长，履行分配审判任务、统一裁判尺度、监督管理、考核评价四项职责。庭室相关的行政、调宣、党建等非审判工作落实到审判组。其次，在审判事务上，法官身份与领导职务绝对分离，庭长及审判组组长均不享有审批权。庭长及副庭长在案件审理中与其他法官完全平等。最后，推动庭长发挥办理疑难复杂及新类型案件的带头示范作用，掌握各类型案件审理中的法律适用难点，及时发现规范化和专业化建设中的典型问题并予以研究解决。二是法官"去事务化"，凸显法官核心地位。在新型审判机制运行中，二中院从两方面入手凸显法官核心。一方面，改变传统模式下，法官承办的案件需要经过审判长审批，甚至需要层报庭院长审批的办案流程，让案件的裁判权回归合议庭。二中院各部门组建的新型审判团队，不设固定的审判长，每个案件的承办人即该案的审判长。通过赋予审判长这一身份，提高每名法官工作的主动性和责任感。另一方面，明确职责分工，深挖团队潜能，各部门均制定了《审判工作各岗位人员职责分工细则(试行)》，明确各自职能定位。让法官助理成为法官的事务性工作管家，让法官聚焦裁判中心工作，去除事务性工作。收案后，案件排期、庭前证据交换、庭前调解、财产保全、司法鉴定、公告送达等工作均由法官助理先行负责；案件经开庭或询问当事人后，法官助理进行专业化的法规及案例检索，为法官定案提供法理支撑；案件审结后，法官助理完成案件报结及判后答疑工作。

第三，以法官为中心开展绩效考核。在新型审判团队建设中，二中院一直高度重视绩效考核的指挥棒作用，制定出台《绩效考评实施办法（试行）》，该办法以人员分类管理为基础，根据法官、法官助理、书记员等不同岗位，设置不同的绩效考核方法，并把工作业绩考评和绩效奖金发放工作紧密结合，健全激励机制，形成良好导向。一是以考核法官工作业绩为主。绩效考评工作均突出以法官为中心，重点考评团队内法官办案业绩，并兼顾调研宣传、政务党建工作，确保绩效考核的导向性。二是赋予法官考评建议权。考评中尊重法官在审判团队内的主体地位，特别赋予员额法官对法官助理和书记员工作绩效和奖惩的建议权，其评价分数占到法官助理和书记员考核总得分的 1/5 左右，凸显了法官的中心地位，提高了法官的职业尊荣感。

（三）审判团队建设和运行体现以审判为需求

二中院在审判团队建设中坚持以审判为需求，通过团队的专业化、职业化建设，有效满足审判运行需求，不断提升审判质效。

第一，围绕审级特点，突出专业化审判团队建设。二中院在组建审判团队过程中，结合审级特点和案件类型的实际，以综合型审判团队为基础，并突出专业化审判团队建设，达到审判团队类型的科学设置。综合型审判团队注重发挥执法办案、化解矛盾、各类人员历练培养的作用；专业化审判团队注重发挥和履行指导辖区法院类型化案件审判、统一裁判尺度方面的功能。二中院各审判部门均设置了一个专业化审判团队，民二庭医疗案件审判团队、民四庭的商事专业审判团队以及民六庭的家事审判团队运行高效顺畅，在社会上产生了一定的影响力。

第二，围绕审判实际，创新机制保障审判权规范运行。一是建立入额法官轮换审理类型化案件机制。比如民三庭根据案由特点和案件数量分布，选取融资租赁合同纠纷、信托和证券类纠纷、委托理财合同纠纷、银行卡纠纷等 12 类案件量相对较少且法律适用难度较大的案件为特色案件。

在审判团队法官随机组成合议庭的前提下，一般案件由全体法官承办，各类特色案件每年分别由专人主审，承办法官逐年轮换，形成各有所长、错位竞争格局。二是建立专业法官会议定期研判机制。各部门审判组组长每月召开碰头会，交流本组办案中遇到的典型法律适用问题及相应的审判思路，确定专业法官会议需要研究的选题和报告人，提高专业法官会议研究的针对性和实效性。三是建立研判上诉案件机制，统一裁判尺度。各部门要求员额法官定期对上级法院审结的类型化案件进行集中分析，研判上级法院的审判思路和裁判尺度，为今后办理同类案件提供参考。四是建立内部监督制约机制。二中院在推进审判团队建设中，既强调团队内成员之间的协调配合、发挥好团队的乘积效应，又同步推进廉政风险防范；既强调团队内部的监督制约，又防止审判团队固化、同化带来的廉政风险。一方面，在推进廉政体系建设中，审判团队内员额法官、法官助理、书记员形成相互交叉的监督模式，构建立体防控网络。另一方面，二中院各部门拟建立团队合议庭成员的定期调整机制，同时在案件审理时，团队内员额法官依次轮转组成合议庭，由承办法官担任审判长，合议庭内嵌于审判团队，既有重合又相对分离，防范“固定合议制”导致的“铁板一块”风险。

第三，围绕提升效率，建立随机分案和激励分案相结合分案模式。为督促审判团队加快案件办理进度，提高办理效率，在配套绩效考评机制的基础上，二中院各部门均尝试建立了按照未结案数为主要参照的随机分案制度。在该分案模式下，根据法官未结案的数量分配案件，未结案数量多的少分，未结案数量少的多分，适当拉开档次，优先保障运行顺利、结案多、质效好的团队收结案均衡，避免平均主义，通过制度保障促进多劳多得，不断激发法官的工作积极性。

（四）审判团队建设和运行以大数据分析为依托

自 2016 年 10 月起，二中院严格按照上级要求，整建制构建了 50 个“两权双模运行”审判团队，所有庭长、副庭长全部编入团队，建立了与司法责任制相适应的新型审判权运行模式。2017 年 6 月，二中院召开了新型审判团队运行推进会，在严格控制审判团队数量、完善团队内人员配置、明确各类人员职责清单、严格执行未入额人员不得独立办案等方面进行了全面细致的部署，选取典型进行经验介绍，使团队之间相互借鉴，新型审判团队建设和运行进一步精细化和规范化。

第一，科学设置员额法官和审判团队。员额制是司法责任制的基石，为科学设置、动态调整各庭室员额法官、审判团队数量，实现团队人员配置最优化和运行的动态平衡，二中院自主研发了涵盖庭室、合议庭、法官三级主体的“工作量核定系统”。该系统采用“标杆案件对比、节点系数叠加”的方法，设置 33 项公共指标、75 项业务口特色指标、296 项案由细节指标，将各类案件工作量进行统一的标准量化，实现各审判口、各部门之间工作量的直观对比，并通过持续监测审判运行态势变化和人案匹配系数，为各审判庭员额法官配备、优化审判辅助人员分配提供了精确、客观的数据支持。

第二，实现审判团队效能量化考评。以法官为核心、以审判业务需求为导向的新型审判团队是提高办案质效的突破口。针对新型审判团队考核缺乏指标体系设计和考核操作平台，无法发挥绩效考核指挥棒作用的问题，为促进团队自主管理、紧密协作、办案效能最大化，二中院研发了“审判管理业绩档案系统”。该系统在与“工作量核定系统”数据自动对接的基础上，将审判业务量与队伍建设、行政管理等数据有机结合，实现对庭室、团队及个人审判三级业绩档案数据的自动采集、实时汇总。其中审判团队绩效主要由团队业绩评价和团队管理效能评估组成，并适度赋予法官对司法辅助人员工作业绩评价、奖惩建议权，充分发挥了绩效考评对团队效能建设的推动作用。2017 年 7 月，二中院依托大数据开展智能化绩效考评的做法入选最高人民法院首批司法改革案例。

（五）审判团队建设和运行以信息化应用为动力

二中院以新审判楼建设为契机，以“全业务网上办理、全流程依法公开、全方位智能服务”为目标，大力推进以阳光法院、移动法院、智能法院为一体的智慧法院建设，以改革创新思维破解人案矛盾，助推审判质效提升。

第一，建立办案流程自动监管机制。为充分保障法官办案主体地位，同时又做到放权不放任，二中院创新监管方式，研发了“审判执行流程监管系统”和“智能巡查系统”，实现案件全程可追溯、进度可视化，变人工监管为智能监管、事后监控为实时监控、粗放监督为精准监督。“流程监管系统”将审判执行工作分解为立案、分案、开庭、裁判（执行）、归档五个阶段，并细化出法官、法官助理、书记员容易出现问题的38个关键节点，通过自动和人工预设催办通知、审限警示等多种功能，实现对审判权、执行权运行中每个流程、节点、岗位、人员的监督提醒。为增强该系统的操作友好性和实用性，系统分为审管办督办全院模块和法官、法官助理自主应用模块，前者实现对全院案件的整体监管，后者根据自身需求可以灵活配置、组合关键案件和关键节点，并通过自主选择手机短信、cocall、系统弹框、微信等方式实现提醒信息交互，推动从“人盯人”“人盯案”的微观管理向流程化、标准化、信息化的宏观管理转变。“智能巡查系统”采用视频分析、语音识别等技术，通过对院长、主管院长、庭长的分级授权，院庭长能够动态视频监控合议庭开庭、规范着装等信息，实现智能巡查、实时检查。

第二，推进审判事务集约化管理。坚持以问题导向推进信息化建设，以“管用、实用、好用、爱用”为原则，全面服务法官执法办案，先后自主建设了远程提讯、赃证物管理、执行财产续封续冻、执行案款风险监管等应用系统，助力团队效能发挥。远程提讯系统通过“点对点”视频连接法庭与看守所提讯室，将诉讼活动由线下移到线上，其便捷性、现场感、稳定性满足了工作需求,节约了司法资源,提高了效率。赃证物管理平台融合审判业务和赃证物管理两个独立的系统,使赃证物的管理可以根据案件的进展实时更新,赃证物的移送、保管工作可查、可控、公开透明,减少了赃证物处置的廉政风险。执行财产续封续冻管理系统使首封、可处置的执行财产做到“底数清、处置明”,精细管控可处置执行财产,切实推进解决执行财产处置难问题。执行案款风险监控系统能够自动采集案款管理系统和审判业务系统中的案件和案款信息,通过与文书信息、当事人信息、执行标的等信息对比,提供案款到账、发放临期提醒、发放风险预警等功能,避免出现案款错发漏发等情况。

第二节　随机分案制度改革

一、相关改革精神

1.《最高人民法院关于全面深化改革的意见——人民法院第四个五年改革纲要(2014—2018)》:完善分案制度。在加强专业化合议庭建设基础上,实行随机分案为主、指定分案为辅的案件分配制度。建立分案情况内部公示制度。对于变更审判组织或承办法官的,应当说明理由并公示。

2.《最高人民法院关于深化人民法院司法体制综合配套改革的意见——人民法院第五个五年改革纲要(2019—2023)》:健全审判权力运行机制。全面贯彻“让审理者裁判,由裁判者负责”,强化独任庭、合议庭的法定审判组织地位,依法确定职责权限,确保权责一致。进一步健全“随机分案为主,指定分案为辅”的案件分配机制。根据审判领域类别和繁简分流安排,完善承办法官与合议庭审判长确定机制。

3.《最高人民法院关于落实司法责任制完善审判监督管理机制的意见(试行)》:各级人民法院应当健全随机分案为主、指定分案为辅的案件分配机制。根据审判领域类别和繁简分流安排,随机确定案件承办法官。已组建专业化合议庭或者专业审判团队的,在合议庭或者审判团队内部随机分案。承办法官一经确定,不得擅自变更。因存在回避情形或者工作调动、身体健康、廉政风险等事由确需调整承办法官的,应当由院庭长按权限审批决定,调整理由及结果应当及时通知当事人并在办公办案平台公示。

有下列情形之一的,可以指定分案:(1)重大、疑难、复杂或者新类型案件,有必要由院庭长承办的;(2)原告或者被告相同、案由相同、同一批次受理的2件以上的批量案件或者关联案件;(3)本院提审的案件;(4)院庭长根据个案监督工作需要,提出分案建议的;(5)其他不适宜随机分案的案件。指定分案情况,应当在办公办案平台上全程留痕。

4.《最高人民法院关于进一步全面落实司法责任制的实施意见》:完善案件分配机制。各级人民法院应当健全随机分案为主、指定分案为辅的案件分配机制。根据审判领域类别和繁简分流安排,随机确定案件承办法官。系列性、群体性或者关联性案件原则上由同一审判组织办理。已组建专业化合议庭、专业审判团队或者速裁审判团队的,可以在合议庭或者审判团队内部随机分案。承办法官一经确定,不得擅自变更。因存在回避情形或者工作调动、身体健康、廉政风险等事由确需调整承办法官的,应当由院长、庭长按权限审批决定,调整结果应当及时通知当事人并在办案平台记载。

5.《北京市高级人民法院关于充分发挥审判职能为优化首都营商环境提供司法保障的实施意见》:健全随机分案为主、指定分案为辅的案件分配机制。通过优化智能随机分案规则,在立案受理后,由电脑按照分案规则对案件进行随机和自动分配,承办法官一经确定,不得擅自变更。因存在回避情形或者工作调动、身体健康、廉政风险等事由确需调整承办法官的，应当由院庭长按权限审批决定，调整理由及结果应当及时通知当事人并在办公办案平台公示。

二、二中院随机分案制度建设的思路

（一）传统分案机制的不足

一是行政化管理方式不能够适应现代司法管理体制要求。长期以来，法院的机构设置、人事编制、管理方式都是按照行政管理的模式设置运行，法院的内部管理带有较浓的行政管理色彩，实行“层层审批，层层把关”的管理机制，法院的整个管理运作流程与行政机关较为接近，从案件分配到文书签发也都是采用层级化的行政管理方式。院庭领导通过分案和裁判文书签发，以行政化的管理方式实现对案件的影响和控制。事实上这种“重管控”的管理方式，已经不能适应司法改革的要求。行政化的管理方式不仅为权力的任性行使提供了可滋生腐败的土壤，而且程序的冗杂烦琐已不能够适应公平高效的现代化扁平式司法管理要求。

二是人为化案件分配方式不能够实现司法资源的有效配置。传统的人为化案件分配方式没有具体的标准，如何分配主要依靠分案人的主观决定，分案人的能力、性格甚至喜好都有可能影响案件的分配，存在负责人自己优先选案、给偏爱的成员优先选案、具有信访隐患等“难案”分给其他成员办理等不良现象，造成法官内部矛盾和外部对当事人的不公。同时，人为化的分案方式也增加了案件的流转环节，造成审判时效的迟滞。传统分案不能够通过案件分配来实现不同层次的参与主体对案件分配公平公正高效的要求，无法实现司法资源的合理配置。

三是自律性权力行使方式不能够实现司法权力有效监控。传统分案模式是案件集中到负责人手里以后，由其向成员分配，权力过分集中于分案负责人。案件分配并无具体标准,案件分配权力的行使基本靠行使人的自律。自律性分案权具有自律性、隐蔽性、缺乏监督性的特点,在多种因素的影响下,这种权力的行使极有可能造成分案不公、关系案、人情案、金钱案,导致部门内部矛盾或司法腐败。分案权作为一种特殊的审判管理权,直接影响拥有分案权的庭长、承办法官和涉诉当事人,面临权力被滥用的危险,司法腐败多与不当分案有关。同裁判权需要终身负责的司法责任制不同,分案权的责任却没有法律规定,早有学者提出庭长分案权应废除。

（二）随机分案机制的要素

一是随机分案应当具备科学性和不可预测性。“随机”制度的应用其实相当广泛,其目的是依据概率论的基本原理,保证结果的科学性与不可预测性。科学性主要是指分案的过程和结果要符合事物发展的客观规律,体现出公平和合理的特征。具体到法院案件分配的过程中,科学性主要表现为分案符合司法规律和司法体制改革的基本精神,能够适应审判工作的基本需求,能够较为公平地将难度相当的案件分配到具体的承办法官,实现人案匹配。不可预测性是指随机的结果是无法在随机分配之前预测到的,也是无法通过人为干预的方式改变的。在科学合理的随机分案过程中,尽管分案程序公开透明,且分案的计算公式在一定时期内也不会发生变化,但是依据随机分案制度指派承办法官的结果是不可预测的。

二是随机分案制度应当具备动态性。随机分案的对象是承办法官,但法院的审判组织形式有独任制和合议制之分,审判团队有多种组成形式,案件的复杂程度和审判程序也不尽一致,承办法官的能力和精力也不尽相同。因此,随机分案虽然是相对机械、固定的分案方式,但也应当尽可能地将常见的需要动态调整的情形囊括在内,使随机分案制度具有一定的张力和弹性,这样才能尽可能地将指定分案的调整范围限缩到最小,实现随机分案为主、指定分案为辅的基本改革目标。例如,在随机分案制度的构建中,可以考虑将案件的难易程度、法官及审判团队的案件负荷能力、案件是否为串案等影响因子考虑在内,赋予各影响因子一定的加权系数,并体现到分案公式的计算中。

三是随机分案应当有专责部门和监督机制。大多数情况下,随机分案是由电脑程序自动运行的,但任何电脑程序都依赖于人工的操作和维护。事实上,在取得软件管理员权限或者高级别管理权限的基础上,很多分案的细节是可以后台操作和调整的,甚至可以通过修改参数来调整分案规则,这就造成了随机分案制度在管理上和监督上的先天不足。为了弥补这些不足,随机分案的管理权应当相对集中,并且尽量由专门的部门进行管理和维护。司法实践中,部分法院将这一工作集中归属到立案庭,有的则归属到审判管理部门或者纪检监察部门,都具有一定的合理性。二中院认为,最为理想的方式是立案部门负责分案制度的执行,技术部门负责日常的维护,审判管理部门负责分案制度运行的监督和管理,并向纪检监察部门报送违规、违法的线索,纪检监察部门负责对分案工作人员进行监督检查,从而形成一套完整的制度运行与监督链条。

(三)随机分案制度的构建

第一,确立随机分案原则,严格例外情形。最高人民法院提出的随机分案为主、指定分案为辅的原则,既明确了随机分案的科学原则,又对特殊情形的指定分案作了规定,应予以确立并坚持。随机分案是基本规则,因实践的需要,又存在指定分案、变更承办人的例外情形。规定例外情形也是司法管理灵活性的需要,但是,作为随机分案的例外,指定分案和变更承办人必须进行严格的程序规制,避免人为干扰。一是对指定分案、变更承办人的情形进行明确规定,指定分案的情形容易出现指定情形过于宽松、规定情形不统一等情况。应在规定中明确只有在符合上级法院设置的情形范围内予以指定分案。对于变更承办人,应明确承办法官一经确定不得擅自更改。对于因法官回避、身体健康、工作调动、廉政风险或者有其他确需变更原因的十种情形,应严格按照程序审批。二是对指定分案、变更承办人的程序予以严格规定,应由指定分案、变更承办人的目标法官或者主管院庭长提出具体理由和申请,业务部门审核同意、审管部门审查确定、主管院长审批方能办理变更手续,应确保以"其他需要变更承办法官的情形"申请变更承办法官的,准确、全面阐明具体情形。三是建立指定分案、变更承办人公示留痕制度,指定分案、重新分案的理由及结果及时通知相关法官、当事人,并在办公平台全程公示、全程留痕,以避免人为不当分案情况的发生,确保有效监督,杜绝人为因素干扰。案件进行过指定分案、变更承办法官审批的,审批表应放入副卷。

第二,明确指定执行主体,扩大适用范围。二中院在最高人民法院的制度框架内,根据本院的实际情况进行分案制度的具体落实,将分案制度纳入审判管理体系之中,由立案庭按照既定规则统一执行,各庭室、审判团队不再享有分案权,审管办不定期对随机分案情况进行统计并通报。二中院随机分案制度已实现民事、刑事、行政、执行各类型案件的全覆盖,杜绝"权力寻租"空间。

第三,设置识别前置程序,实行一次分案。为了解决随机分案和案件繁简分流、专业化审判存在的矛盾,设置识别前置程序,对案件繁简和专业化审判进行提前分流。从性质上来说,随机分案、案件繁简分流的矛盾与随机分案和专业化审判存在的矛盾是同一的,矛盾都是因案件实行随机分配,电脑无法识别不同的案件所导致的。具体程序规则是,立案庭工作人员在区分民事、刑事等案件类型基础上根据案件的繁简、程序等直接一次分配到相应庭室、审判团队、专业合议庭承办法官手中,取消中间流转环节。随着信息化技术的发展,可以期待案件繁简识别、专业化识别均通过电脑分案软件进行,以实现精准识别,并进一步节约人力资源。

第四，建立综合分配规则，解决均衡分案与激励办案矛盾。随机分案只是分案原则，对于采取“积存分案法”鼓励办案，还是采取“均衡分案法”公平分案仍存争议。采取何种分配规则必须考虑本院承办案件和法官的具体情况及分案制度想要达到的目标。在长期实行法官员额制的情况下，二中院员额法官相对较少，案多人少的矛盾会长期存在，法官办案压力普遍较大，因此均衡分案应该是案件分配的主要规则。但是，激发法官办案热情，形成激励办案机制以提升审判质效也是分案制度改革要达到的目标之一，因此应建立以均衡分案法为主，在均衡分案的基础上进行积存分案的综合分配规则，以解决均衡分案与激励办案矛盾。在规定各类员额法官具体分案比例的基础上，如院长不低于本院员额法官平均办案数量的5%，副院长等院领导不低于所选领域员额法官平均办案数量的20%，庭长不低于本庭员额法官平均办案数量的50%，副庭长不低于本庭员额法官平均办案数量的70%，规定办案比例内的案件实行均衡分案法，超出规定比例或者超出规定比例一定范围的案件实行积存分案法，对于超额完成任务的法官多分案，激励其办案，这样分案数量既保持相对公平，又能够形成激励办案机制，有利于审判质效的提高，有效解决了两种分配规则的矛盾。在当前信息化建设的水平下，采用上述规则进行案件分配，软件技术上已不存在障碍。

第五，完善分案配套机制，发挥整体协同效用。分案制度应置于法院司法体制改革整体框架下进行系统的规划设计，同法院的信息化建设、审判管理、司法责任制、司法保障机制等统筹规划，注重系统性、整体性、协同性，以保证制度功能的有效发挥。一是完善智能分案系统的信息化建设。最高人民法院积极推进以“智慧法院”为引领的信息化建设，运用互联网、大数据、云计算、人工智能等技术为现代化审判服务。随机分案依赖于电脑分案软件，同信息化建设密不可分。目前二中院所使用的分案系统能够同审判流程、办案辅助系统等信息系统有效衔接，与整个法院的信息化建设一体推进,以实现智能化、标准化分案,助力审判质效提升。二是衔接审判管理制度,长期以来,审判管理和分案功能由审管部门和立案庭分别行使,造成分案和审判管理脱节。科学的分案制度必须与审判管理有效衔接。首先是分案系统数据与审判管理平台应互联互通,数据共享,共同为司法管理服务。其次是分案管理与审判管理有限衔接,建立分案情况评估等制度,由审管部门对全院法官分案、指定分案等情况进行统计,及时总结、反馈分案问题,定期通报,促进分案制度落实。三是完善绩效考核机制。科学分案制度是绩效考核的基础,必须与绩效考核机制有效衔接,在绩效考评机制中确定法官的办案数量、质量、效率、效果指标,以定性和定量的考核方法,把法官的办案实绩与奖金发放、晋级晋职、评先评优结合起来,激励先进、鞭策后进,鼓励法官快办案、多办案、办好案,真正发挥分案制度公正、公平、提升效率的价值目标。四是健全监督制约机制。将分案工作纪律纳入纪检监督职责,制定分案工作纪律规则,逐级明确分案责任,重点对分案程序、指定分案、分案变更情形进行监督,维护分案秩序,确保分案制度落实。

三、二中院随机分案工作开展情况

(一)建章立制,明确规范

根据落实司法责任制的要求,为健全均衡、透明、公平的案件分配机制,审管办根据院党组工作部署,于 2017 年对分案问题进行专题调研。2017 年 12 月,审管办在充分调研与征求意见基础上,起草了《北京市第二中级人民法院分案规定(试行)(征求意见稿)》。2018 年 1 月,经院党组讨论通过《北京市第二中级人民法院分案规定(试行)》(以下简称《分案规定》)正式印发执行。

（二）宣讲辅导，技术支持

《分案规定》印发后，审管办起草了《分案规定》技术需求并提交技术室研究解决，召开全院“随机分案制度启动会”，就《分案规定》的具体内容及操作方法对各庭室负责人进行了讲解。发布《指定分案和变更承办法官呈请审批表》《暂停分案呈请批示表》，并确定了各庭室辅助庭长分案操作的责任人，随机分案制度正式推行。

（三）规范试行，问题反馈

《分案规定》试行后，审管办向各审判业务庭室收集分案过程中的问题、意见和建议，了解随机分案制度在庭室开展的困难和技术需求，进一步探讨该项工作与实际审执业务的融合与推进。对问题进行汇总后，审管办对分案规定的细节进行了研究，并将技术方面的需求提供给技术室。审管办从后台抓取随机分案制度实行以来各庭室的变动记录，了解规定落实情况，对案件承办人变动较多的庭室进行了分析，并就其原因与协助分案操作负责人访谈。

（四）问题研判，落实需求

2018 年 2 月，为扎实推进随机分案制度，准确掌握落实情况，及时发现问题，审管办组织召开落实随机分案制度座谈会。审管办对随机分案制度运行以来的问题进行详细说明，技术人员对技术保障问题进行说明，各审判执行庭负责同志和负责分案操作的同志就分案规定理解、技术操作运用、随机分案与庭内专业化管理等方面的问题进行了深入交流。

（五）持续完善，理顺流程

推动随机分案初期，为适配《分案规定》中指定分案和暂停分案等审批事项,审管办设计了统一电子表单,各种申请和审批均在网上办公平台操作,大大提高了审批工作效率。2018 年 8 月,审管办根据各庭适用中反馈意见,对电子表单进行了升级完善。随机分案制度开始运行时,二中院执行实施类案件由执行一、三庭两部门分别承办,两部门均反映随机分案中存在客观障碍,即两庭收案范围完全相同,案件只能统一分到执行一庭法官名下,再由调配指定分配至执行三庭法官名下。执行三庭收案时间迟延可能造成保全申请不能及时处理等风险。对此难题,审管办与办公室多次会商,在实时技术框架内通过设置执行审判大团队,在大团队内实现随机分案而将问题解决。

(六)创设体系,科学评估

对已经制定的以法官现存未结案件数量为主要依据的随机分案制度加强落实和督查,从制度上最大限度鼓励员额法官主动多办案、办好案,二中院经研究设置两类指标,对随机分案运行情况进行评估。

第一类指标是运行指标,用于评估随机分案制度落实程度和操作规范程度,包括案件分配随机率、变更审批率。其一,案件分配随机率的计算公式为:案件随机分配数量÷总收案数量×100%,用以监测随机分案案件数量占全部收案数量的比例。对照“随机分案为主、指定分案为辅”的基本原则,指定分案应当控制在较小比例。其二,变更审批率的计算公式为:网上办公审批变更数÷后台查询变更数×100%,用以监测指定分案(变更承办法官)审批执行情况。依照《分案规定》,指定分案(变更承办法官)必须公示,在技术支持实现后可以实现自动公示。

第二类指标是效果指标,包括结案均衡度(月内)、结案率指标完成情况、结案均衡度(月际)。其一,结案均衡度(月内),定义为上中下三旬标准差系数。实施随机分案的重要目的之一,就是从制度上最大限度鼓励员额法官主动多办案、办好案。按照制度设计初衷,以未结案数量为依据进行分案,旨在引导法官随结随报,改变结案不报结、积压到月底突击报结的弊病。其二,结案率指标完成情况的计算公式为:总结案数÷总收案数×100%-每月参考结案率指标,用以监测随机分案制度对促进结案效率提升的效果。其三,结案均衡度(月际),即月际标准差系数,与考核指标中的结案均衡度相同定义,用以监测随机分案制度对促进结案均衡度提升的效果。

(七)多管齐下,合力推进

一是明确员额法官的办案量底线,防止法官逆向利用随机分案规则以控制报结达到控制收案;二是在年终考核中加大办案数与奖励挂钩力度,鼓励多办案、办好案,促进随机分案制度运行的良性发展;三是以分案制度改革为突破口,探索司法改革背景下纪检监察体制与审判权运行机制的深度融合,通过纪检监察部门的有力监督,保障改革的顺利进行。

(八)先行先试,提供经验

2018 年,世界银行组织开展全球营商环境评估工作,将随机分案制度的建立作为司法程序质量指数的一项重要考核指标。2018 年 9 月,北京市高级人民法院出台《关于充分发挥审判职能为优化首都营商环境提供司法保障的实施意见》,将全面施行智能随机分案作为重点工作任务进行部署。二中院先试先行,为北京法院推行随机分案积累了宝贵经验。

(九)起底排查,以查促治

2021 年 9 月至 10 月,二中院对 2020 年 6 月至 2021 年 9 月收案的全部案件开展了随机分案管理相关情况起底排查。排查内容包括:各部门调整随机分案系统中各承办人收案系数、收案能力等收案参数配置的方式与频次,指定分案数量、是否符合指定分案情形、进行指定分案是否经过审批、审批方式，确定分案后变更承办人的案件数量、是否符合变更情形以及进行相关操作是否经过审批，是否及时在“智慧云—新分案服务系统”中对暂停分案情况进行添加与变更。通过起底排查，切实查摆本院随机分案管理规定落实不到位情况，并以查促治向各部门明确了随机分案流程规范。针对出现的问题及排查中各庭提出的优化建议，二中院根据分案系统使用实际及相关规范文件，对本院原分案规定进行修订。新版《关于随机分案的规定》增加了留痕、公示工作要求，并对指定分案及变更承办法官的事由、流程进行了扩充和明确。

四、二中院随机分案工作特点

为进一步落实好随机分案制度，二中院建立“随机分案为主、指定分案为辅”的均衡、透明、公正、科学的案件分配机制，规范院庭长审判管理监督职责，防止人为因素影响司法公正，鼓励法官多办案、办好案。

（一）抓制度建设，形成外部体系化对接与内部体系化协同

制定《分案规定》，一方面，分案制度与审判管理流程、审判团队建设、院庭长管理监督、院庭长办案、重大敏感案件管理、长期未结案管理、绩效考核等司法责任制机制相衔接。另一方面，在“随机分案为主、指定分案为辅”原则指导下，实行一审、二审案件单独排序，明确指定分案或变更承办法官的各类情形，对矛盾突出的批量案件（串案）分配实行总量均衡、相对集中的指定分案模式，设置专业化审判团队承办特定案件。

（二）抓运行管理，坚持需求导向，加强信息化保障

多次向审判业务庭室收集分案过程中的问题、意见和建议，了解随机分案制度在实践中的困难和技术需求，进一步探讨该项工作与全院实际审

执业务的融合与推进。为扎实推进随机分案制度,准确掌握落实情况及时发现问题,组织召开落实随机分案制度座谈会。制作《指定分案和变更承办法官呈请审批表》《暂停分案呈请批示表》并将表单电子化,便于申请报批统计评估。2018 年年底,根据审判庭的反馈和需求对表单进行版本升级。针对执行实施类案件统一随机分案的需求,反复研究攻克技术问题,妥善解决执行分案问题。

(三)抓评估研判,首创随机分案评估体系

二中院制定《随机分案制度运行情况评估规则》,首创包括两大类五项指标的随机分案评估体系。第一类是运行指标,用于评估随机分案制度落实程度和操作规范程度,包括案件分配随机率、变更审批率。第二类是效果指标,用于准确把握随机分案制度目标完成度,对结案均衡度(月办)、结案率指标完成情况、结案均衡度(月际)进行评估。通过评估让随机分案助力审判质效提升的效果可视化展现,也让各庭随机分案操作规范度可视化展现,督促各庭加强管理、提升制度落实的规范性。

(四)抓系统集成,将审判专业化和繁简分流作为分案制度改革的大前提

随机分案在"专业案件"和"普通案件"中分别进行,而在员额法官稀缺,案多人少矛盾突出的背景下,随机分案需要在"繁案"和"简案"中分别进行。审判专业化主要是通过案件类别的划分来对案件进行分流,繁简分流主要是从诉讼程序和案件难易程度的角度对案件进行分流,二中院在案件分配的过程中,首先考虑审判专业化因素,将专业化审理的案件剔除后,对剩余案件进行繁简分流,并在繁简分流的基础上实行"简案"和"繁案"在不同的审执部门内分别随机分案。

(五)抓综合配套,完善相关配套制度促使分案制度改革落地生根

一是进一步细化了现有绩效考核体系,尤其是繁简分流过程中的简易案件与复杂案件的工作量折算比例,系列案件、关联案件与一般案件的折算比例,避免因为绩效考核的因素增加法官适应改革的心理负担和工作负担。二是充分发挥专业法官会议制度的作用,通过召开专业法官会议统一裁判尺度,形成裁判指引,避免因为随机分案导致同案不同判的情况发生。此外,重大、疑难、复杂、新类型案件也可以通过专业法官会议凝聚专业领域内法官的智慧,为破解难题提供参考。三是以分案制度改革为突破口,探索司法改革背景下纪检监察体制与审判权运行机制的深度融合,通过纪检监察部门的有力监督保障改革的顺利进行。

第三节　审判流程管理制度改革

一、相关改革精神

1.《最高人民法院关于进一步全面落实司法责任制的实施意见》:健全信息化全流程审判监督管理机制。全面支持网上办案、全程留痕、智能管理,智能预警监测审判过程和结果偏离态势,推动审判监督管理由盯人盯案、层层审批向全院、全员、全过程的实时动态监管转变,确保放权与监督相统一。加强审判、执行工作标准化、规范化建设。完善刑事、民事、行政、国家赔偿、执行等领域审判、执行流程标准,推进标准化、规范化建设与信息化建设深度融合,将立案、分案、送达、庭审、合议、宣判、执行到结案、归档的每个节点均纳入审判监督管理范围,严格落实审限管理,将监督事项

嵌入办案平台,实现司法活动全程留痕、违规操作自动拦截、办案风险实时提示。

2.《最高人民法院关于深化人民法院司法体制综合配套改革的意见——人民法院第五个五年改革纲要(2019—2023)》:加强审判流程标准化建设。编制涵盖刑事、民事、行政、国家赔偿等专业领域的审判流程标准。规范案件报结、归档标准,优化卷宗移送流程。推动将从立案到结案归档各个节点的工作要点、时限要求、流程标准、岗位指引和文书样式嵌入信息化办案平台,实现对已完成事项的全程留痕、待完成事项的提示催办、将到期事项的定时提醒、有瑕疵事项的实时预警、违规性事项的及时冻结等自动化、静默化辅助功能。

二、二中院审判流程管理制度改革情况

(一)创新审判流程管理模式

第一,粗放式管理到精细化管理。精确测算、动态调整,按月度设置全院结案指标,各庭指标量身定作、精准分配。研究审判规律,各庭结案指标每季度逐月递增,加大月末指标考核权重。为保证灵活性,各庭遇特殊情况,有权申请当月指标依限度、依程序下调,报请主管院长审批。2019 年实施目标责任制考核以来,二中院结收比在同级法院中长期处于领先地位,在案件流程节点管控、审限管理、审判质效指标管理上也取得了优异成绩。

第二,行政化管理到教练式管理。一是以《审判管理动态》(每月工作)、《审判管理参考》(专项工作)及时通报全院各项工作态势,详细分析各庭审判质效问题,进行一对一指导帮助各庭精准把脉整改。二是将案件评查中发现的各类问题融入工作建议,重点问题反复提醒。三是开展员额

法官“三个一工程”和“双优展评”，构建院内与院外专家评委、人大代表、政协委员、人民陪审员、律师代表多元化综合评价体系。四是按中级法院审级特点设置“X+N+N”审判团队架构，审判部门基本实现标准团队模式建设。

第三，主观性管理到可视化管理。一是二中院开发审判执行信息服务平台，整合多系统碎片化数据，让司法数据“立体化”呈现，实现数据可视化效果，让司法数据直指问题“病灶”。二是实施随机分案制度。依司法责任制明确“四类案件”、批量案件、关联案件等指定分案或变更承办法官的条件和程序，科学动态设置分案参照系数并动态调整。三是加强重大敏感案事件管理，发布可视化流程图，挂图作战。四是院庭长办案可视化管理。即“规矩可视化”，逐步完善制度规范，办案机制实现常态化；“指标可视化”，精细量化办案指标，实现办案数量“四个不低于”；“数据可视化”，定期通报办案情况，管理过程动态化即时呈现；“效果可视化”，带头办理重大疑难案件，助力提高司法公信力；“标杆可视化”，发挥标杆引领作用，以上率下规范司法行为。

第四，运动式管理到标准化管理。一是在理论研究和实证调研基础上制定《北京市第二中级人民法院裁判文书质量评价标准（试行）》《北京市第二中级人民法院庭审质量评价标准（试行）》，完善案件评优标准。二是建立三级评查队伍，夯实评查力量；修订《案件评查工作办法》，实现有据可循；坚持评查通报制度，以查促改；注重评查结果运用，奖惩分明。三是专业法官会议规则标准化，“本部门+领域内+跨领域”分级衔接，与审判委员会、二审改判发回等机制对接；补足评查结果运用联动不足短板，制定《案件评查结果综合运用规定》，与《案件评查工作办法》配合，强化案件评查程序规范化建设和评查监督作用发挥，明确案件评查部门与干部人事部门、纪检督察部门协同配合的具体规则，使案件评查结果在目标责任制考核、员额遴选、评优评先、干部任免等工作中得到充分体现，形成考核监管双重合力。四是二审改判发回工作流程标准化，细化上下级法院沟通程序、专业法官会议讨论程序、一审评查反馈后复查程序等。

（二）构建民商事审判内部监督“立体化闭环”

二中院扎实推进司法体制综合配套改革，将查纠整改的进程转化为制约监督的抓手，把建章立制的成果转化为系统集成的基石，构建起“一轴两极三线”民商事审判内部监督机制，形成流程全闭环、权责全要素、人员全覆盖的司法责任制落实体系，坚持科学明责、担当履责、严格追责，切实将审判权关进制度“笼子”，让人民群众在司法活动中切身感受到公平正义。

第一，以审判流程规范运行为“核心轴”，构建轴向式管理。二中院探索建立了民商事案件全流程管理机制，梳理收案、庭审、合议、宣判、执行到结案、归档的每个节点风险，推进审判执行工作标准化、规范化建设。经深入调研，制定二中院《民商事案件审判工作流程指引》、修订《关于审判权力和责任的清单》，在制度层面统合整理分散于法律、法规、规章制度中涉及民商事案件审判流程的各项规定。纵向明确民商事案件审判全流程各个时间节点的工作内容和工作规范，横向明晰法官、法官助理、书记员的具体职责和任务要求，为民商事审判参与者和管理者提供了全面、简明、清晰的参照标准，以规范流程提高工作质效。通过强化审判流程节点管理，从底层架构打好民商事审判内部监督基础，将审判流程规范运行贯穿始终。

第二，以审判流程起止环节为“两极”，形成监管考核双重合力。优化案件随机分配机制，从源头上进一步消除分案因素对民商事审判的干扰。在原有的分案管理办法的基础上，细化指定分案、变更承办人情形并提高审批留痕要求，出台二中院《关于随机分案的规定》，确保“以随机分案为主”的案件分配机制有效运行，规范院庭长审判监督管理职责，防范廉政风险。完善案件质量评查机制，注重对民商事案件的“反向”监督。制定二中院《案件评查结果运用工作办法》，修订《案件评查工作办法》，强化案件评查程序规范化建设和评查监督作用发挥，建立案件评查与业绩评价、纪检督察有机衔接，形成考核监管双重合力。完善常规评查、重点评查、专项评查“三轨并行”评查体系，确保在对所有员额法官全覆盖的基础上，进一步搭建案件评查结果与纪检督察、干部人事的部门联动机制，实现严格管理、科学运用。

第三，以裁决线、监管线、惩戒线为“三线”，构建全方位闭环体系。理顺层次化“裁决线”，修订、制定二中院《审判委员会工作规则》《专业法官会议工作规则》《关于建立法律适用分歧解决机制的工作办法》《关于加强合议庭案件评议的工作规范》等规定，形成合议庭常态化精细合议、专业法官会议非常态化咨询、审判委员会宏观指导的层次化“裁决线”。通过建立民商事一审案件分级监督机制，将标的额 10 亿元以上的民商事案件纳入审判委员会讨论决定范围，进一步完善了对大标的民商事案件的内部监督管理体系。构建靶向型“监管线”，修订二中院《关于规范院长、庭长审判监督管理职责的规定》《关于二审案件改判、发回重审工作的若干意见》，按照事中监督、全程留痕、组织化行权原则，压实院庭长的案件监督管理职责，确保放权与监督相统一，规范法官自由裁量权的行使，形成院庭长监督的靶向型“监管线”。在运行层面应用案件流程“一案一表”清单可视化管理机制，把好“审判流程关”，做到节点覆盖全面、流程监督实时。利用审判流程监督表实时监督各案件承办进度，做到及时发现问题、动态了解情况、跟踪督办建议，提升审判质效。抓实点穴式“惩戒线”，制定、修订二中院《关于对“三个规定”落实情况开展监督检查的工作办法(试行)》《案件评查结果运用工作办法》《审务督察工作实施细则》，以评查结果运用、违规违法行为查处与警示为“惩戒线”，通过评查结果多元综合运用，违法违纪案例警示教育等方式，精准点穴、分类施策、惩前毖后，全面杜绝不担当、不作为等司法作风问题，保障民商事案件审判的规范化运行。

（三）首创法庭调查与法庭辩论合并进行新模式

在传统模式中，民事庭审分为法庭调查和法庭辩论两个阶段，前阶段主要是举证质证和调查事实，后阶段主要就法律适用发表意见。此模式适用多年，阶段清晰、便于把握，但也存有一些不足：第一，分割事实与法律、法庭辩论不充分。在传统模式中，调查阶段一般不允许就证据和事实发表法律意见，及至法庭辩论时容易出现思维间断，辩论与事实难以充分结合。如允许结合陈述，又会使法庭调查中存有小辩论但是不充分，法庭辩论时组织大辩论又意见重复。案情复杂、争议点较多的案件尤甚。第二，阶段难区分、庭审程序不紧凑。司法实践中，许多当事人习惯于事实、法律一起陈述，很难遵照设定顺序。如强行或多次打断易引发对抗情绪，任由陈述又难免重复，造成庭审时间冗长且难以驾驭、重复拖沓。第三，思路不明晰、庭审针对性不强。法官审理思路的明晰，基于审理的精和细。传统模式程序齐备但重点分散，当事人以自己思路陈述、答辩，对抗不足，法律事实、争议焦点难以通过辩论和质证确定，法官指挥权、释明权行使不足，不利于体现证据证明力和辩论逻辑性。第四，争议焦点不突出、裁判结果难服人。传统庭审模式并不绝对要求固定无争议事实、归纳争议焦点，庭审时各方不能专注于真正争议。进而造成文书针对性差，裁判结果与当事人心理预期存在差距，致使判决公信力下降。根据《民事诉讼法》相关规定，立足于破解案多人少、提高审判质效的司法改革要求，二中院对法庭调查与法庭辩论合并进行的新型庭审模式进行了有益尝试，取得了成效。

第一，突出争点促进审理集中化。好的庭审关键是回归诉讼法基本原理，充分辩论以固定事实、辨析焦点。庭审中，首先，由当事人陈述诉辩意见，固定无争议事实和争议焦点。其次，指挥当事人围绕焦点举证、质证和辩论。当事人可结合证据直接陈述法律意见，体现直接言词、证据裁判等诉讼法原则。再次,留出综合辩论时间,保障辩论权有效行使。最后,在最后陈述阶段,当事人可概括说明全案的法律关系、法律事实和法律适用问题,并提出最终要求。

第二,节约时间促进审理实质化。新庭审模式要求法官须做好充分审前准备,开庭时准确归纳争议焦点,允许当事人在指定时间内围绕关键问题充分摆事实、讲证据、辩法律,易获取当事人信任、利于指挥权行使。

第三,明晰思路促进审理透明化。法官需明确庭审思路、案件焦点,并准确向当事人传递;当事人可针对关键问题阐明意见,把证质在庭上、把理讲在庭上;法官撰写文书时紧紧围绕庭审焦点,使庭审笔录成为判决的支点。庭审信息对称,当事人明晰哪些问题将被裁判、最终结果源于何种原因,可以更多感受到公开带来的公正、合理预期裁判结果。

第四,能力提升促进审理规范化。新的庭审方式前提是法官要具有扎实的法律理论修养、较强的庭审驾驭能力,能迅速赢得信任、排除干扰,找到庭审重点、归纳争议焦点,指挥有方、释明有度,以规范程序引导对抗情绪。此模式还可充分挖掘员额制法官潜力,促进精英化过程,提升其专业素养、业务技能。

二中院将不断完善新型庭审模式。首先,建立争点整理思维,夯实应用基础。案件争议焦点的整理与固定是新型庭审模式的前提和基础,法官在庭前做好准备,将无争议、非重点的问题与案件争议焦点问题分类整理,固定证据、明确焦点,必要时须庭前评议,避免庭审流于形式或多次庭审。庭审中征求当事人意见后,通过笔录等书面形式固定焦点,以防反言。其次,发挥法官助理作用,保障运行力量。新型庭审模式可明确为法官助理发挥辅助职能提供又一职责要素,在法官指导下法官助理可固定无争议事实、归纳争议焦点,并向承办法官、合议庭汇报。此举可增加法官助理实践机会、给员额法官减负,也使后续审理更加有的放矢。最后,加强沟通联系,拓宽推广渠道。中级法院可以加强与基层法院的沟通和交流,对于类型案件推行要素审判法，将审判要素、审查重点等实体问题与庭审方式等程序性问题进行有机结合，便于推广使用。加强与律师等法律共同体的沟通，以增加新方式的接受度和适用范围，同时吸收合理化建议，为新型程序的进一步推广总结经验。

三、二中院审判流程管理制度改革工作特点

（一）不断创新审判流程管理理念

二中院持续推进信息化服务管理建设，全面完善管理科学化。突出信息化服务保障管理监督和司法政务的作用，不断规范办公、办案管理流程，确保科学"管人""管物""管事"，切实降低廉政风险，提高工作效率。加强对审判权运行的智能监管。为充分保障法官办案主体地位，同时又做到放权不放任，二中院研发了"审判流程节点管理系统""智能巡查系统"，实现案件全程可追溯、进度可视化，变人工监管为智能监管、事后监控为实时监控、粗放监督为精准监督。审判流程节点管理系统，将审判执行工作分解为立案、分案、开庭、裁判（执行）、归档等五个阶段，并细化出容易出现问题的38个关键节点，通过自动和人工预设催办通知、审限警示等多种功能，实现院庭长对审判权、执行权运行中每个流程、节点、岗位、人员的监督提醒。"智能巡查系统"采用视频分析、语音识别等技术，对庭审的法官着装、庭审行为、庭审过程、庭审音频质量等情况进行智能分析，并将出现的问题自动剪辑推送，实现对庭审的自动化、智能化监管。

以法官需求为导向，全面服务法官办案。结合法官审判办案需求，先后自主建设远程提讯、赃证物管理、执行财产续封续冻、执行案款风险监管等应用系统，提升工作效率。加强执行信息化建设，自主研发"执行财产续

封续冻管理”和“执行案款风险防控”系统软件。执行财产续封续冻管理系统使二中院首封、可处置的执行财产做到“底数清、处置明”,精细管控可处置执行财产,切实推进解决执行财产处置难问题。执行案款风险监控系统能够自动采集案款管理系统和审判业务系统中的案件信息和案款信息,提供案款到账提醒、发放临期提醒、发放风险预警等功能,通过与文书信息、当事人信息、执行标的等信息进行对比,实现事前监管和风险防控,避免出现案款错发、漏发等情况,加强了案款风险防控。

(二)不断创新审判流程管理措施

针对团队运行后管理监督分散化、间接化的特点,自主构建了审判流程监管、智能巡查、数字审委会等系统,为强化审判管理和监督、领导决策提供智能化支持。审判执行流程监管系统利用办案节点数据,实现办案流程态势监控,提高决策的时效性和针对性。智能巡查系统采用视频分析、语音识别等技术,院庭长能够动态视频监控合议庭开庭、规范着装、中途退庭等信息,实现智能巡查。应急指挥联动系统结合人脸识别、人流统计、人群密度监测、人员轨迹分析等技术,实现人员及时定位、精准匹配、预警提醒功能,自动启动应急预案,快速处理突发情况。数字审委会系统实现信息沟通由纸质向音、像、物的根本转变,为审判委员会委员掌握案情、作出决策提供客观翔实的依据。

以适度超前为原则,探索推进大数据应用。二中院“智慧法院”建设方案,紧跟前沿信息技术,运用大数据、云计算、人工智能等新兴技术,按照“数据集中化、管理可视化”思路,在匹配北京市高级人民法院建立的案例研判辅助、文书智能辅助、一体化送达管理、电子卷宗应用等多个应用系统的基础上,二中院探索研发庭审智能辅助、移动执行办案等系统。庭审智能辅助系统能针对不同群体提供全方位服务,针对书记员提供通过语音识别智能生成笔录服务,并实现可智能进行语义、语法及法律专业术语的校对,有问题的地方智能打点,将视频与问题笔录点进行关联。同时引入人脸识别技术,实现对敏感证人图像进行马赛克及变声保护。支持法官在开庭过程中能够便捷查询案件详细信息及卷宗信息、查看书记员实时笔录信息及历次笔录信息。针对院领导提供庭审监督、庭审观摩服务,实现对审理案件的远程监督和观摩。

(三)以庭审为中心优化审判流程运行

一是定位:确立庭审的中心地位。司法活动以审判为中心,要理顺公检法三机关在诉讼程序中的关系。在由侦查、起诉、审判、刑罚执行组成的刑事诉讼的全过程中,审判居于中心的地位,只有审判才能“确定刑罚权之有无及其范围大小”。审判活动以庭审为中心,做好审委会的“抓大放小”工作,一方面进一步限制审委会讨论案件的范围和数量,改革审委会讨论案件的方式,扩大合议庭和法官独立审判权的行使;另一方面扩大审委会对大标的重大敏感、新类型等案件的监管力度。

二是夯基:做好审前的准备程序。探索实行法院主导的庭前会议制度。在正式的开庭审理前,双方当事人在法官的主持下,对案件的争点及相关证据进行整理,以明确争点及法庭调查的证据,为正式的开庭审理做准备,这是审前准备程序最具实质性的内容之一。

三是固本:细化庭审的工作规范。健全和完善证人出庭作证制度,通过建立强制证人到庭、证人作证补偿等制度,保证证人出庭接受质证,以全面贯彻庭审中的直接言词原则,保障证据调查活动的有效进行。要在法庭上组织双方当事人就法律适用问题展开充分辩论,以此作为定案的重要参考。在对诉讼请求进行事实调查的过程中,由法官归纳出双方对证据或事实的争议焦点,让当事人围绕这个焦点发表意见。这样既可以使当事人通过集中的辩论充分阐述各自的观点,也有利于法官明了当事人的意见,更加准确地居中裁判。

四是添翼:提高法官的庭审驾驭能力。法官要根据案件审理的需要把握审理方向,引导当事人按正确的顺序进行发言、举证,合理分配举证责任,有效制止与案件无关的陈述。在辩论阶段,引导双方对案件定性、争议焦点和法律适用等进行辩论。在庭审中注意适时进行归纳总结,对各方当事人一致的意见及时予以认证。

第四节　审判监督管理制度改革

一、相关改革精神

1. 中共中央办公厅《关于加强法官检察官正规化专业化职业化建设　全面落实司法责任制的意见》:规范权责配置。建立权力清单和履职指引制度,明确应当由院长、检察长以及审判委员会、检察委员会决定的重大事项,可以由法官、检察官决定的事项,并分别规定相应责任。法院实行独任法官或合议庭办案责任制,检察院实行检察官办案责任制。未入额人员不得独立办案。完善审判权运行机制,确立法官的办案主体地位。独任审理案件的裁判文书由独任法官签署。合议庭审理案件的裁判文书由该案合议庭法官签署。除审判委员会讨论决定的案件外,院长、庭长不签发其未直接参加审理案件的裁判文书。运用现代科技加强监督制约,适应新型司法权运行机制要求,积极运用大数据、人工智能等现代科技手段,推动管理监督由盯人盯案、层层审批向全院、全员、全过程的实时动态监管转变,确保放权不放任、监管不缺位。推广案件流程监管、庭审巡查等智能软件应用,完善网上办案系统,确保案件全程网上办理、司法活动及干预办案情况全程留痕、违规操作自动拦截、办案风险实时提示。加大对海量司法数据的挖掘开发力度，总结办案风险规律，不断提升对办案不规范不廉洁行为的发现、防控能力，有效约束和规范司法自由裁量权的行使。

2.《最高人民法院关于完善人民法院司法责任制的若干意见》：院长除依照法律规定履行相关审判职责外，还应当从宏观上指导法院各项审判工作，组织研究相关重大问题和制定相关管理制度，综合负责审判管理工作，主持审判委员会讨论审判工作中的重大事项，依法主持法官考评委员会对法官进行评鉴，以及履行其他必要的审判管理和监督职责。副院长、审判委员会专职委员受院长委托，可以依照前款规定履行部分审判管理和监督职责。庭长除依照法律规定履行相关审判职责外，还应当从宏观上指导本庭审判工作，研究制定各合议庭和审判团队之间、内部成员之间的职责分工，负责随机分案后因特殊情况需要调整分案的事宜，定期对本庭审判质量情况进行监督，以及履行其他必要的审判管理和监督职责。院长、副院长、庭长的审判管理和监督活动应当严格控制在职责和权限的范围内，并在工作平台上公开进行。院长、副院长、庭长除参加审判委员会、专业法官会议外不得对其没有参加审理的案件发表倾向性意见。对于有下列情形之一的案件，院长、副院长、庭长有权要求独任法官或者合议庭报告案件进展和评议结果：涉及群体性纠纷，可能影响社会稳定的；疑难、复杂且在社会上有重大影响的；与本院或者上级法院的类案判决可能发生冲突的；有关单位或者个人反映法官有违法审判行为的。院长、副院长、庭长对上述案件的审理过程或者评议结果有异议的，不得直接改变合议庭的意见，但可以决定将案件提交专业法官会议、审判委员会进行讨论。院长、副院长、庭长针对上述案件监督建议的时间、内容、处理结果等应当在案卷和办公平台上全程留痕。

3.《最高人民法院关于深化人民法院司法体制综合配套改革的意见——人民法院第五个五年改革纲要（2019—2023）》：完善审判监督管理机制。明确院长、庭长的权力清单和监督管理职责，健全履职指引和案件监管的全程留痕制度。完善对信访申诉、长期未结、二审改判、发回重审、指令再审、抗诉再审案件的审判监督机制。通过信息化办案平台自动识别、审判组织主动提交、院长和庭长履行职责发现、专门审判管理机构案件质量评查、人民法院主动接受当事人监督和社会监督等途径,推动建立全面覆盖、科学规范、符合规律的审判监督管理制度体系。

4.《最高人民法院关于进一步全面落实司法责任制的实施意见》:各级人民法院领导干部要在严格落实主体责任上率先垂范,充分尊重独任法官、合议庭法定审判组织地位,除审判委员会讨论决定的案件外,院长、副院长、庭长不再审核签发未直接参加审理案件的裁判文书,不得以口头指示等方式变相审批案件,不得违反规定要求法官汇报案件。健全信息化全流程审判监督管理机制。全面支持网上办案、全程留痕、智能管理,智能预警监测审判过程和结果偏离态势,推动审判监督管理由盯人盯案、层层审批向全院、全员、全过程的实时动态监管转变,确保放权与监督相统一。细化落实院长、庭长审判监督管理权责清单。院长、庭长审判监督管理权力职责一般包括:(1)配置审判资源,包括专业化合议庭、审判团队组建模式及其职责分工;(2)部署综合工作,包括审判工作的安排部署、审判或者调研任务的分配、调整;(3)审批程序性事项,包括法律授权的程序性事项审批、依照规定调整分案、变更审判组织成员的审批等;(4)监管审判质效,包括根据职责权限,对审判流程进行检查监督,对案件整体质效的检查、分析、评估,分析审判运行态势,提示纠正不当行为,督促案件审理进度,统筹安排整改措施,对存在的案件质量问题集中研判等;(5)监督"四类案件",对《最高人民法院关于完善人民法院司法责任制的若干意见》第24条规定的"四类案件"进行个案监督;(6)进行业务指导,通过审理案件、参加专业法官会议或者审判委员会等方式加强业务指导;(7)作出综合评价,在法官考评委员会依托信息化平台对法官审判绩效进行客观评价基础上,对法官及其他工作人员绩效作出综合评价;(8)检查监督纪律作风,通过接待群众来访、处理举报投诉、日常监督管理，发现案件审理中可能存在的问题，提出改进措施等。各级人民法院要根据法律规定和司法责任制要求，分别制定院长、副院长、审判委员会专职委员、庭长、副庭长的审判监督管理权力职责清单。院长、庭长在权力职责清单范围内按程序履行监督管理职责的，不属于不当过问或者干预案件。院长、庭长应当履行监督管理职责而不履行或怠于履行的，应当追究监督管理责任。进一步完善“四类案件”识别监管制度。各高级人民法院应当细化“四类案件”监管范围、发现机制、启动程序和监管方式。立案部门负责对涉及群体性纠纷、可能影响社会稳定等案件进行初步识别；承办法官在案件审理过程中发现属于“四类案件”范围的，应当主动向庭长、主管院长报告；审判长认为案件属于“四类案件”范围的，应当提醒承办法官将案件主动纳入监督管理；审判管理机构、监察部门等经审查发现案件属于“四类案件”范围的，应当及时报告院长。探索“四类案件”自动化识别、智能化监管，对于法官应当报告而未报告的，院长、庭长要求提交专业法官会议、审判委员会讨论而未提交的，审判管理系统自动预警并提醒院长、庭长予以监督。院长、庭长对“四类案件”可以查阅卷宗、旁听庭审、查看案件流程情况，要求独任法官、合议庭在指定期限内报告案件进展情况和评议结果、提供类案裁判文书或者检索报告。院长、庭长行使上述审判监督管理权时，应当在办案平台标注、全程留痕，对独任法官、合议庭拟作出的裁判结果有异议的，可以决定将案件提交专业法官会议、审判委员会进行讨论，不得强令独任法官、合议庭接受自己意见或者直接改变独任法官、合议庭意见。

5.《最高人民法院关于落实司法责任制完善审判监督管理机制的意见（试行）》：各级人民法院在法官员额制改革完成后，必须严格落实司法责任制改革要求，确保“让审理者裁判，由裁判者负责”。除审判委员会讨论决定的案件外，院庭长对其未直接参加审理案件的裁判文书不再进行审核签发，也不得以口头指示、旁听合议、文书送阅等方式变相审批案件。各级人民法院应当逐步完善院庭长审判监督管理权力清单。院庭长审判监督管理职责主要体现为对程序事项的审核批准、对审判工作的综合指导、对裁判标准的督促统一、对审判质效的全程监管和排除案外因素对审判活动的干扰等方面。院庭长可以根据职责权限,对审判流程运行情况进行查看、操作和监控,分析审判运行态势,提示纠正不当行为,督促案件审理进度,统筹安排整改措施。院庭长行使审判监督管理职责的时间、内容、节点、处理结果等,应当在办公办案平台上全程留痕、永久保存。各级人民法院应当健全随机分案为主、指定分案为辅的案件分配机制。根据审判领域类别和繁简分流安排,随机确定案件承办法官。已组建专业化合议庭或者专业审判团队的,在合议庭或者审判团队内部随机分案。承办法官一经确定,不得擅自变更。因存在回避情形或者工作调动、身体健康、廉政风险等事由确需调整承办法官的,应当由院庭长按权限审批决定,调整理由及结果应当及时通知当事人并在办公办案平台公示。各级人民法院可以根据本院员额法官和案件数量情况,由院庭长按权限指定合议庭中资历较深、庭审驾驭能力较强的法官担任审判长,或者探索实行由承办法官担任审判长。院庭长参加合议庭审判案件的时候,自己担任审判长。对于符合《最高人民法院关于完善人民法院司法责任制的若干意见》第 24 条规定情形之一的案件,院庭长有权要求独任法官或者合议庭报告案件进展和评议结果。院庭长对相关案件审理过程或者评议结果有异议的,不得直接改变合议庭的意见,可以决定将案件提请专业法官会议、审判委员会进行讨论。独任法官或者合议庭在案件审理过程中,发现符合上述个案监督情形的,应当主动按程序向院庭长报告,并在办公办案平台全程留痕。符合特定类型个案监督情形的案件,原则上应当适用普通程序审理。院庭长应当通过特定类型个案监督、参加专业法官会议或者审判委员会、查看案件评查结果、分析改判发回案件、听取辖区法院意见、处理各类信访投诉等方式,及时发现并处理裁判标准、法律适用等方面不统一的问题。

二、二中院审判监督管理制度改革情况

司法责任制改革是全面深化司法体制改革必须牢牢牵住的“牛鼻子”，在整个司法体制改革中具有基础性、关键性的地位。中央深改组在2015年审议通过的《关于完善人民法院司法责任制的若干意见》指出，完善人民法院司法责任制，就是要以严格的审判责任制为核心，以科学的审判权力运行机制为前提，以明晰的审判组织权限和审判人员职责为基础，以有效的审判管理和监督制度为保障，让审理者裁判，由裁判者负责，确保人民法院依法独立公正行使审判权。重点在于改革审判权力运行机制，明确审判组织权限和审判人员职责，制定法院和院庭长的权力清单，处理好审判权和管理监督权之间的关系。完善办案质量终身负责制和错案责任倒查问责制，既要保证错案追究责任，也要保证法官办案履职积极性。

（一）建立适应新机制的监督管理制度

坚持院庭长有序放权与有效监督有机统一，制定院庭长审判监督管理权责清单，细化院庭长对诉讼程序性事项的决定和审批权限，规定院庭长对涉及重大、敏感、疑难、复杂、新类型因素的案件，要及时进行事前、事中监督，切实杜绝不愿监督、不敢监督、不会监督等问题，切实保证案件质量，促进法律适用统一。完善重大敏感案件报告制度，加强对涉及国家安全、社会稳定、舆论广泛关注的重大敏感案件的管理和把关，严格贯彻依法处理、舆论引导、社会面管控“三同步”原则。对重大敏感案件及时制定审理、宣传、安保等工作方案，规范处理流程，严格落实请示报告制度。

重置人员角色定位，确保团队组织“以法官为中心”。运用统筹规划的系统思维，取消固定审判长制，缩短管理链条，明确规定法官十项职责、法官助理十四项职责和书记员的十三项职责，确保每个团队角色都明白

自己应该做什么、怎么做。扁平组织架构，突出法官主体地位，新模式下79名委任制审判长退出历史舞台。审判长由承办法官担任、随案产生，所有员额法官都要担任审判长主持庭审，都有机会办理大案要案。副庭长和审判团队负责人合二为一，实现了组织扁平化运行。案件审理与团队事务分离运行，确保审判权独立高效行使。合议庭内嵌于审判团队，二者既有重合，又相对分离，防范了合议庭成员固定带来的“同质化”“关系案”等风险。

（二）进一步规范审判权运行机制

推进院长、副院长、审委会委员、庭长承办重大疑难复杂案件常态化，推动将重大、疑难、复杂、新类型和在法律适用方面具有普遍意义的案件优先分配给院庭长审理的机制。建立完善新型法院内部监督制约机制，充分发挥合议制、审判委员会制度、审级监督、院庭长监督管理等内部监督机制的作用，确保审判权严格规范行使。依托现代信息技术，建立健全法官行使审判权与法院部门及院庭领导行使管理权、监督权全程留痕、相互监督、相互制约的机制。积极运用大数据、人工智能等现代科技手段对审判权运行状况进行实时分析研判、风险提示。进一步提高法官对团队的管理水平，赋予法官对司法辅助人员工作分配权、奖惩建议权，强化团队间的协作配合，不断强化审判团队的精细化管理和专业化分工，提升审判团队整体效能。继续推进庭审实质化，严格执行法定证据采纳标准和证明标准，严格落实疑罪从无原则，进一步完善排除非法证据的具体工作机制，强化庭审在查明事实、认定证据、保护诉权、公正裁判中的决定性作用。积极参与构建跨部门大数据办案平台，借助刑事案件智能辅助办案系统的研发和应用，逐步实现办案系统互通互联、数据自动推送、资源共享共用，推动公检法在共同的办案平台上、明确的基本证据标准指引下办案。

(三)进一步规范审判监督管理机制

规范法官联席会议,为合议庭处理案件提供咨询意见,保证院、庭长依法履行审判管理监督职责,二中院制定《北京市第二中级人民法院专业法官会议工作规则》,对法官联席会议参加人、启动及召集程序、会期与会议主持、议事范围、会前准备、议事规则、表决规则、决议效力、会议记录及纪要等方面进行了明确,同时将参加法官联席会议纳入法官业绩考核范围,充分保障法官参加联席会议的权利,将个案疑难问题研究、类案法律适用研讨、重大审判事务协商等全部纳入法官联席会议议事范围,努力将法官联席会议打造成为合议庭处理案件提供咨询意见的平台和法官业务精研、自我管理、自我约束、自我规范的平台,逐步以法官联席会议讨论代替案件请示汇报。

在充分发挥院庭长办案职能的同时,将庭室行政管理和审判管理权力剥离,通过有效分权理顺审判权下放与院庭长监督的关系。同时进一步完善院庭长权责清单,院庭长管理监督职责主要体现在以下方面:统一法律适用的监督指导职责,依法对生效案件进行监督;主持法官联席会议,总结审判经验,对案件质量进行把关,讨论重大或疑难案件,研究审判疑难问题,进行类案裁判的指导;对特别重大疑难复杂案件行使案中监督权;对审判质效状况进行动态分析,就案件流程等事务进行管理,并作出相应的决策;对院庭行政管理及审判事务作出决策并指定相关主体加以落实,从宏观上指导审判工作;依据所掌握的审判管理信息,负责组织研究制定有助于提高公正、效率和公信的管理制度;根据审判工作态势合理配置审判资源,采取优化内部审判流程的措施;依照法律规定的权限和程序,对案件审理中遇到的回避、保全、延长审限等程序事项作出决定等;完善管理监督方式,实现全程留痕式管理监督。一方面,在制度规范建设方面,注重以制度促规范、从细节抓管理,规范延审、诉费调整、保全等事项的报批流程,进一步强化办案流程纪律,促进日常办案作风建设形成一套长效机制;另一方面,在重点环节衔接层面,如针对部分案件审理周期较长,承办人、合议庭成员发生变化的情况,及时研究并制定方案,通过召开庭务会议、审判组组长定期督导等方式,多管齐下抓好案件交接重点工作环节,彻底消除因衔接问题带来的案件办理风险隐患,从而实现对审判工作的有效管理与监督。

(四)进一步完善审判监督管理体系

二中院严格按照上级要求出台了《落实司法责任制加强审判管理监督的规定》,推进转变院庭长审判管理监督方式和机制,既注重充分保障法官办案主体地位,同时又做到放权不放任。

一是明确院庭长职责清单。《落实司法责任制加强审判管理监督的规定》在严格贯彻上级精神的基础上,依据相关法律及司法解释的规定,明确了院庭长对程序性事项审核批准、监督指导审判执行工作、督促统一裁判标准、全程监管审判质效、提示纠正不当行为、督促案件审理进度、排除案外因素干扰等七方面的管理监督职责,并采用列举的形式进一步明确了院长、副院长、执行局长和庭长的具体职责清单,为院庭长依法行使职权提供制度依据。同时进一步明确了院庭长行使管理监督责任,管的是审判的过程、效率、效果和作风,严禁不当干预法官、合议庭对案件的独立判断,将院庭长管理监督制度化、规范化。

二是细化管理监督流程要求。为更好地落实院庭长履行相应审判管理监督职责,《落实司法责任制加强审判管理监督的规定》从案件类型、管理方式、监督程序等方面细化了审判管理监督的具体流程和要求。在监督重点方面,明确了将涉及政治稳定、国家外交、国防安全、民族宗教、社会稳定等因素的十类重大、敏感、疑难案件纳入监管范围。在监督方式上,院庭长可以通过要求合议庭报告案件进展和评议结果、参加合议庭担任审判长主持案件审理、通过审执信息服务平台对个案办理情况进行查看和监控等方式对案件进行重点管理监督。在监督程序上，规定院庭长对案件审理程序或者评议结果有异议的，可以建议合议庭复议一次，复议后仍有异议的，应当依程序将案件提交专业法官会议讨论或在必要时提请审判委员会讨论。在全程留痕方面，要求行使审判管理监督职责的时间、内容、节点、结果等，应当在案卷和办公办案平台上全程留痕。

三是建立完善考核奖惩机制。为进一步增强院庭长开展管理监督工作的责任感和紧迫感，鼓励院庭长勇于担当、敢于负责，将案件管理监督成效纳入其本人的绩效考评。院庭长因故意或者重大过失，怠于行使或者不当行使审判管理监督职责，导致案件裁判错误并造成严重后果的，依据《人民法院工作人员处分条例》追究其相应的责任。

（五）进一步落实院庭长监督职责

转变院庭长监督方式，建立符合司法规律的院庭长监督管理清单制度。坚持院庭长有序放权与有效监督有机统一，二中院通过清单制度限制院庭长监督管理权，还权于法官，同时对院庭长行权实行全程留痕，防止权力滥用。另一方面，二中院坚持放权不放任，细化院庭长对诉讼程序性事项的决定和审批权限，规定院庭长对涉及重大、敏感、疑难、复杂、新类型因素的案件，要及时进行事前、事中监督，切实保证案件质量。大力推进院庭长办案，通过院庭长办理复杂、疑难和新类型案件发挥示范作用，促进法律适用统一。

建立健全专业法官会议制度。二中院立足专业法官会议推动实现裁判标准统一、分流审判委员会任务、加强法官自我管理、强化对青年法官培养的定位，设置了“三级四类”专业法官会议，包括庭内、领域内以及跨领域专业法官会议。专业法官会议有效代替了原有的逐层汇报制度，为法官在审判实践中遇到的重大疑难问题提供咨询，进一步保障了“让审理者裁判,由裁判者负责”。

三、二中院审判监督管理制度改革工作特点

(一)完善院庭长审判监督管理机制

二中院严格按照要求,推进转变院庭长审判管理监督方式和机制,既注重充分保障法官办案主体地位,又做到放权不放任。一是完善院庭长“权责清单”制度。按照院长、副院长、审判委员会专职委员、庭长、副庭长等不同人员,分别制定详细的“正面清单”“负面清单”。既有“权力清单”,严格限定院庭长的监督管理职责范围;也有“行为清单”,对于审判监督管理的职权启动、行使、终止作出了明确限定;更有“责任清单”,细化院庭长对诉讼程序性事项的决定和审批权限,规定院庭长对涉及重大、敏感、疑难、复杂、新类型因素的案件,要及时进行事前、事中监督,切实保证案件质量。二是院庭长管理监督全程留痕。二中院要求院庭长的监督管理情况,特别是对案件审判的监督指导情况要全程留痕,以信息化手段实时记录案件审理及监督管理过程。既加强对审判权的监督,也规范对监督管理的再监督,确保监督必留痕。三是利用现代信息技术推进监管方式创新。研发“审判执行流程监管系统”,实现对审判权、执行权运行中每个流程、节点、岗位、人员的监督。研发“智能巡查系统”,实时视频监控合议庭开庭等信息。利用现代信息技术,变人工监管为智能监管、事后监控为实时监控、粗放监督为精准监督。

(二)确立院庭长审判监督管理清单制度

为进一步健全完善以审判权为核心、以审判监督权和审判管理权为保障的审判权力运行机制,二中院严格落实司法责任制,全面明确合议庭、院

庭长、审委会等各类司法人员和审判组织的权力职责，完善审判责任认定、追究机制，在还权于法官、合议庭的同时，建立符合司法规律的院庭长监督管理的“清单”制度。既设立“正面清单”，也设立“负面清单”，既明确“职权清单”，更明确“责任清单”，要求院庭长监督管理做到“五个转变”，切实防止因监督管理缺位引发裁判尺度不统一等问题。

一是院庭长的监督管理从“直接”转变为“间接”。院庭长不能像过去一样通过听取案件汇报，直接改变合议庭决定。审判权运行机制改革后院庭长审判管理职责具有综合性审判管理职责的特征，其核心是实现个案信息对称、类案信息对称、整体审判信息对称的“三个对称”，而不是替代和影响合议庭独立作出裁判。

二是院庭长的监督管理从“无限扩大”转变为“有限有据”。院庭长的监督管理不再是“无限扩大”的，二中院按照院长、副院长、审判委员会专职委员、庭长、副庭长等不同人员，分别制定详细的“正面清单”“负面清单”。既有“权力清单”，严格限定院庭长的监督管理职责范围，内容明确、具体；也有“行为清单”，对审判监督管理的职权启动、行使、终止作出了“有序有节”的限定；更有“责任清单”，对依法规定的院庭长监督管理职权必须履行、不能越权越界，对属于审判权行使的事项不能随意介入干涉，针对“负面清单”事项，一一对应设定了须追究的责任。

三是院庭长的监督管理从“科层化”转变为“扁平化”。要从监督管理主体的多元化、层级的多层次，逐步转变为“组织化”“专业化”“扁平化”的监督管理。改革后不再层层听取汇报，对于过去向院庭长汇报的疑难复杂案件、合议庭有重大分歧的案件，提交专业法官会议，由法官结合案件分别发表意见和建议，形成一致性或倾向性意见后，供合议庭办案时作为参考。

四是院庭长的监督管理从“无痕”转变为“全程留痕”。对于院庭长的监督管理情况，特别是对案件审判的监督指导情况做到全程留痕、有据可查。留痕就是为了防止权力滥用,以信息化手段实时记录案件审理及监督管理过程,实现整个过程全透明。特别是通过“重点案重点人”的“点”、“立案、开庭、宣判等个案流程节点”的“线”、“整体运行态势、案件质效状况”的“面”,实现分散的、个别的信息整体加工共享,既加强审判监督管理对审判权的监督,也规范、强化对监督管理的再监督,确保监督必留痕。

五是院庭长从“侧重监督管理”转变为“直接办案并重”。不仅要担负监督管理责任还要承办案件。可以发挥院庭长办案的示范作用,还有优化审判资源配置,缓解法院“案多人少”压力的作用。院庭长承办案件不能“唯数量”论,重点是要承办重大、敏感、疑难、复杂、新类型等案件,将院庭长编入合议庭直接承办案件,做到与优秀审判资源的人案相符。

(三)严格落实院庭长审判监督管理责任

二中院在深入调研、广泛征求意见的基础上,修订了《关于贯彻落实司法责任制完善审判管理监督的规定(试行)》,进一步完善了院庭长管理监督职责清单,明确了管理监督的原则、重点、方式、程序,强化了管理监督责任。同时充分考虑二中院审级特点和案件特点,相关规定也更具有针对性和可操作性,为全面落实司法责任制,正确处理充分放权与有效监督的关系,进一步规范院庭长审判管理监督职责,建立常态化管理监督机制,不断提升审判工作质效提供了坚实的制度保障。

一是明确院庭长职责清单,着力解决不敢管问题。严格贯彻《最高人民法院关于完善人民法院司法责任制的若干意见》《最高人民法院关于落实司法责任制完善审判监督管理机制的意见》《北京市高级人民法院关于院长、庭长审判管理监督权责清单的规定》基础上,依据相关法律及司法解释的规定,明确了院庭长对程序性事项审核批准、监督指导审判执行工作、督促统一裁判标准、全程监管审判质效、提示纠正不当行为、督促案件审理进度、排除案外因素干扰等七方面的管理监督职责,并采用列举的形式进一步明确了院长、副院长、执行局长和庭长的具体职责清单,为院庭长依法行使职权提供制度依据。同时还进一步明确了院庭长行使管理监督责任,管的是审判的过程、效率、效果和作风,严禁不当干预法官、合议庭对案件的独立判断,将院庭长管理监督制度化、规范化。

二是细化管理监督流程要求,着力解决不会管问题。为更好地落实院庭长履行相应审判管理监督职责,从案件类型、管理方式、监督程序等方面细化了审判管理监督的具体流程和要求。在监督重点方面,明确了将涉及政治稳定、国家外交、国防安全、民族宗教、社会稳定等因素的十类重大、敏感、疑难案件纳入监管范围。院庭长可以通过要求合议庭报告案件进展和评议结果、参加合议庭担任审判长主持案件审理、通过审执信息服务平台对个案办理情况进行查看和监控等方式对案件进行重点管理监督。在监督程序上,规定院庭长对案件审理程序或者评议结果有异议的,可以建议合议庭复议一次,复议后仍有异议的,应当依程序将案件提交专业法官会议讨论或在必要时提请审判委员会讨论。在全程留痕方面,要求行使审判管理监督职责的时间、内容、节点、结果等,应当在案卷和办公办案平台上全程留痕,同时规定对于合议庭有重大分歧的、拟发回改判的案件必须通过网上办公平台向院庭长进行报告。

三是建立完善考核奖惩机制,着力解决不愿管问题。为进一步增强院庭长开展管理监督工作的责任感和紧迫感,鼓励院庭长勇于担当、敢于负责在明确院庭长应当负有总结审判工作经验、决定重大程序事项、组织研判审判质效等职责的基础上,将案件管理监督成效纳入其本人的绩效考评。明确规定院庭长因故意或者重大过失,怠于行使或者不当行使审判管理监督职责导致案件裁判错误并造成严重后果的,应当依据《人民法院工作人员处分条例》追究其相应的责任。

第五节 廉政风险防控机制改革

一、相关改革精神

1.《最高人民法院关于全面推进人民法院廉政风险防控机制建设的指导意见》:要通过自我查找、群众评议、专家建议、领导提示、案例分析、组织审定等方式,重点查找各部门、各岗位在权力行使、制度机制、外部环境以及干警思想道德等方面存在的廉政风险。在权力行使方面,要重点查找由于权力过于集中、运行程序不规范和自由裁量幅度过大,可能造成权力滥用的风险;在制度机制方面,要重点查找由于规章制度不健全、监督制约机制不完善,可能导致权力失控的风险;在外部环境方面,要重点查找由于利益诱惑、人情干扰以及其他非正常因素的影响,可能导致司法不公的风险;在干警思想道德方面,要重点查找由于理想信念不坚定、工作作风不扎实和职业道德不牢固,可能诱发行为失范的风险。

2.《最高人民法院关于进一步全面落实司法责任制的实施意见》:要完善司法廉政风险防控体系,各级人民法院应当认真落实党风廉政建设主体责任和监督责任,自觉接受纪律监督、法律监督、舆论监督和社会监督,不断提高公正裁判水平。各级人民法院内部应当充分发挥司法巡查、审务督察、廉政监察员等功能作用,组织人事、纪检监察、审判管理部门与审判业务部门应当加强协调配合,形成内部监督合力。全面梳理办案流程、审限管理等关键节点,分析研判每个节点可能存在的办案风险,加强审判执行活动风险监控智能预警,促进司法廉政风险早发现、早预警、早处置。

3.《最高人民法院关于深化司法责任制综合配套改革的实施意见》:健全廉政风险防控体系,各级人民法院应当充分发挥党内监督、监察监督和政法系统内部监督的综合效能,加大违规违纪行为追责问责力度,坚持零容忍惩治司法腐败。

4.《北京市高级人民法院关于在司法改革背景下同步推进廉政风险防控机制建设的意见》:全市法院积极适应司法改革需求,既实现“让审理者裁判,由裁判者负责”,又确保审理者公正司法、廉洁司法;全市法院要构建与司法责任制改革同步的廉政风险防控机制,实现纪检监察部门的纪律监督与法定审判监督、院庭长管理监督、专门机构质效管理监督等内部监督制约机制的有序衔接,确保监督全覆盖、无死角。

二、二中院廉政风险防控机制改革思路

为进一步落实司法责任制的各项工作举措,强化司法权监督制约,二中院坚持五项原则,积极探索在司法改革中同步推进廉政风验防控机制建设,着力构建全面覆盖、科学规范、监管有效的廉政风险防控体系。

(一)坚持系统性原则

构建与司法改革同步推进的廉政风险防控机制是确保实现司法改革目标的重要保障,是确保审判权良性运转的必然要求,也是助力法官群体实现职业自律的重要支撑。二中院始终坚持将廉政风险防控机制建设与党建队建、审判规范化建设等工作同部署、同推进、同考核,党组切实担负起党风廉政建设的主体责任,把廉政风险防控工作作为重大政治任务,摆在突出位置抓紧抓好,将廉政风险防控机制建设情况作为全院全面从严治党、领导班子和领导干部述职述廉、年终工作目标完成情况检查考核的重要内容还注重加强改革协同配套和系统集成,把机关纪委、督察室的监督职能同院庭长审判监督管理职责、审判管理部门和审判监督部门的专门职责等各类监督手段方式相衔接,形成分工明确、相互配合的监督合力,努力

构建一套符合本院实际、务实管用的廉政风险防控体系。

(二)坚持科学性原则

习近平总书记指出:“要保证权力在正确轨道上运行,坚持民主集中制,形成决策科学、执行坚决、监督有力的权力运行机制,督促公正用权、依法用权、廉洁用权。”①二中院按照结构合理、配置科学、程序严密、制约有效的要求,加强对权力运行的制约和监督。首先,强化权力的科学配置,结合审判权运行机制改革,把廉政风险防控的理念、措施、机制融入审执业务和行政管理之中,重点摸清权责底数,绘制权责运行流程图,在明确岗位职责时,按照既相互制约又相互协调的原则,着力解决岗位职责界定不清、分工不合理等问题。其次,强化风险点的科学查找,聚焦立审执等关键环节、院庭长履行审判管理和监督职责、审判组织行使审判权力等方面的公正性和廉洁性进行深入查找,在提出防控措施时要针对查找出来的风险点,从规范权力运行、完善制度机制、筑牢思想防线等方面,有针对性地制定切实管用、操作性强的防控措施。最后,信息技术的科学运用,充分发挥信息技术在权力运行和权力监督中的优势,在流程控制、风险预警、信息公开等方面加大对大数据、人工智能的应用,使廉政风险防控工作更加符合司法规律、贴合法院实际。

(三)坚持针对性原则

廉政风险防控是查找风险节点、监控风险状态、发现风险行为、处置风险事件的动态过程,是从根源上预防腐败的工作机制。二中院坚持问题导向和目标导向,探索建立的“四二三”廉政风险防控筛查机制,对不同岗位、不同人员在行使权力过程中,对照权力责任清单可能存在的廉政风险、面

① 2020年1月13日,习近平总书记在十九届中央纪委四次全会上的讲话。

临外部干扰因素可能发生的廉政风险以及人员思想道德方面动摇可能引发的廉政风险进行逐一筛查；聚焦司法权力运行、审判监督管理、行政管理方面存在的薄弱环节，有针对性地明确职责分工、规范业务流程、细化工作要求，全面促进法官审判责任、院庭长审判监督管理责任、审判辅助人员工作责任和行政人员管理责任的落实；同时，把领导干部特别是掌握人事权、审批权、监督权的人员作为重点对象，把审判执行、工程建设、物资采购、干部选拔任用等作为重点领域、重点环节，确保精准防控取得实实在在的成效。

（四）坚持规范性原则

二中院以关键岗位、重要流程节点和制度落实情况为抓手，不断推进廉政风险防控体系的规范化建设。首先，强化权责清单的规范性，梳理制定各岗位职责清单和廉政风险点，结合人员分类管理制度改革，按照法官、审判辅助人员、司法行政人员等岗位，明确各类人员的权限和职责范围，院领导、部门领导及岗位人员根据风险等级和工作分工，逐级落实防控工作领导责任和直接责任，形成覆盖全面、权责相宜、责任明确的廉政风险防控责任体系。其次，强化监督管理的规范性，督察室对各部门廉政风险防控措施落实情况加强监督检查，充分运用好领导干部个人事项报告、廉政审查意见、定期述职述廉等制度，加强对“关键少数”和重点岗位人员的监督制约；建立健全预警信息分析制度，定期对廉政风险信息的真实度以及可能产生的危害、影响面进行分析研判，合理确定预警等级，形成有针对性的处置意见和建议。

（五）坚持协同性原则

根据党风廉政建设新形势、新任务，伴随司法改革发生的岗位职责、权力运行流程变化和部门职权变更、职能转变对廉政防控体系中的风险点和防控措施进行及时跟进、动态调整。建立“党风廉政监督员”和“亲情廉政监督员”制度，及时掌握干警思想动态，充分运用“三个规定”记录报告、“12368”热线服务、审判监督管理等平台，通过二审再审、申诉信访、举报投诉、审务督察、司法巡查等渠道，广泛收集廉政风险线索。定期对全院廉政风险态势进行深入分析，对可能引发腐败的苗头性、倾向性问题进行风险预警，启动防控处置机制，运用风险提示、诫勉谈话、责令纠错等方式进行及时处置。

三、二中院廉政风险防控具体举措

二中院紧密结合司法审判工作实际积极探索实践，逐步建立了具有首都中院特色的廉政风险防控体系，在以审判为中心的各项工作中发挥了较好的作用。

（一）坚持“三定一明”，依托“四二三”廉政风险查控模式，科学配置审判和执行工作权力结构

二中院依照相关法律法规和规章制度，科学定岗、定责、定权，明确审判、执行和管理工作的权力运行流程，通过建立思想道德风险、制度机制风险、权力运行风险和外部干扰风险四维象限，确定风险筛查二维坐标系，查找廉政风险点并科学评定风险等级。二中院汇编出全院 27 个部门、148 个岗位的 197 幅岗位职权及廉政风险防控表，绘制了 189 项权力运行流程图，并编撰了《岗位职权与廉政风险防控》和《权力运行规范流程》两本手册。

（二）坚持“外展内控”，依托三方承诺和联动监督机制，规范监督权力运行

规范化监督权力运行全程是防控风险的重心和关键。二中院一方面

拓宽外部监督渠道，通过往社区开展“三个规定”宣传主题特色活动，向当事人发放“廉政监督卡”，在诉服大厅摆放“三个规定”宣传册，向人大代表、政协委员征求意见等方式，提升外部监督效果；另一方面，充分挖掘内部监督潜力，将中层副职纳入党风廉政监察员队伍，定期开展培训，并组织开展司法作风等方面的实地检查和现场纠察；此外还建立法院、干警、家庭三方承诺和联动监督机制，向全院干警家属发出“树清廉家风　创廉洁家庭”廉政家书，干警、家属分别对落实“三个规定”要求签字承诺，确保干警家属对不在本辖区执业、不插手过问案件、不泄露审判秘密等要求应知尽知，切实筑牢廉政“防火墙”。

（三）坚持“科技导航”，依托现代化信息技术监管手段，建立和完善廉政风险防控管理系统

信息化技术是廉政风险防控良性发展的“导航仪”。二中院坚持“从源头抓起、从苗头抓起、从重头抓起”的思路，以“人、财、物、案、卷”五项重点领域为切入点，以“有的放矢、切中要害、多管齐下、实用高效”为原则，研发了多个信息化管理系统，进一步提升廉政风险防控的精准度。一是研发了日常考勤管理系统，通过网络系统管理与制度管理相结合，使考勤管理更加精准有效；二是研发了案款风险监管系统，进一步加强案款收取、管理和划付等全流程监管；三是研发了赃证物管理系统，从设备、人员、场所等方面研究制定整改措施，保证赃证物保管机构设置、人员职责、清理处置等问题权责清晰，堵塞管理漏洞；四是研发了执行财产续封续冻管理系统，实现执行工作关键环节的全程管理和网上监控，切实规范了执行行为，有效防控了执行中的廉政风险和渎职侵权行为的发生；五是研发了卷宗管理系统，切实排查卷宗材料在“收、管、用”等环节的安全隐患，规范诉讼案卷管理。通过上述系统的使用，二中院初步建立了以科学的风险识别、风险评估、动态精确的风险监控与防控处置为一体的廉政风险防控长效机制，有

效实现了廉政风险“全员、全岗位、全流程、全时段”的“四全”防控目标。

（四）坚持多措并举，依托“柔性管理”的廉政教育模式，营造浓郁的廉政文化氛围

深化廉政教育、营造廉政文化氛围是廉政风险防控管理的重要环节。二中院以“清风360廉洁文化品牌”为抓手，打造“立体式”日常廉政教育体系。坚持严管与厚爱相结合、激励与约束相结合，引导全院干警敬畏法律、敬畏组织，审慎用好手中权力。二中院开展了形式多样、突出人文关怀的廉政文化活动。开展“四个亲情活动”，即在关键节点给干警的亲属打一个亲情电话、写一封亲情家书、通一次亲情网络视频、走一次亲情家访，向干警的家属汇报干警的工作、生活、学习情况；在院网、微信公众号设立“清风习语”栏目，通过日笺形式向全院干警推送习近平总书记的警言警句和经典语录。推出“清风日笺”“清风说纪”“清风话廉”特色栏目，其中“廉洁家书”“三个规定”解读等文章被清风北京、北京日报、人民法院报等转载报道，取得了良好的教育引导效果。

第二章 法律适用分歧解决机制改革

◆ 第一节　专业法官会议制度改革

一、相关改革精神

1.《最高人民法院关于深化人民法院司法体制综合配套改革的意见——人民法院第五个五年改革纲要(2019—2023)》:完善统一法律适用机制。健全主审法官会议与合议庭评议、赔偿委员会、审判委员会讨论案件的工作衔接机制。

2.《最高人民法院关于进一步全面落实司法责任制的实施意见》:各级人民法院应当健全专业法官会议制度,切实发挥专业法官会议统一法律适用、为审判组织提供法律咨询的功能。专业法官会议成员不以职务、等级为必要条件,参会人员地位平等。完善专业法官会议会前准备程序和议事规则,完善配套考核机制,提升专业法官会议质量。健全专业法官会议与合议庭评议、审判委员会讨论的工作衔接机制。判决可能形成新的裁判标准或者改变上级人民法院、本院同类生效案件裁判标准的,应当提交专业法官会议或者审判委员会讨论。合议庭不采纳专业法官会议一致意见或者多数意见的,应当在办案系统中标注并说明理由,并提请庭长、院长予以监督,庭长、院长认为有必要提交审判委员会讨论的,应当按程序将案件提交审判委员会讨论。

3.《最高人民法院关于落实司法责任制完善审判监督管理机制的意见(试行)》:各级人民法院应当充分发挥专业法官会议、审判委员会总结审判经验、统一裁判标准的作用,在完善类案参考、裁判指引等工作机制基础上，建立类案及关联案件强制检索机制，确保类案裁判标准统一、法律适用统一。院庭长应当通过特定类型个案监督、参加专业法官会议或者审判委员会、查看案件评查结果、分析改判发回案件、听取辖区法院意见、处理各类信访投诉等方式，及时发现并处理裁判标准、法律适用等方面不统一的问题。

4. 最高人民法院《关于完善人民法院专业法官会议工作机制的指导意见》：专业法官会议是人民法院向审判组织和院庭长（含审判委员会专职委员，下同）履行法定职责提供咨询意见的内部工作机制。各级人民法院根据本院法官规模、内设机构设置、所涉议题类型、监督管理需要等，在审判专业领域、审判庭、审判团队内部组织召开专业法官会议，必要时可以跨审判专业领域、审判庭、审判团队召开。专业法官会议由法官组成。各级人民法院可以结合所涉议题和会议组织方式，兼顾人员代表性和专业性，明确不同类型会议的最低参加人数，确保讨论质量和效率。专业法官会议主持人可以根据议题性质和实际需要，邀请法官助理、综合业务部门工作人员等其他人员列席会议并参与讨论。

二、二中院专业法官会议制度改革思路

专业法官会议机制作为司法改革的配套性制度，是实现“让审理者裁判，由裁判者负责”审判权运行机制改革目标的重要举措，是统一法律适用、完善审判管理监督机制的必要途径，也是法官交流业务、提升能力的重要平台。专业法官会议制度旨在为合议庭正确理解和适用法律提供咨询性意见，推进司法审判管理监督权规范化行使，转变审判管理监督方式，切实落实司法责任制。此外，专业法官会议机制也有助于总结审判经验，为审委会讨论案件发挥过滤性作用。

二中院经过前期试点，发现专业法官会议机制在运行中存在“三多三

少”倾向：一是专业法官会议讨论个案多，讨论类案规则少。通过调取法官会议记录，80%的专业法官会议讨论的是个案，虽然个案裁判是类案裁判规则的基础，但讨论个案往往陷入事实问题之争，讨论过程激烈有余，成果转化不足。二是部门内法官会议多，跨部门跨专业法官会议少。三是刑事专业法官会议多，民商事专业法官会议少。从法官会议召开数量和所讨论的案件数量来看，刑事审判部门召开的法官会议数要比民商事审判高出50%。从表面上看，这和改革之前刑事案件较之民商事案件汇报频率更高相吻合。但从深层次看，民商事各审判庭较少召开会议的原因主要是讨论问题的效率不高，不容易形成一致性意见，频繁召开法官会议不但会影响各审判团队的工作节奏，也难以形成有效成果。为解决上述问题，进一步统一法律适用，促进审判质量不断提升，二中院以司法改革精神为指导，多措并举不断完善专业法官会议制度。

一是加强培训，提高法官对专业法官会议的思想认识。组织员额法官特别是院庭领导系统学习相关司法改革文件，提高对专业法官制度的认识，着力提升法官自身素养和规则意识，提高业务研究能力和水平。同时，也注重发挥专业法官会议主持人作用，适当把握会议的进程、节奏和氛围。全体参会法官要树立平等、尊重、包容、文明的对话理念，并遵守共同的议事规则。

二是加强对专业法官会议的统筹管理。加强对全院各类专业法官会议统筹、指导、备案和管理，通过规则指导、业务培训、信息备案、执行情况督促检查等方式建立起动态监管机制，全面、准确地收集会议召开信息和会议材料，深入掌握各审判庭、员额法官参加专业法官会议的情况。首先，加强制度体系构建。在院级、庭级层面集中清理以往与落实司法责任、完善审判监督管理机制要求不符的各项规章制度和习惯做法，搭建与专业法官会议工作规则相适应的规则体系。同时，通过对各审判庭专业法官会议工作规则的审查，查漏补缺，协助各审判庭建立起完善的专业法官会议工作细则。其次,加强管理和督促。要求各庭严格执行向审管办备案的规定,对召开专业法官会议偏少的庭室,督促其分析原因,解决阻碍专业法官会议发展的问题;对经常无故缺席会议的员额法官,给予必要的提示。此外,及时总结落实专业法官会议机制的经验教训,提出切实可行的改进方案。

三是参会人员多样化,推动人才梯队良性发展。二中院尤为重视法官助理在专业法官会议中的参与度,致力于充分发挥专业法官会议在培养预备法官方面的作用。会议主持人注意为法官助理发言创造条件,鼓励法官助理发表自己的意见。各庭可根据本庭法官助理的实际情况,鼓励法官助理担任法官会议秘书,通过参与法官会议的准备、组织、会议纪要整理等提高参与度,提升业务能力。

四是细化并落实专业法官会议的绩效考核规定。绩效考核制度对规范专业法官会议各项活动具有指引作用和评价功能,对涉及专业法官会议的各项工作制定可量化的考核标准,纳入庭室和个人绩效考核并确定适当的比重。首先,制定各庭室落实专业法官会议制度的绩效考核细则,并将考核结果纳入二中院对各庭室的年度绩效考评。其次,各庭室将法官及法官助理组织、参与专业法官会议、总结转化会议成果的工作进行量化考评,纳入法官及法官助理个人的年度绩效考评。通过上述措施促使各审判庭严格落实相关制度,鼓励法官积极参与、深度参与法官会议。

三、二中院专业法官会议制度改革情况

2015 年 6 月,二中院被确定为司法改革试点单位后,院领导对专业法官会议机制的设立和完善十分重视,要求深入学习领会司法改革文件中关于专业法官会议机制的相关规定及精神,高标准地启动专业法官会议机制建设,积极探索专业法官会议的运行规律,及时总结实践经验,不断完善专

业法官会议机制的架构及细则，为各项司法改革工作的进一步深入推进打下坚实基础。部分审判庭在原有审判长联席会议、青年法官沙龙、刑事专业法官会议机制等基础上先行先试，初步摸索出符合专业法官会议机制要求的有益经验和做法。院领导也积极参加审判庭的法官沙龙、法官会议、跨领域专业法官会议等，及时就专业法官会议机制的完善和发展给予指导。

为落实司法责任制，保障院庭长依法履行审判管理监督职责，规范专业法官会议各项工作，2017 年 3 月 16 日，二中院正式印发《专业法官会议工作规则》，标志二中院专业法官会议机制正式建立。根据《专业法官会议工作规则》的规定，各审判庭可结合本庭工作实际制定本庭专业法官会议工作细则并报审判管理办公室备案，授权各审判庭制定符合实际情况的专业法官会议具体工作细则。随后，各审判庭先后制定了各自的法官会议工作细则，申诉庭和审监庭还联合制定了《法官会议联席会议章程》，为全面推行专业法官会议机制提供了具体的规范性依据。对标北京市高级人民法院相关制度规定，二中院于 2021 年修订《专业法官会议工作规则》，并进一步明确以下四方面内容。

一是明确专业法官会议的形式和研讨事项范围。根据中央和上级法院司改文件精神，二中院立足于专业法官会议的定位，设置了庭内专业法官会议、领域内专业法官会议、跨领域专业法官会议和跨审级专业法官会议，并针对不同形式的专业法官会议规定了各自的研讨内容。庭内专业法官会议研讨的主要内容为案件类、法律适用类和审判管理类。案件类主要包括合议庭对个案处理存在重大分歧的案件；涉及新产业、新业态、新技术等因素，或者相关问题法律、司法解释没有规定，需要确立新的裁判标准的案件，以及审判委员会授权讨论的案件。法律适用类主要包括本庭法官对法律、司法解释理解与适用存在重大分歧，需要统一认识的；学习研讨法律、司法解释、本庭审判业务相关法律适用问题。审判管理类主要包括分析本庭室被改判、发回重审、再审案件的原因，总结本庭室审判经验；评选、推荐优秀裁判文书、大要案、指导案例、参阅案例等；需要研究论证的审判工作重大事项；其他审判业务问题。不同于庭内专业法官会议，领域内和跨领域的专业法官会议放眼于各领域内甚至全院性的审判管理事项，主要包括各审判领域内的疑难、新型案件和涉及统一法律适用和裁判尺度的专业法律事项。

二是明确法官会议的人员结构，固化参会人员。二中院确立了由主管院长、正副庭长、各审判团队组长及拟研讨案件合议庭法官 5～13 人参会的人员构成形式，由资深法官担任会议主持人，主管院长、庭长参加法官会议的，一般应担任会议主持人。各部门设有专业法官会议联络员，作为法官会议辅助人，负责会议前联系、沟通、协调和分发资料等事务性工作，并确定一名书记员，负责全程记录工作，会后形成会议纪要或讨论意见。

三是明确法官会议议事程序，规范研讨形式。专业法官会议的程序主要包括召集程序、参会人员、讨论规则、备案程序等。不同形式的专业法官会议规则各异。庭内专业法官会议由合议庭提出申请或庭长决定召开。案件研讨由承办合议庭提请庭长决定是否召开，其他事项由庭长决定召开。会议由庭长召集并主持，合议庭成员、本庭法官参加。经庭长许可，法官助理等可以列席会议。而各领域内专业法官会议由提起讨论案件或议题的审判庭庭长提请该庭主管院长决定是否召开。会议由该庭主管院长召集并主持，经该副院长授权，也可由审判委员会专职委员召集并主持，该领域内审判庭庭长、副庭长及推荐的法官参加。需要研讨的案件或议题跨领域的，由提起的审判庭报请该庭主管院长决定是否召开，经领域内或跨领域专业法官会议研究，合议庭复议后仍然存在重大分歧的，由主管院长提请审判委员会讨论决定。在法官会议启动时间方面，提请法官应至迟在会议前 3 日向联络员提交书面报告，各参会法官应认真研读，了解相关案情或研讨事项。

四是明确法官会议意见效力。专业法官会议形成的意见供合议庭参考,合议庭在法官会议后可以重新进行评议,并形成书面复议笔录。合议庭复议结果不采纳法官会议多数意见的,提请人应向庭长、主管院长报告并说明理由。对新类型案件问题、法律统一适用标准问题,针对法官会议意见应归纳总结裁判要旨,供本院和辖区法院参照适用。

由此,二中院搭建起了以院级专业法官会议工作规则为指导、以庭级专业法官会议工作细则为补充的制度体系,《专业法官会议工作规则》及细则的实施,为院庭级、各审判领域内、跨领域、跨审级专业法官会议的召开提供了规范性依据,对各项法官会议工作的运行具有规范和引导作用,保障了专业法官会议的召开有规可依、有章可循。在专业法官会议制度运行上,主要以各庭室为主体,审管办负责院级层面的统筹管理和指导,既保证了专业法官会议机制的规范统一,又兼顾了各庭室的案件特点和人员结构。

经统计,2018 年至 2021 年,二中院各庭室共计召开专业法官会议 833 次,研究案件数量 1871 件。在专业法官会议实际运行过程中,专业法官会议已从外在制度要求成为多数法官解决业务问题的内在需求和自觉选择,积极效用显著。

一是通过法官会议探讨类案问题,实现类案裁判尺度进一步统一。在针对疑难复杂案件召开的专业法官会议中,与会法官各抒己见,深入探讨,大部分案件经过研讨有了较为清晰的断案思路,形成了具有说服力的多数或一致处理意见,进一步统一裁判思路。专业法官会议切实发挥了"为法官提供咨询性意见"的功能,审判权运行的去行政化成效明显,为权责明晰、权责统一的司法责任制的落实提供了有效支撑。不仅如此,积极召开辖区内法院法官专业会议,有利于促进上下级法院之间裁判标准的统一,维护司法尊严,保障案件当事人的合法权利。

二是通过法官会议消解疑难点,实现审判委员会任务的分流。专业法官会议与审判委员会的衔接机制较完备,两者之间的良性互动态势初显。作为审委会的前置程序,专业法官会议为审委会过滤掉一部分案件和审判管理事项的讨论,让审委会回归本职,总结审判经验,讨论决定重大或者疑难案件和其他相关审判工作问题,监督管理全院审判工作运行和审判质效。审判委员会可以授权庭内专业法官会议、领域内或跨领域专业法官会议讨论案件和需要研究论证的审判工作重大事项,形成初步意见供审判委员会参考。案件经过庭内专业法官会议、领域内或跨领域专业法官会议研究后仍然存在重大分歧的,主管院长可以提请审判委员会讨论决定。可以说,专业法官会议发挥了审判委员会的"智囊"和"过滤器"作用,审判委员会则为专业法官会议"兜底",解决专业法官会议议而不决、会议意见不具有强制约束力的问题。

三是加强司法办案各环节的衔接和制约监督。一方面,二中院专业法官会议确立了院庭长参会的主体地位,并规定院庭长参会的,一般应担任法官会议的主持人,院庭长不参会的,通过审阅会议材料,每案均出具意见,供合议庭参考,监督案件审判质量和统筹司法裁判标准。另一方面,审判监督管理的主要方式逐步由案件汇报、审批转变为召开专业法官会议,案件汇报制度弱化,汇报的实质不再是庭院长直接决定最终结果,而是导入专业法官会议。审判监督管理机制的重心逐渐由审判长、庭院长转移至法官会议平台,并在必要的情况下对接审判委员会机制,审判管理监督权的规范化行使初见成效。

四、二中院专业法官会议制度改革工作特点

专业法官会议是完善司法责任制、健全审判权运行机制改革中的重要制度,二中院以提高案件质量、改进院庭长行权方式、统一法律适用为目

标，完善制度的同时深入探索实践，不断提高专业法官会议的专业、科学、规范化水平，积累了有益经验，取得了良好效果。

（一）恪守专业性：专业会议解决专业问题

专业法官会议以其在审判业务问题上的专业性和权威性，为法官在审判实践中遇到的重大疑难问题提供咨询。一是围绕审执业务问题延伸会议职能。除为具体案件提供咨询意见外，二中院把与审执业务有关的改发再审案件原因分析、审判经验总结、类案裁判标准统一、法律适用问题学习与研究、优秀文书及案例推荐等纳入专业法官会议议事范围，将专业法官会议定位为业务问题的集中议事机构。二是立足审执业务需求设置会议类型。二中院坚持问题导向，从审判需求出发，按照审判实践中遇到的疑难问题涉及业务范围的不同，分别设置审判庭专业法官会议，刑事、民事、行政、执行领域内专业法官会议、跨领域专业法官会议以及跨审级专业法官会议等类型，满足法官多元业务咨询需求。三是严格参会人员范围保证意见权威。一方面，专业法官会议由员额法官组成，同时院庭长均应参加相应类型会议。根据会议议题性质和实际需要，可以邀请人大代表、政协委员、综合业务部门工作人员、人民陪审员、专家学者或具有专门知识的人员等列席会议并发表意见；但是，涉及具体在审案件信息、国家秘密、商业秘密或者带有身份信息的个人隐私的，不得邀请。另一方面，通过院庭长推荐方式，确保各领域内专业资深法官参会，保证参会人员业务水平和会议意见权威。

二中院各庭室在专业法官会议制度改革的实践过程中，不断总结实践经验，集思广益，有效促进法官会议效能延伸。如有的庭室通过研读最高人民法院、高级人民法院及本院规范文件，将重点议题清单化，将法官会议常见议题列为“个案研讨、类案裁判尺度统一、发改案件研讨、信访案件核查、法律适用问题研究、法律规范集中学习”等六大类，提高研讨针对性；在个案办理中,辅助合议庭及独任法官办案决策,通过年度法官会议纪要汇编成册的方式,实现裁判尺度的总结与学习;通过对"四类案件"等应纳入审判监督管理范围的案件上会研讨,提高审判监督内部管理效果;通过信访案件核查、发改案件研讨,强化对审判权运行制约监督;积极研讨法律适用问题,加强对下级法院对口业务审级指导。

同时,二中院在专业法官会议制度改革中始终秉持专业法官会议并非审判组织,其不享有审判权,会议意见不应对裁判结果产生约束效力的态度。专业法官会议的作用,是在遵循审判权性质和运行规律的前提下,为合议庭公正高效独立裁判提供辅助。一是保障让审理者裁判,会议意见仅供参考。专业法官会议在保障合议庭依法独立行使审判权的前提下发挥作用,会议形成的意见供合议庭参考,合议庭对于会议多数意见,在报告并说明理由的前提下,有不采纳的权力,保障让审理者裁判。二是健全审判权力运行,院庭长组织化行权,将专业法官会议作为院庭长行使审判监督职责的重要平台。按照司法责任制要求,院庭长在其可以行使审判监督职责的案件范围内,如对合议庭评议结果有异议的,应提交法官会议讨论,不得单独发表倾向性意见,以法院内部去行政化方式,保障合议庭依法独立行使审判权。三是尊重审判权亲历性,专业法官会议主要探讨法律问题。在实践中,充分尊重审判权的亲历性特点,在疑难案件的讨论中,一般要求合议庭须对案件的事实查明负责,除涉及证据规则理解适用外,专业法官会议原则上不探讨事实认定问题。

(二)强化规范性:科学议事保障会议质效

一是会议召集程序规范。提请讨论内容应当属于与审判业务有关的重大事项,庭内专业法官会议限于合议庭对个案处理存在重大分歧案件等事项,各审判领域内和跨领域专业法官会议限于经庭内专业法官会议研讨后合议庭仍存在重大分歧案件等事项。在提请程序上，庭内专业法官会议的召开须经庭长审查决定，各审判领域和跨领域专业法官会议的召开须庭长提请，经主管院长审查决定，确保会议召开的严肃性。

二是会议组织程序规范。专业法官会议设立联络员和主持人，并分别由庭长、主管院长或者审委会专职委员负责主持。合议庭汇报案件后，按法官等级由低到高依次发言，主持人最后发言总结，保证法官自主、充分发表意见。提请讨论案件或者事项，承办人需在会前3日提交书面报告，并由联络员发给参会人员；参会法官应提前阅读报告、充分准备，并在会上发表明确意见和充分说明理由，从而保障发言质量。

三是会议成果管理规范。确保会议内容全程留痕，严格落实会议记录并单独建档备查，案件会议记录还应入卷归档。参会人员应当保守工作秘密，不得泄露会议信息及会议意见等内容。对于经庭内专业法官会议研讨后，合议庭仍存在分歧的案件，应提请领域内或跨领域专业法官会议研讨，仍有分歧的，提请审判委员会讨论决定。

二中院各庭室均能较好保证专业法官会议流程规范化，助力案件高效审理，其中民二庭更是外部借鉴、内部挖潜，以专业法官会议为抓手，在提升审判质效方面取得实效。一是会前准备，充分细致，每周固定开会时间，确保会议与庭审不冲突，上会案件承办人规范制作书面审理报告，梳理焦点事项，会议秘书提前归纳议题并通知到位，确保参会人心中有数；二是会中规程，严谨高效，执行到会签到制，强化考勤管理，明确发言及表决顺序，确保会议效果，统一使用制式记录模板，提高记录规范性；三是会后总结，共享升华，助理轮流制作会议纪要，在庭内云共享，按期提炼裁判要旨，整理会议成果、归档备案。

（三）保证持续性：人才结构决定未来发展

作为培养专业法官的重要平台，专业法官会议为青年法官提供了一个学习和进步的途径。二中院重视“以会代训”,通过对疑难复杂或类型化案件进行研讨,提升干警能力,实现对青年法官的培养。二中院规定,入额法官均可以参会、法官助理可以列席会议。针对青年干警经验不足但求知若渴的现状,法官助理通过列席会议,在头脑风暴中,完善知识结构、畅通审判思维;通过整理会议纪要,在总结归纳中加深理解、更上一层楼。法官助理通过学习借鉴资深法官的办案思路和办案经验,拓宽审判视野,提高审判能力,为自身的迅速成长和二中院的长远发展奠定了坚实的人才基础。

同时,“以老带新”,激发队伍活力。二中院为法官与助理搭建“传帮带”桥梁,让法官有平台传授经验智慧,让助理有机会得“百家之长”,在排疑解难之余,交流互促,共享精神盛宴,形成了全国审判业务专家、北京市审判业务专家、院审判业务专家、院榜样人物、资深法官、青年助理合理布局的人才梯队,为提升工作效能做足智力储备。

第二节　审判委员会制度改革

一、相关改革精神

1. 中共中央办公厅《关于加强法官检察官正规化专业化职业化建设全面落实司法责任制的意见》:完善审判权运行机制。审判委员会发挥总结审判经验、加强审判管理、研究审判工作重大事项的宏观指导职能,讨论决定涉及国家安全、外交、社会稳定等的敏感案件和重大疑难复杂案件。

2.《最高人民法院关于深化人民法院司法体制综合配套改革的意见——人民法院第五个五年改革纲要(2019—2023)》:完善审判委员会制度。强化审判委员会总结审判经验、统一法律适用、研究讨论审判工作重大事项的宏观指导职能，健全审判委员会讨论决定重大、疑难、复杂案件法律适用问题机制。建立拟提交审判委员会讨论案件的审核、筛选机制。深化审判委员会事务公开，建立委员履职情况和讨论事项在办公内网公开机制。完善审判委员会讨论案件的决定及其理由依法在裁判文书中公开机制。规范审判委员会组成，完善资深法官出任审判委员会委员机制。规范列席审判委员会的人员范围和工作程序。

3.《最高人民法院关于进一步全面落实司法责任制的实施意见》：健全专业法官会议制度和审判委员会制度。健全专业法官会议与合议庭评议、审判委员会讨论的工作衔接机制。判决可能形成新的裁判标准或者改变上级人民法院、本院同类生效案件裁判标准的，应当提交专业法官会议或者审判委员会讨论。合议庭不采纳专业法官会议一致意见或者多数意见的，应当在办案系统中标注并说明理由，并提请庭长、院长予以监督，庭长、院长认为有必要提交审判委员会讨论的，应当按程序将案件提交审判委员会讨论。除法律规定不应当公开的情形外，审判委员会讨论案件的决定及其理由应当在裁判文书中公开。

4.《最高人民法院关于健全完善人民法院审判委员会工作机制的意见》：明确审判委员会的组织构成、职能定位、运行机制、保障监督等。审判委员会的主要职能：总结审判工作经验；讨论决定重大、疑难、复杂案件的法律适用；讨论决定本院已经发生法律效力的判决、裁定、调解书是否应当再审；讨论决定其他有关审判工作的重大问题。

二、二中院审判委员会制度改革思路

人民法院审判委员会制度是独具中国特色的司法制度形式，既体现了民主集中制的议事方式，又能集思广益，有效提升案件审判质量，最大限度防范冤假错案发生。然而，如何契合新时代变迁和社会变革下所带来的司法体制改革,让审判委员会制度的功效得以充分发挥,二中院认为,审判委员会制度应与时俱进,以充分发挥审委会宏观指导职能为核心,审慎确定审委会讨论案件范围,不断提高审委会工作规范化水平和委员履职能力。

第一,制度改革应以发挥审委会宏观指导职能为核心。《最高人民法院关于深化人民法院司法体制综合配套改革的意见——人民法院第五个五年改革纲要(2019—2023)》强调要完善审判委员会制度,强化审判委员会总结审判经验、统一法律适用、研究讨论审判工作重大事项的宏观指导职能,体现了审判委员会职能重心由个案讨论转变为宏观指导职能。二中院审判委员会制度改革以发挥审委会宏观指导职能为核心,既是对上级有关审判委员会改革要求的具体落实,又是出于其作为中级人民法院的层级考量下的应然选择。

在我国的四级法院设置中,中级人民法院需要审理大量上诉案件及重大一审案件,既需要履行监督职责,指导其辖区内各个基层法院依法审判,及时纠正基层法院审判中的错误,又要接受来自上级法院,尤其是高级人民法院的业务指导和工作监督,承担着承上启下的重要责任。北京二中院下辖东城区、西城区、丰台区、大兴区和房山区,所辖区域既囊括承担国家政治文化中心、金融管理中心和国际交往中心首都功能核心区,也处于集中了大部分市级商业中心的城市化水平最高的地区和城南行动计划主战场、国家级经济技术开发区。如何使本行政辖区内的基层法院统一类型化案件的裁判尺度是对北京二中院的一项重大考验,其结果将对北京市,乃至全国社会、经济、文化等发展产生较大影响。而这项任务的顺利完成就需要审判委员会充分发挥其宏观指导职能,及时总结审判经验,加强对重大复杂疑难案件的类型化研究,统一裁判思路和裁判标准并出台相关文件加以确认。根据《北京市第二中级人民法院关于进一步提升司法效能的工作举措(试行)》的规定,对于形成裁判规则、统一法律适用标准、交流审判经验和指导司法实践等具有重要意义的会议纪要、裁判要旨、典型案例等,经审判委员会讨论通过后在本院和辖区法院范围内予以公布,供法官办案参考。

第二,制度改革应审慎确定审委会讨论案件范围。推动审判委员会宏观指导职能充分发挥并非意味着要摒弃审委会讨论个案的职能,而是将审委会的工作重心向宏观指导职能倾斜,抓大放小。一方面,合理限缩审委会讨论一般案件的数量,适度抑制其讨论个案职能;另一方面,强化对重大、疑难、复杂案件的监督力度,尤其是要扩展对重大民商事案件内部监督制约的范围。

二中院规定,重大、敏感、疑难、复杂、新类型案件和有关统一法律适用标准问题,总结审判经验,研究解决审判工作中的其他业务问题,应先由专业法官会议讨论。该规定充分发挥专业法官会议对审委会讨论案件的过滤作用,有效降低了审委会讨论个案的数量和范围。同时,为严格落实北京市高级人民法院关于大标的案件加强监督管理的要求,合理定位四级法院民事审判职能,将中级人民法院管辖第一审民事案件标准上调相适应,二中院将大标的民商事案件纳入审判委员会讨论案件范围,进一步加强了对民商事案件内部监督的力度。

第三,制度改革应提高审委会工作规范化水平和委员履职能力。审判委员会讨论案件的实质是其遵循群体决策行为的客观规律,在法律规范的框架内对案件进行评判和决策的行为。所谓群体决策,即建立在个体决策之上,通过将个体进行联合从而对重大复杂问题实现更优化决策的一种方式。与个体决策相比,群体决策并非将个体能力简单相加,而有其独特优势,不仅能够集聚众人智慧,有力“增效”,还能在错误发生时更大程度地对其进行检测和矫正。因此,相较于合议庭来说,审委会决策有利于集中法院的优势司法资源,对重大、疑难、复杂案件更可能给出较优解,这对提高司法公信力和增强司法权威具有重大意义。

然而,要想充分发挥群体决策的红利,避免其客观存在的效率低下的问题,一方面要提高审委会工作的规范化水平,减少决策过程中的无效内耗;另一方面也要优化审委会结构,提高审委会委员的履职能力,强化群体中每个个体的能力,从而有力提升审委会讨论案件的整体质效。

二中院严格规范审委会工作程序,对审委会提起程序、会议程序、技术保障、会议信息收集、文档管理、审判业务专家列席会议具体要求以及审委会责任等事项都作出了明确规定,严格限制审判委员会讨论事项的条件和程序,加强对审委会决议落实情况的监督,有力提升审委会运行制度的科学化水平。同时,二中院对审委会委员的履职能力提出高标准、严要求,不仅要求其专业水平过硬,更是将政治理论水平作为评判委员履职能力的首要标准,要求审委会委员必须带头学习政治理论、专业知识、最新规定等各项内容,主动提高政治站位。二中院建立审判委员会委员履职考评和内部公示机制,根据委员参会次数、讨论案件情况、分析解决疑难复杂案件问题的能力等,按照年度对委员履职情况进行考评,将考评结果纳入法官绩效考核,并在内部公示,从而不断鞭策各委员提高其履职能力。

三、二中院审判委员会制度改革情况

按照审判委员会改革要求,结合专业法官会议机制过滤作用的有效实施,二中院审判委员会制度改革在保障对司法办案各环节制约监督的基础上,有力减少了其他非应经审判委员会讨论的案件上会数量,同时增加了审判委员会能够有效发挥宏观管理职能的议题,如听取并审议二中院审判委员会年度工作情况报告、二中院落实专业法官会议制度情况专题报告等。

2016 年 10 月,北京二中院审判委员会事务管理工作由办公室移交至

审判管理办公室负责。为贯彻落实市高级人民法院《关于完善审判委员会工作规则的意见》,审管办基于既有审判委员会相关工作文件,经院党组讨论通过,印发了《北京市第二中级人民法院审判委员会工作规则》(以下简称《审委会工作规则》),并制定了《审判委员会会议流程及秘书工作规范》,设立审委会秘书处,确定专人管理审委会事务,规范了审判委员会提起程序、会议程序、决定落实、技术保障、会议信息收集、文档管理等。

为进一步全面落实司法责任制,深化司法体制综合配套改革,贯彻实施人民法院"五五改革纲要"对审判委员会制度改革的具体要求,根据最高人民法院、市高级人民法院最新文件精神,结合实际调研中发现问题及收集建议,二中院于 2020 年对《审委会工作规则》予以修订,主要修订内容包括调整审判委员会讨论范围、增加专业法官会议前置过滤程序、强调审判委员会对法律适用疑难问题的指导作用、规范报告材料的提交形式和内容要求、建立科学完善的议事程序和规则、强化会议决定的落实与督办情况、设置"专业委员会"专章等,极大地完善了审判委员会的工作机制与职能。2021 年,为加强司法办案各环节的衔接和制约监督,充分发挥审判委员会监督管理的职能作用,二中院与时俱进、精益求精,在依托"建章立制"研讨会平台,组织相关职能部门及各庭室干警代表参与研讨并面向全院广泛征求意见的基础上,再次修订《审委会工作规则》,对审判委员会的政治理论水平和专业水平提出更高要求,有力保障审委会职能作用全面发挥。

四、二中院审判委员会制度改革工作特点

审判委员会是统一司法标准、加强审判质效监督管理的重要制度,二中院按照上级有关审判委员会改革的要求,根据本院实际情况,在审判委员会制度改革工作中,以提高审委会履职能力、厘清审委会工作重点和加强审委会规范水平为三大"抓手",有力推进了司法责任的落实。

(一)提高审委会履职能力

看北京首先要从政治上看。二中院作为首都的中级人民法院,这也对二中院审判委员会委员的政治站位和履职能力提出了更高标准和要求。根据《审委会工作规则》的要求,审判委员会应当组织委员及时开展政治理论、专业知识、最新规定等内容的学习。审判委员会委员应当加强学习,提高政治站位,提高履职能力。2021 年,二中院特针对《审委会工作规则》中关于审委会集中学习的相关程序、学习范围等内容加以细化规定,增加"审委会集中学习"章节,明确规定审委会集中学习内容包括党的重大决策部署、党的最新思想理论,习近平总书记重要讲话精神,以及重要法律、行政法规、司法解释、司法政策等;明确规定学习内容和学习计划报请院长的审批流程;明确规定审委会集中学习的领学人范围及议程参与限制,明确要求非审委会委员的领学人不应列席参加涉及案件或工作事项讨论的审委会议程。

(二)厘清审委会工作重点

按照最高人民法院、市高级人民法院关于审判委员会改革目标,审判委员会主要任务是总结审判工作经验,讨论决定重大或者疑难案件和其他有关审判工作问题,监督管理全院审判工作运行和审判质效,保证审判权按新模式运行,发挥审判委员会在统一司法标准、加强审判质效监督管理方面的作用。二中院审判委员会除研究具体案件外,要进一步增加抓好统一司法尺度,统一裁判标准,促进审判质效提升的工作内容,切实发挥审判委员会在监督管理全院审判质效方面的作用。二中院明确规定,审委会负责研判本院审判工作运行态势和审判质效状况,决定审判管理中的重要问题;总结推广审判工作经验;讨论决定重点工作任务;讨论和发布具有参考意义的典型案例;制定和解释有关审判执行工作的各类规范性文件等。在抓好审判质效工作中，通过总结审判经验，讨论决定重大疑难案件和其他有关审判工作，要把院庭长、法官的个人管理与合议庭、专业法官会议、审判委员会的管理作用集合起来，聚成合力，形成有效的审判质量监督管理体系。

根据2021年新修订的二中院《审委会工作规则》，共十二类案件应当提交审判委员会讨论决定，十类案件可以提交审判委员会讨论决定，八类工作事项应当提交审判委员会讨论。二中院审管办在摸清本院标的额在1亿元以上的民商事案件、执行实施类案件底数的基础上，初步确定了审委会讨论案件的标的起点，经过研判分析，最终将标的额10亿元以上的民商事案件纳入应当提交审判委员会讨论决定的案件范围，并将标的额为5亿元到10亿元的民商事案件、标的额为1亿元到5亿元且经一审法院审判委员会讨论决定的二审民商事案件、标的额在5亿元以上但超过6个月未执结的执行实施类案件纳入可以提交审判委员会讨论决定的案件范围。本次修订是二中院认真落实北京市高级人民法院关于大标的案件管理要求，形成合议庭常态化精细合议、专业法官会议非常态化咨询、审判委员会宏观指导的层次化“裁决线”的重大举措，进一步完善了对大标的民商事案件的内部监督管理体系。

为有效控制审判委员会讨论案件范围，不断提升审判委员会案件讨论效果，二中院充分发挥专业法官会议机制功能，将专业法官会议作为审判委员会前置过滤程序，即拟提交审判委员会讨论的案件，必须先行提交专业法官会议讨论。同时，二中院强调审判委员会对法律适用疑难问题的指导作用。根据《审委会工作规则》的规定，法律适用规则不明的新类型案件应当提交审判委员会讨论决定，合议庭应当提交法律适用疑难问题所涉案例的类案与关联案件检索报告，会议纪要应当载明审判委员会讨论确定的审判标准和规则。上述规定接轨本院统一法律适用的相关工作机制，有利于促进本院类案裁判尺度的统一和法律适用疑难问题的有效解决。

(三)加强审委会规范水平

一是规范报告材料的提交形式和内容要求。合议庭或者承办部门应当于会议召开5日前向秘书处登记并提交议题材料。对于议题材料,在提交形式方面,应提交纸质和电子版两个版本,由合议庭成员共同署名,必要时附上视听资料和庭审录音录像;在内容要求方面,应当客观全面反映案件事实、证据、案件来源和审理经过,准确反映案件争议的焦点、分歧意见、合议庭拟处理意见和理由、专业法官会议意见和理由。具体来说,根据2021年新修订的二中院《关于提交审判委员会讨论案件书面报告的规定》,提交审委会讨论案件的报告,应按照规范格式要求包括合议庭组成情况、案件类别及审限情况、当事人情况、起诉事实概况、认定的事实及证据、需要说明的问题、处理意见及适用法律依据等七个部分,从而进一步提高讨论案件的质量与效率。

二是建立科学完善的议事程序和规则。《审委会工作规则》对审判委员会的启动机制统一规定,对议事程序进一步细化。会议应当由过半数委员出席方可召开,审判委员会应当按照全体委员过半数的多数意见作出决定,少数委员的意见应当记录在卷,并补充三种特殊表决情形。上述规定充分体现了议事的民主性,旨在发挥审判委员会的集体智慧,确保司法公正。

三是强化会议决定的落实与督办情况。一方面,为提高落实效率,秘书处应于会议结束后5个工作日内撰写完毕会议纪要并提交相关部门,合议庭或承办部门应于结案后或事项办结后5日内将落实情况在秘书处进行备案。另一方面,为增强督办力度,秘书处每月汇总审判委员会决定落实情况,督促责任部门及时落实审判委员会决定,并将汇总情况向院长报告。

此外,《审委会工作规则》中设置“专业委员会”专章以丰富会议形式,明确列席人员组成以完善开放透明的司法公开机制,调整简化审判委员会的回避机制、负责机制,强调与会人员的保密义务等,进一步健全完善了审判委员会的工作机制与职能。

第三节　类案回应制度改革

一、相关改革精神

1.《最高人民法院关于深化人民法院司法体制综合配套改革的意见——人民法院第五个五年改革纲要(2019—2023)》:完善统一法律适用机制。完善类案和新类型案件强制检索报告工作机制。

2.《最高人民法院关于统一法律适用加强类案检索的指导意见(试行)》:一、本意见所称类案,是指与待决案件在基本事实、争议焦点、法律适用问题等方面具有相似性,且已经人民法院裁判生效的案件。二、人民法院办理案件具有下列情形之一,应当进行类案检索:(一)拟提交专业(主审)法官会议或者审判委员会讨论的;(二)缺乏明确裁判规则或者尚未形成统一裁判规则的;(三)院长、庭长根据审判监督管理权限要求进行类案检索的;(四)其他需要进行类案检索的。三、承办法官依托中国裁判文书网、审判案例数据库等进行类案检索,并对检索的真实性、准确性负责。四、类案检索范围一般包括:(一)最高人民法院发布的指导性案例;(二)最高人民法院发布的典型案例及裁判生效的案件;(三)本省(自治区、直辖市)高级人民法院发布的参考性案例及裁判生效的案件;(四)上一级人民法院及本院裁判生效的案件。除指导性案例以外,优先检索近三年的案例或者案件;已经在前一顺位中检索到类案的,可以不再进行检索。五、类案检索可以采用关键词检索、法条关联案件检索、案例关联检索等方法。六、承办法官应当将待决案件与检索结果进行相似性识别和比对，确定是否属于类案。七、对本意见规定的应当进行类案检索的案件，承办法官应当在合议庭评议、专业（主审）法官会议讨论及审理报告中对类案检索情况予以说明，或者制作专门的类案检索报告，并随案归档备查。八、类案检索说明或者报告应当客观、全面、准确，包括检索主体、时间、平台、方法、结果，类案裁判要点以及待决案件争议焦点等内容，并对是否参照或者参考类案等结果运用情况予以分析说明。九、检索到的类案为指导性案例的，人民法院应当参照作出裁判，但与新的法律、行政法规、司法解释相冲突或者为新的指导性案例所取代的除外。检索到其他类案的，人民法院可以作为作出裁判的参考。十、公诉机关、案件当事人及其辩护人、诉讼代理人等提交指导性案例作为控（诉）辩理由的，人民法院应当在裁判文书说理中回应是否参照并说明理由；提交其他类案作为控（诉）辩理由的，人民法院可以通过释明等方式予以回应。

二、二中院类案回应制度改革情况

北京二中院着力推行“类案文件一律审查、依规回应、一般参照”的类案回应模式，有效规范了法院在民事诉讼程序不同环节回应诉讼主体关于参照类案审理申请的要求和规则，并与强制类案检索的要求对接，形成分阶段、分层次、系统性的回应体系，努力实现司法公正的可视化，进一步增强裁判文书的说理性，不仅让案件当事人切实感受到公平正义，同时有力促进了法律适用的统一，切实提升了案件的审判质效。

（一）类案回应机制的主要措施

一是制作“一个模板、两个规范”，实现类案回应机制规范化。制作《裁判文书类案回应部分通用模板》,统一当事人提交类案材料的格式和内容要求,统一裁判文书说理部分关于类案回应的内容和形式,根据不同情形分别设计回应方式。制定《关于促进统一法律适用的工作办法》《类案回应操作规范》,确立类案材料一律审查原则,从类案标准、回应措施、检索方法、报告应用等方面明确统一规则,将类案回应确定为法官的职责之一,强调法官应认真履行裁判说理义务,充分保障当事人的诉讼权利。

二是类案检索报告运用做到“三步走”,实现类案识别和比对精细化。类案材料根据功能区分为:(1)作为证据使用。类案裁判中已查明的事实可以辅助证明在审案件中的关键事实,如“职业打假”“职业放贷”等类案可以作为证据证明当事人系“职业打假人”“职业放贷人”。根据其性质,这类材料中的案件不作为应予回应的“类案”。(2)作为个案审理的裁判参考。当事人提供的类案与所裁判案件具有高度相似,法官要改变类案规则,则须进行充分的论证,必要时应提交专业法官会议、审判委员会讨论研究,从而确保类案裁判的法律适用相对统一,提升审判质效。(3)作为提炼新类型案件裁判规则来源。聚焦案件基本事实,梳理法律关系、争议焦点、法律适用,进行比较分析。相似度越高,参照价值越大;反之,则价值越低。

三是建立“四梯次”回应模式,实现类案运用实质化。在不同审理阶段,对类案材料的回应方式进行区分:第一,庭前阶段重引导释明。单方当事人提交类案检索报告的,法官应当告知对方当事人可以进行类案检索并提交报告。确有需要的,可以指派法官助理向当事人释明围绕争议焦点按法院要求提交类案材料。鼓励当事人在起诉书、上诉书或答辩状中对提交类案材料的目的进行说明。第二,庭审过程重辨析查明。当事人提交类案或类案检索报告,作为证据使用的,适用证据开示规则;作为裁判参考,要求当事人重点阐述类案与在审案件的相似性、参考意义或反驳意见,确定为争点的,引导当事人围绕是否参照类案审理进行法庭辩论。第三,案件评议重讨论说明。当事人提交类案材料或属于强制检索情形的,合议庭在合议时应对类案检索报告进行评议,并记入合议笔录:作为证据使用的,重点分析是否应当采信;作为裁判参考的,重点分析是否具有参考价值。第四,文书说理重精确阐明。类案与在审案件高度相似的,法官应对是否参照类案审理在裁判文书说理部分进行详细阐述:采纳类案规则的,可以直接引述类案裁判观点,或按照其具体意见进行说理;不采纳类案裁判观点的,应全面展示类比推理过程,重点分析类案与在审案件的差异,详述不参照的理由。在一起债权人撤销权纠纷的案件中,法官认真分析撤销对象的性质,发现虽然同为保证人的行为,但行为的性质不同,且在债权是否经生效法律文书确认这一关键事实上类案与在审案件存在重大差异,因此得出不参照类案审理的结论,并在判决说理中予以阐释。

四是健全完善配套工作举措,确保类案回应管理监督同步化。围绕类案回应工作的统筹管理,由审管办牵头,会同研究室、业务庭室联合召开专题研讨会 2 次,召开专业法官会议 3 次进行集中研究。对类案回应机制的适用进行跟踪督促,组织类案检索和回应主题专项培训,向各审判团队推广类案回应办案规则。定期公布类案裁判规则,2021 年形成类案回应大数据报告 18 份,覆盖 20 余个案由,归纳类案裁判要旨 30 余个,整理类案适用规则入库,提炼了 40 余条类案适用要点。建立健全重点案件评查机制,将因类案裁判尺度不一引发重大影响、被改判或发回重审的案件列为重点评查案件。完善院庭长监督管理机制,督促法官提高回应意识,规范类案检索、识别、参照适用。

(二)类案回应机制取得实效

通过实现类案回应的常态化、精细化和标准化,二中院试点类案回应机制收效明显。

第一,案件审理过程更加顺畅,同时防控了风险隐患。在司法责任制的约束下,作为审理者和裁判者的法官承担着个案审理程序和裁判结果合法、正确的责任，对案件的审理势必更加谨慎。通过要求法官对当事人提出类案检索材料作出回应，引导法官将新类型案件、疑难复杂案件等让法官犹疑的问题，在类案裁判规则框架下进行解决，从而有力辅助法官厘清思路、明确尺度，强化内心确信、锚定案件结果的合理区间，同时也约束了法官自由裁量权的空间，抵御了外界对案件审理的不当干扰，从而为法官提供职业“避风港”，有效防范审判过程中的风险隐患，推动司法责任制改革要求落到实处。

第二，针对性回应当事人关注焦点，司法公信力得到有效提升。对于提交了类案材料的当事人来说，以法院生效裁判支持自身观点，无疑属于重要的说理工具。法官实质性地回应类案材料，是回应当事人的关注焦点。对于同类案件，以适用相同的规则作出基本一致的裁判结果为一般，以不同的裁判结果为例外，而例外则总能得到法官的详细解释，这正符合当事人关于司法公信的期待和对案件结果的预判。

第三，减轻法官检索负担，实现诉讼主体间良性互动。试点工作一方面要求当事人形成更加规范的类案检索报告，为当事人类案检索提供明确标准，促进当事人更加积极主动地了解法律和司法办案规则，进而有效提升人民群众的法律意识和法治观念；另一方面转变法官的办案模式，实现法官对类案检索一律回应，特别是在文书中明确是否参照类案审理的态度并说明理由，产生鼓励当事人在诉讼活动中提供类案的积极效应。通过推进试点工作开展，既较大程度减轻法官在类案检索中的负担，又统一了法官与当事人关于如何参照类案审理的认识，提高了对裁判结果的可接受性。

三、二中院类案回应制度改革工作特点

（一）类案回应的基本原则及适用范围

在推进类案回应的具体进程中，应正视我国司法传统的理念，以及我

国审判实践的现状，充分考虑法官的思维模式、工作习惯、工作负荷等现实情况，确定部分案件试行类案回应制度，兼顾传统延续与改革试点，在目标指引与传统现状之间寻求最佳平衡点，实现价值最大化。

选择进行类案回应的案件类型时，应当贯彻必要性和可行性的原则。必要性在于当案件在法律适用方面存在争议或者不确定性时，通过引导当事人检索类案，充分发表意见，确保法官得以充分听取当事人的诉辩意见，并充分考虑在先判例的影响，作出更为恰当、更符合法律追求的价值、更容易让更多数群体接受的裁判。因此，对于事实清楚、适用法律明确、争议不大的案件以及裁判规则已经非常明确的案件，当事人如果提出类案问题，没有回应的必要。可行性在于应当充分考虑到现阶段全面推行类案回应制度尚存在一定难度，传统的三段论式裁判逻辑与巨大的司法工作量仍然是司法实践中的首要工作思路与工作任务。因此，类案回应可在小部分案件中先行试点。在具体界定先行试点类案回应制度的案件范围时，可采用主观判断与客观标准相结合的方法，确保制度具有灵活性和可操作性。

基于以上分析，对当事人提出类案进行回应的案件范围可以限定为：(1)涉及现行法律规范没有规定的或者规定比较原则的问题的；(2)当事人对法律适用争议较大的；(3)拟提交法官会、审判委员会讨论的；(4)二审拟发回重审、改判的；(5)适用再审程序审理的；(6)其他属于疑难、复杂、新类型，适合进行类案回应的。应当明确的是，当事人提交类案并不限于主动提交，法官也可以引导、释明当事人针对在审案件或者其中的部分争点检索并提交类案材料。

(二)类案报告的格式和要求

当事人提交类案材料的质量直接影响法官进行回应的质量，进而影响类案回应效果的实现，仅提交裁判文书或是缺乏对裁判文书的有效提炼、概括、梳理的类案报告，难以将类案裁判文书中体现的与在审案件相类似的法律事实、裁判观点准确、清晰地呈现给法官。因此,有必要从源头上规范当事人提交类案材料。

通常情况下,当事人通过类案得出结论、形成观点的过程为:根据自己对在审案件事实和争议焦点的理解,在众多的判例中检索出与上述案件事实、争议焦点存在相似性的案例,并根据检索出来的类案,通过类比推理的方法得出与在审案件的事实认定、适用法律、裁判结果相关联的观点,最后通过一定的方式,包括提交类案材料、在诉讼中作相关陈述等,将自己的观点呈现给法官。

一份高质量的类案检索报告应当具备形式完整、内容明确清晰的特征。可以以此为优化标准,通过规范当事人提交类案材料的形式和内容,全面、清晰地"还原"当事人检索、推理过程的"全貌",直接、明确地呈现当事人通过类案检索拟提出的观点。

首先,从形式上来说,类案材料应当包括检索出来的裁判文书和根据类案裁判文书制作的类案检索报告。类案检索报告应当包含以下要素:检索时间、检索平台、检索路径(字段、关键词)、检索出来的案例(包括作出裁判的法院、案号、时间、是否生效裁判)、案件比对、推理过程、拟提出的观点。必要时,可根据类案检索报告的内容在裁判文书中作相应标记。其次,从内容上说,类案检索报告是类案材料的核心,而类案检索报告中的案件比对、推理过程、拟提出的观点三部分内容又是重中之重。应当引导当事人写明类案要件事实与在审案件要件事实相似度比对过程、类案适用法律对要件事实的评判结果,提炼、概括出检索类案得出的关联结论,并具体说明该关联结论对在审案件争议焦点、裁判结果的参考价值。

提交符合上述标准的类案材料,对当事人的要求较高。对于有必要要求当事人提交类案检索材料的案件,如果当事人没有主动提交或者提交的类案材料不符合上述标准,法官可以根据案件情况,明确案件争议焦点,指派法官助理释明、引导当事人围绕争议焦点提交符合要求的类案材料,充分发挥代理人中律师等专业人员的作用,必要时可制作表格引导当事人填写要素内容或者由法官助理就要素内容询问当事人,并由法官助理根据询问内容形成完整的报告。

(三)类案报告的交换开示制度

哈贝马斯的“交往行为理论”和“法律商谈程序理论”主张,将法律作为一种共识导向下的解决方案动态生成机制,经由交往程序实现整合社会多元和凝聚共识的目的。在司法程序所创造的制度性交涉秩序下,法官、律师等不同角色之间具备平等沟通和商谈的可能,通过互相借鉴与融合达成共识。针对当事人提交的类案材料进行“沟通”“商谈”有助于当事人充分发表自己的意见,并充分了解对方的观点,也有助于法官充分了解“两造”双方的诉辩意见,准确归纳争议焦点,对当事人而言,能够增进彼此的共识,有助于化解矛盾,调停争议;对法官与当事人而言,利于法官有针对性地回应当事人的观点,同时还有利于当事人理解和接受法官的裁判结论。

对当事人提交的类案材料的“沟通”“商谈”可借鉴诉讼程序中证据交换制度,建立类案检索报告的交换开示制度。具体而言,当事人提交类案材料后,法官应当及时向对方当事人交换,释明对方当事人也相应提交类案材料,交换类案材料后,根据案件情况和当事人提交的类案材料情况,组织、引导当事人在庭审前、庭审中专门就类案材料发表辩论意见。必要时,可根据辩论情况细化争议焦点,并再次组织当事人进行类案检索,提交类案材料,确保当事人就类似案件的裁判观点对在审案件的参考意义充分发表意见。

(四)类案回应的类比推理方法

法官在运用当事人提交的类案材料进行裁判时,应当综合所提交案例与在审案件是否属于类案及关联案件、是否具有参考价值、审理法院是否具有审级监督关系等因素决定是否在审理中的案件中参考。具体操作层面,首先沿着当事人的逻辑路径逆向验证当事人的逻辑是否成立,包括当事人提出的观点能否从其提交的案例中提炼出来;其所提交的案例是否真实、生效。在验真的情况下,再适用类比推理的方法,选取比较点,比较当事人提交的案例与在审案件,寻找相似事实,评估差异点,得出结论。借鉴哈佛大学凯斯·R.孙斯坦教授归纳的类比推理五个步骤:(1)某种事实模式A(类案)有某些特征X、Y、Z。(2)事实模式B(在审案件)有特征X、Y、M。(3)A在法律中是以某种方式处理的。(4)在思考A、B及其之间相互关系的过程中建立或发现了一些能够解释为什么那样处理A的原则。(5)因为B与A具有共同之处,B也应当得到相同的处理。这为同一原则所涵盖。

如果经过类推,结论是类案可以参照,则在裁判文书中可以直接参照其法律适用、援引其裁判观点进行说理;如果经过类推,类案不适用于在审案件,则需要在裁判文书中详细说明不适用的原因,其中,当事人提交类案的相关内容在裁判文书的诉辩意见部分列明,法官的回应在文书说理部分列明。回应时,应客观、全面地反映类比推理的过程,重点分析当事人提交的类案与在审案件的相似点、差异点,以及为何不适用类案。

(五)类案回应的配套措施

一是完善健全类案回应的办案规则。更新传统审判中以找法、适法为主要审判思路的办案方式,增加类案识别、回应,进而准确适用法律,对审判质效提升作出更高的要求。出台参考范例,引导法官提高回应意识,培养回应习惯,形成回应自觉,更加重视类案回应在审判规范化中的促进和保障作用,规范类案检索、识别、参照、适用。

二是建立类案检索和回应的专项培训机制。培训法官运用类比推理方法进行综合判断:首先,聚焦案件基本事实,综合判断提交的类案与所裁判案件是否具有同样的法律关系。其次，梳理法律关系、案件的争议点、案件所争议的法律问题，进行相似性判断。最后，进行比较分析，研判类案与所裁判案件的相似点，相似性越大，则参照适用可能性越大，反之则可能性越小，通过精准比对助力司法尺度统一。开展以检索系统操作、个案比对、法律推理为内容的类案回应专项培训，切实提高类案回应的效果。

三是建立重点案件评查机制。将因类案裁判标准不统一印发舆情、造成负面影响的案件，二审法院因一审法院裁判标准不统一而改判发回的案件，作为重点案件的对象。在评查中，对应当适用类案回应的案件，评查法官是否进行了类案回应工作；对适用了类案回应的案件，评查是否在参照过程中出现了错误，如果发现法律适用不统一问题，审管部门将启动法律适用统一机制，要求各庭召开专业法官会议复查，分歧依然较大的提交审判委员会讨论决定。

第四节　辖区法律适用分歧解决机制

一、相关改革精神

1.《最高人民法院关于全面深化人民法院改革的意见——人民法院第四个五年改革纲要（2014—2018）》：一是完善审级制度。进一步改革民商事案件级别管辖制度，科学确定基层人民法院的案件管辖范围，逐步改变主要以诉讼标的额确定案件级别管辖的做法。完善提级管辖制度，明确一审案件管辖权从下级法院向上级法院转移的条件、范围和程序。推动实现一审重在解决事实认定和法律适用，二审重在解决事实和法律争议、实现二审终审，再审重在依法纠错、维护裁判权威。二是强化审级监督。严格规范上级法院发回重审和指令再审的条件和次数，完善发回重审和指令再审文书的公开释明机制和案件信息反馈机制。人民法院办理二审、提审、申请再审及申诉案件，应当在裁判文书中指出一审或原审存在的问题，并阐明裁判理由。人民法院办理已经立案受理的申诉案件，应当向当事人出具法定形式的结案文书；符合公开条件的，一律在中国裁判文书网公布。

2.《最高人民法院关于深化人民法院司法体制综合配套改革的意见——人民法院第五个五年改革纲要（2019—2023）》：一是完善审级制度，充分发挥其诉讼分流、职能分层和资源配置的功能，强化上级人民法院对下监督指导、统一法律适用的职能。健全完善案件移送管辖和提级审理机制，推动将具有普遍法律适用指导意义、关乎社会公共利益的案件交由较高层级法院审理。推动完善民事、行政案件级别管辖制度。推动完善民事、行政再审申请程序和标准，构建规范公正透明的审判监督制度。二是完善统一法律适用机制。加强和规范司法解释工作，健全司法解释的调研、立项、起草、论证、审核、发布、清理和废止机制，完善归口管理和报备审查机制。完善指导性案例制度，健全案例报送、筛选、发布、评估和应用机制。建立高级人民法院审判指导文件和参考性案例的备案机制。健全主审法官会议与合议庭评议、赔偿委员会、审判委员会讨论案件的工作衔接机制。三是优化四级法院职能定位和审级设置，健全适应国家发展战略需要的人民法院组织体系，深化人民法院内设机构改革，加强人民法庭建设和专业化审判机制建设，完善司法经费保障配套机制，构建优化协同高效的人民法院组织体系和机构职能体系。

3.《最高人民法院办公厅关于做好 2019 年智慧法院建设工作的通知》：按照最高人民法院相关工作规范和技术规范要求，建设诉讼服务指导中心信息平台，联通上级法院和辖区法院，实现诉讼服务信息互通和数据汇聚，强化司法大数据智能分析和监测预警，实现上级法院对下指导和联动。以大数据平台为基础，建设完善人民法院审判管理工作平台，支持可视化展示辖区法院审判执行态势分析数据，生成审判执行运行态势报告。各高级人民法院建设完善数据中心和大数据管理平台，实现对辖区法院审判执行、来信来访、司法人事、司法政务等数据汇聚。各高级人民法院应着力推进辖区法院统一身份认证系统建设，建立统一的组织机构人员信息汇聚、信息管理、服务注册、信息共享和身份认证以及单点登录等信任服务体系。

4.《最高人民法院关于落实司法责任制完善审判监督管理机制的意见（试行）》：院庭长应当通过特定类型个案监督、参加专业法官会议或者审判委员会、查看案件评查结果、分析改判发回案件、听取辖区法院意见、处理各类信访投诉等方式，及时发现并处理裁判标准、法律适用等方面不统一的问题。

5.《2020年人民法院司法改革工作要点》：制定四级法院职能定位改革方案，合理确定四级法院职权配置、案件管辖和机构设置。推动将具有普遍法律适用指导意义、关乎社会公共利益的案件交由较高层级法院审理。推动完善民事、行政再审申请程序和标准。

二、二中院解决辖区法律适用分歧的思路

优化四级法院职能定位，完善审级制度，强化上级人民法院对下监督指导的职能，实现辖区法院法律适用统一效果一直是司法改革的重点内容。《人民法院组织法》规定，“上级人民法院监督下级人民法院的审判工作”，司法改革的总体思路为“一审重在解决事实认定和法律适用，二审重在解决事实法律争议、实现二审终审，再审重在解决依法纠错、维护裁判权威”。因此，二审法院依法审判上诉案件，既是执行程序法规定，也是履行监督下级法院审判工作，保证审判质量的重要法定职责。二中院作为中级人民法院，始终践行落实司法责任制要求，将加强审级监督、提高本院及辖

区法院案件质量作为审判监督管理的重要内容与任务目标。为此,院党组多次进行工作部署、明确改革重点、指导政策落实。2019 年至今,二中院已制定或修订系列文件,如《关于二审案件改判、发回重审工作的若干意见》《关于促进统一法律适用的工作办法(试行)》《关于进一步提升司法效能的工作举措(试行)》《关于建立法律适用分歧解决机制的工作办法》《类案回应工作规则(试行)》,其中均对统一辖区法律适用工作提出明确要求。

(一)加强审级监督,优化发回改判机制

为进一步提高裁判标准,切实维护司法公信力,彰显司法公正性,也为给予下级法院相对明确的办案指导和参照依据,二中院制定了《关于二审案件改判、发回重审工作的若干意见》,构建了一套系统集成化的统一裁判机制。主要体现:一是严格执行改发案件标准。《关于二审案件改判、发回重审工作的若干意见》明确发回重审仅限于事实认定不清和程序违法案件。一般来说,一审判决认定事实清楚、证据确实充分,仅适用法律出现明显错误的;或者一审判决认定的部分事实不清楚但二审法院可以明确查清的;或者一审法院已经穷尽所有查明手段,仍不能查明事实的,原则上应该直接依法改判,不宜发回重审。二审法官适用法律、司法解释规定与一审法官存在不同理解且不能说明二审为更优理解的;或者现有法律规定不明确,又无相应的司法解释予以界定,但一审已充分考虑到该案件中的有关情节,作出的裁判又不违反法律基本原则或显失公平公正的,原则上不宜改判或者发回重审。二是精细化改判、发回重审工作流程标准,既有统一标准,也有分业务领域的标准。三是充分发挥专业法官会议在统一改判、发回重审案件中的商讨作用。四是从改判、发回重审案件中提炼统一裁判思路的裁判要旨。五是就改判、发回重审需要统一认识的问题,定期组织与辖区法院进行类案研讨。

（二）强调双向交流，构建常态化沟通机制

探索建立上下级法院常态化业务交流制度。尝试以业务交流会、辖区专业法官联席会等多种形式有序实现上下级法院沟通交流，切实落实上级要求，严格执行市高级人民法院的双向评查制度。每年总结上一年二审案件审理情况，召开业务交流会，对法律适用上存在争议的新类型、疑难复杂或者裁判尺度不统一问题进行研讨，力争达成共识；针对辖区法院梳理汇总涉辖区的典型问题，继续探索两级法院召开辖区专业法官联席会议机制，吸收一审相关庭室法官参加具体类型案件的研讨，共同研究解决问题的思路和办法，并将达成的倾向性意见及时向北京市高级人民法院汇报，主动争取指导；继续尝试共同培训机制，培训资源共享，对于新发布的法律法规或者相关重要会议纪要，邀请专家学者为辖区法院进行共同授课，在交流学习中凝聚共识。为切实加强审级监督，统一裁判尺度，特定情况下可以开展辖区两审法院疑难案件研讨。一审法院遇到法律适用上存在争议的新类型、疑难复杂案件或者裁判尺度不统一问题，可以向二审法院提出疑难案件研讨需求。一审法院拟研讨的疑难案件，应当经过一审法院合议庭、庭长、主管院长充分研究，重大案件应当经过本院审判委员会讨论，并且应当有本院的明确处理意见或者倾向性意见。一审法院提出案件研讨要求时，应当向二审法院提供书面报告。二审法院在疑难案件研讨中阐述的意见，仅供一审法院参考。

（三）加大监督管理，规范院庭长对发改案件监督内容

司法改革后，对院庭长对案件的审判质效管理提出了新要求，在尊重法官裁判权的前提下，做到“放权不放任，监督不缺位”，要正确把握监督与放权之间的关系。院庭长要承办及关注重大敏感案件、新类型案件、涉众案件和涉特别程序的案件并建立台账，随时动态关注案件审理进展和评议

情况，确保裁判尺度统一，维护司法权威。《北京市第二中级人民法院关于规范院长、庭长审判监督管理职责的规定（试行）》中明确要求院庭长对于二审拟发回、改判的案件具有重点个案监督指导职责，其中庭长应积极组织开展业务学习和总结，加强对下级法院对口业务审级指导，统一裁判尺度；副院长应加强对下级法院对口业务部门的审级指导，加强与上级法院相关业务部门的工作协调；院长应主持审判委员会，讨论重大、疑难、复杂案件以及审判工作中的重大问题，总结审判工作经验。

（四）注重人才培养，形成联合培训、共同研讨的工作模式

第一，加强合作调研。联合本辖区内各级法院就各领域审判前沿、疑难问题进行共同调研，以调研促学习，将调研成果作为统一辖区法院对类型化问题处理的参考依据。第二，组织联合培训。通过加强联合培训、共同研讨，促使各领域审判法官对新类型案件、法律适用疑难问题及最新政策法规进行及时把握。第三，强调类案同判思维。通过组织培训指导、业务交流学习，强化上下级法院审判人员类案检索及回应意识，依托于专业法官会议、审判委员会机制开展法律研讨。在组织培训中培养正确的裁判原则，在拟发改案件审理过程中严格遵守周强院长提出的民商事审判“六大原则”，即坚持依法保护产权原则、坚持尊重契约自由原则、坚持平等保护原则、坚持权利义务责任相统一原则、坚持诚实守信原则、坚持程序公正与实体公正相统一原则。

三、二中院解决辖区法律适用分歧的具体做法

（一）各牵头部门制定本领域二审改判、发回重审细则

在《北京市第二中级人民法院关于二审案件改判、发回重审工作的若

干意见》有关要求的基础上，各部门结合本领域案件改判、发回重审特定，制定本领域二审改判、发回重审案件工作实施细则。包括《关于刑事二审案件改判、发回重审工作实施细则（试行）》《民三庭二审案件改判、发回重审工作规定（试行）》《民二庭同辖区法院业务交流指导工作规范》《行政庭关于二审案件改判、发回重审工作的细则》等。上述细则经讨论通过进入执行实施阶段后，为二中院与辖区法院业务指导与交流提供明确指引，为构建上下级法院常态化沟通交流机制奠定制度支撑，有利于上下级法院达成共识、相互尊重，有利于上下级法院统一审判思路、裁判尺度，有利于上下级法院相互学习、共同提高。

（二）分业务领域召开辖区业务交流会

根据《北京市第二中级人民法院关于二审案件改判、发回重审工作的若干意见》要求，审理二审案件的审判庭或相关审判业务领域，应当每年度定期召开辖区法院业务交流会议，就本业务领域年度对下级法院改判发回案件进行分析总结；可以定期或不定期就类案问题与一审法院交流审判经验，相互促进，共同提高审判质量。经专业法官会议讨论形成的统一裁判思路，应当及时形成裁判要旨，经主管院长审批后报审判管理部门下发辖区法院参考适用，同时报上级法院相关审判庭。同时，《北京市第二中级人民法院关于促进统一法律适用的工作办法（试行）》要求各审判部门每年应当至少召开一次辖区统一法律适用研讨会（片会）。根据上述文件要求，各领域牵头部门迅速组织筹备，有序组织召开辖区业务交流会。

（三）健全完善法律适用分歧解决机制

为维护法制统一尊严权威，保证公正司法，提高司法公信力，二中院出台了《关于建立法律适用分歧解决机制的工作办法》。

一是健全法律适用分歧解决机制。2021 年 9 月 27 日，最高人民法院对四级法院职能定位进行了调整，明确提出中级法院重在二审有效终审、精准定分止争，中级法院在统一法律适用上的作用有所弱化，但本院内部和辖区基层法院客观上仍有解决法律适用的现实需要。为此，二中院构建起“两层三段”式法律适用分歧解决机制，在推进解决上下级法院法律适用分歧问题的同时，在本院内部着力解决前端速裁和后端精审部门之间、审判业务部门之间“在审”和“已决”案件的法律适用分歧问题。

二是进一步完善类案检索机制。二中院将类案检索方法、类案结果运用、类案报告回应等统一纳入法律分歧解决机制。与上级法院现行规定相比，二中院规定在检索最高人民法院指导案例、典型案例、生效裁判，市高级人民法院参阅案例、生效裁判，以及本院生效裁判的基础上，进一步明确“如在上述范围无法查找到类案，可以对本市其他中级人民法院、全国法院生效案件进一步检索”，丰富了检索内容，为法官审理案件提供了裁判思路参考；制作类案检索报告模板，简要列明检索方法、法律分歧和法官基本观点，统一了类案检索报告格式，规范了类案检索工作，推动类案检索机制落实落地。

三是进一步规范类案指导。由于中级人民法院不能制定审判业务文件，编发的案例不得称为指导性案例或参考案例，二中院在解决法律适用分歧工作中确定的裁判标准主要适用于本院，对辖区基层人民法院就相关问题提出解决法律适用分歧需求的，限于自由裁量权行使中的法律适用疑难问题，提供类案裁判思路，供辖区独任庭或合议庭在独立行使审判权基础上参考使用。二中院还开展了《关于建立法律适用分歧解决机制的工作办法》的培训工作，对规定的重点、要点、关键点进行解读和提示，督促制度落实落地，确保发挥实效。

四、二中院解决辖区法律适用分歧的发展完善

目前,二中院已形成较为完善的二审改判、发回重审案件工作机制与辖区业务交流机制,共同构成辖区统一法律适用制度重要内容。

一是吃透文件精神,对二审改判发回重审情况实时调整和规范。严格执行《北京市第二中级人民法院关于二审案件改判、发回重审工作的若干意见》,及时调整发改思路,明确精细化改判、发回重审工作流程标准。一审法院对于本院改发案件经评查后认为一审认识为更优认识的,每季度向我院进行反馈,本院根据一审反馈意见,将相应案件纳入本院案件评查范围,以确保改判、发回重审案件质量。通过以上要求严格把握发改标准,充分发挥二审法院的审级监督职能,不断促进辖区统一法律适用,提高审判质量。

二是深入业务研讨,畅通上下级法院业务沟通路径。积极利用辖区业务交流会或座谈会等机制,分享交流专业法官会议或审判委员会研究成果,着力解决类案不同判、法律适用疑难等问题。充分利用交流机制,研讨审判热点、审理难点、实务重点,将法官会议与年度辖区法院分口业务交流会结合起来,在征求各辖区法院意见建议的基础上,尽快出台各业务领域的类型化案件审判指引,充分发挥二审法院的审级监督作用。

三是注重反馈评查,建立辖区法院审判管理工作沟通常态机制。以提高案件审理质量为目标导向,召开辖区法院审判管理工作座谈会,重点研讨上下级法院在改判、发回重审中的沟通机制和统一裁判思路的办法,研究一审法院对二审改判发回案件评查意见反馈机制等问题。同时,就辖区范围内建立定期沟通机制、加强管辖争议案件沟通力度、统一裁判尺度达成初步倾向性意见,并逐步形成指导性文件。

四是细化部门规范,组织各庭制定内部发改细则及统一裁判思路的实

施文件。通过指导各审执部门根据本院相关规定要求，细化本部门工作规范，从而及时归纳总结各业务领域、各审判庭的发回重审和改判具体标准和程序，形成符合当前各庭审判实务的裁判要点总结，以此强化案例和裁判要旨指导制度。同时，充分发挥专业法官会议功能，将专业法官会议上各审判团队之间、审判组织之间关于法律观点、法律认知和法律适用协调机制的研究成果固化为裁判要旨，指导本院和辖区法院统一裁判思路，进一步深化完善案例指导制度，充分发挥典型案例的示范引导作用，确保“类案同判”。

五是孵化裁判要旨，建立类案法律适用公示机制。对于形成裁判规则、统一法律适用标准和指导司法实践等具有重要意义的会议纪要、裁判要旨、典型案例等，经审判委员会讨论通过后在本院和辖区法院范围予以公布，供法官办案参考。对适用效果良好并被普遍认可的统一法律适用标准和典型案例，确有必要对外发布的，经报北京市高级人民法院相关审判部门同意，并经本院和北京市高级人民法院新闻宣传部门舆情风险评估后，可以通过网络媒体宣传、发布审判白皮书、出版案例书籍等方式实现成果转化。为确保上述成果转化机制有序积极运行，考虑将各庭专业法官会议的组织情况、形成裁判要旨等材料报送情况，纳入部门绩效考核；法官参加专业法官会议计入工作量，作为绩效考核的加分项纳入法官个人业绩档案。

六是注重信息化建设，构建科学合理的智慧法院配套系统。以大数据平台为基础，建设完善人民法院审判管理工作平台，支持可视化展示辖区法院审判执行态势分析数据，生成审判执行运行态势报告。加强本院统一法律适用的信息化建设，通过信息化建设实现类案精准检索推送，探索智能提炼类案裁判标准、在线解决统一法律适用问题，推进将审判经验总结等类案裁判标准嵌入办案系统，与辖区法院信息建设互动互联，利用大数据平台实现线上业务沟通交流，促进辖区统一法律适用机制更加高效完善智能化。

第三章
诉讼制度改革

第一节　立案登记制度改革

一、相关改革精神

1.《中共中央关于全面推进依法治国若干重大问题的决定》:改革法院案件受理制度,变立案审查制为立案登记制,对人民法院依法应该受理的案件,做到有案必立、有诉必理,保障当事人诉权,加大对虚假诉讼、恶意诉讼、无理缠诉行为的惩治力度。

2.《最高人民法院关于人民法院推行立案登记制改革的意见》:坚持有案必立、有诉必理。对符合法律规定条件的案件,法院必须依法受理,任何单位和个人不得以任何借口阻挠法院受理案件。

3.《最高人民法院关于人民法院登记立案若干问题的规定》:人民法院对依法应该受理的一审民事起诉、行政起诉和刑事自诉,实行立案登记制。

4.《人民法院网上立案工作规范》:进一步深化立案登记制改革,规范人民法院网上立案工作,提高网上立案服务水平,更加方便当事人依法行使诉权。

5.《最高人民法院关于为跨境诉讼当事人提供网上立案服务的若干规定》:人民法院为跨境诉讼当事人提供网上立案指引、查询、委托代理视频见证、登记立案服务。

6.《关于北京法院落实立案登记制改革加强当事人诉权保障的指导意见》:积极落实立案登记制,规范立案流程、推动立案公开、加强监督管理,坚决杜绝“有案不立”“有诉不理”“拖延立案”“增设门槛”“不立不裁”

等现象,将保障当事人诉权原则贯穿立案工作始终。

7.《北京法院登记立案实施办法》:登记立案范围:有下列情形之一的,应当登记立案:(1)与本案有直接利害关系的公民、法人和其他组织提起的民事诉讼,有明确的被告、具体的诉讼请求和事实、理由,属于人民法院主管和受诉人民法院管辖的;(2)行政行为的相对人以及其他与行政行为有利害关系的公民、法人或者其他组织提起的行政诉讼,有明确的被告、具体的诉讼请求和事实根据,属于人民法院受案范围和受诉人民法院管辖的;(3)属于告诉才处理的案件,被害人有证据证明的轻微刑事案件,以及被害人有证据证明应当追究被告人刑事责任而公安机关、人民检察院不予追究的案件,被害人告诉,且有明确的被告人、具体的诉讼请求和证明被告人犯罪事实的证据,属于受诉人民法院管辖的。

8.《北京法院网上立案工作办法》:网上立案是指当事人和代理人通过登录北京法院审判信息网或者北京移动微法院网上立案系统提交立案申请,法院经审核通过后,直接予以登记立案的工作机制。

9.《京津冀三地法院跨域立案服务一体化工作办法》:跨域立案是指当事人或其诉讼代理人通过京津冀三地任一法院跨域立案平台提交立案申请,管辖法院经审核通过后,直接予以立案,并要求当事人或其诉讼代理人在一定时限内寄送书面诉讼(申请)材料、交纳相关费用的工作机制。

二、二中院立案登记制度改革的工作思路

二中院立足保障当事人诉权、便利当事人诉讼、完善多元纠纷解决机制,谋划落实立案登记制改革。

(一)严格依法立案,保障当事人诉权

一是明确登记立案的范围和要求。实行当场登记立案制度、一次性全

面告知和补正制度。不得设置“土政策”，严禁“不立不裁”，改变“先交费后立案”模式。二是规范对起诉条件的审查，区分起诉要件与诉讼要件。三是落实不予立案负面清单制度，规范不符合条件案件的不予登记立案工作。四是强化立案释明指导。五是构建立案登记救济制度。六是加强立审执协调工作。

（二）强化立案服务，便利当事人诉讼

一是坚持科学谋划，实现诉讼服务系统化。构建诉讼服务大平台，建立首问负责、办事公开等制度。二是运用“互联网+”，实现诉讼服务信息化。建立电子法院、网上司法社区，实现网上引导、网上立案、网上阅卷。三是规范运行机制，实现诉讼服务标准化。统一服务标识、管理机构、设施配备、工作流程，完善网上立案平台和律师服务平台。四是促进深度融合，实现诉讼服务社会化。购买社会服务，探索实行诉讼服务项目外包。

（三）健全多元化纠纷解决机制

一是加强多元化纠纷解决的平台建设。加强与人民调解组织、行业性和专业性调解组织、行政机关、仲裁机构、公证机构的对接。二是完善多元化纠纷解决的程序制度。建立诉讼辅导告知制度、调解程序前置制度。三是探索多元化纠纷解决的创新方式。探索高效便捷、灵活开放的网络调解，构建民商事案件中立评估机制、电子督促程序等新机制。四是强化多元化纠纷解决的队伍建设。建立特邀调解员制度，完善法院专职调解员制度，建立律师调解员队伍。

三、二中院立案登记制度改革的具体举措

立案登记制度开始后，二中院严格落实最高人民法院、北京市高级人

民法院工作要求,以保障诉权为出发点和落脚点,规范立案登记程序,畅通诉权保障渠道,强化便民利民举措,坚决将立案登记制改革精神落到实处,努力将立案窗口建设成为司法为民、便民、利民的窗口。

(一)组织全员培训,深入贯彻立案登记制改革

立案登记制实施前,二中院组织多期业务培训,组织立案庭干警学习中央、最高人民法院、北京市高级人民法院关于立案登记制改革的规定和文件,深刻认识改革的重要意义,准确领会改革精神,仔细研读规范要求,确保每一名立案法官都能全面掌握改革要求,为准确、高效、规范完成立案登记工作做好充分准备。立案登记制实施以后,二中院针对立案过程中出现的新问题、新情况,适时组织立案法官进行民事诉讼法解释、物权法解释、国家赔偿法、行政诉讼法解释、民事案件级别管辖规定等业务培训和学习,从提升立案工作质效入手,从提高立案法官业务水平上下功夫,以实际行动深入贯彻立案登记制改革。准确理解和适用诉讼法律及司法解释的相关规定,严格执行《关于人民法院推行立案登记制改革的意见》《关于人民法院登记立案若干问题的规定》,遵照登记立案的范围和要求,依法推进登记立案工作。

第一,明确登记立案的范围。根据诉讼法及相关法律规定,人民法院登记立案的范围是,当事人向一审法院提起的民事、行政起诉和刑事自诉,初次提出的强制执行和国家赔偿申请。要加强诉讼指导,公开诉讼文本样式,提高登记立案效率,杜绝拖延立案。对登记立案后移送的案件,相关部门应当严格依照法律规定的程序进行审理,不得随意以起诉材料不齐全、诉讼证据有缺失或者案件难以审理执行等为由,退回立案部门。

第二,明确登记立案的基本要求。其一,实行当场登记立案制度。对符合法律规定的起诉、自诉和申请,一律接收诉状,当场登记立案。对当场

不能判定是否符合法律规定的,应当在法律规定的期限内决定是否立案。其二,实行一次性全面告知和补正制度。起诉、自诉和申请材料不符合形式要件的,应当及时释明,以书面形式一次性全面告知应当补正的材料和期限。在指定期限内经补正符合法律规定条件的,人民法院应当登记立案。其三,建立不符合法律规定的起诉、自诉和申请的处理程序。对不符合法律规定的起诉、自诉和申请,应当依法裁决不予受理或者不予立案,并载明理由。当事人不服的,可以提起上诉或者申请复议。禁止不收材料、不予答复、不出具法律文书。

第三,禁止另设立案条件。不得设置"土政策",限制立案范围、增设立案条件、抬高立案门槛;不得以请示报告、调解协调等为名拖延立案;不得以不好审理、不好执行、可能形成信访为由不予立案。特别是要严格执行新修订的《行政诉讼法》,排除各种干扰,对土地征收、房屋拆迁、企业改制等"民告官"的行政案件,依法受理和裁判。积极争取行政机关对法院受理案件的支持配合,通过依法受理、审理行政案件,强化对行政执法的制约和监督,促进严格规范文明执法。

第四,改变"先交费后立案"模式,提高案件移转效率。根据法律规定,当事人交纳诉费不是法定起诉条件。要改变"先交费后立案"的传统习惯做法。经审查,对符合法律规定条件的案件,当场登记立案,立案庭发出交纳诉讼费的书面通知后,及时移送审判庭审理。当事人是否在7日内交纳诉讼费用由审判庭查明,逾期未交费的,由审判庭裁定按撤诉处理。

(二)制定工作规范,从规范层面进一步细化立案登记制的相关规定

先后制定《北京市第二中级人民法院关于立案登记制的实施细则》《关于在民事诉讼中加强当事人诉权保障的具体措施》,落实立案登记制的相关制度安排,强化当事人诉权保障。

(三)优化立案流程,依法及时立案

一是把控时间节点,即当场登记立案的节点,一次性告知的节点,诉讼材料补正的节点,7 日内作出裁定的节点等。立案窗口严格执行首问负责制,符合条件的,当场登记立案;确实不能当场立案的,在法律规定的期限内决定是否立案;在法定期限内仍不能判定的,先行立案。对于依法裁定不予受理的案件,做好与当事人的沟通、解释工作。在准确运用法律的基础上,切实做到诉权保障到位。

二是优化审查标准。首先,要求除法律规定的特别情形外,对当事人的诉状一律接受。起诉符合条件的,应当当场登记,当场不能判定的,应当接收起诉状,并出具注明收到日期的书面凭证。其次,在法律规定的期限内移交审判庭或者作出不予立案(不予受理)的裁定。此时不进行实质性审查,仅仅对形式要件进行核对。主体身份方面,有律师代理的案件不再要求提供原告的身份证明原件;被告资格方面,诉状明确、具体载明被告的详细信息,足以与他人相区分,即可认为有明确的被告;起诉证据方面,不再要求必须提供证明基础法律关系、诉讼请求的证据,诉状中能明确、完整地表述法律关系、诉讼请求和事实、理由即可。总体而言,只要当事人的身份明确、起诉状的形式和内容符合要求、主管和管辖没问题、基本法律关系具备,不存在明显不符合起诉条件的情况,法院就应该予以受理。对不符合法律规定条件的,应当作出裁定。对符合要件的,转入审判庭审理。在规定期限内无法判定的,先行立案。在这一阶段,如果双方当事人愿意和解、调解的,为当事人提供替代纠纷解决方式。

(四)坚持便民立案,减少当事人诉累

立案登记制实施以来,二中院积极创新立案方式,便利当事人立案,减少立案阶段的诉累。一是依托法院信息化办公平台优势,在北京市高级人民法院指导下,积极稳步推进网上预约登记立案,减少当事人与法院之间的往返次数,节省了当事人的时间成本。二是完善邮寄立案方式,便利外地当事人进行立案,开通网上立案、跨域立案等,对于符合登记立案的邮件做到百分百立案。三是创新诉讼费缴费模式,坚持先立案后交费,优化立审衔接,提高了一审大标的案件向审判庭的移转效率,尽最大限度在立案阶段便利当事人的诉讼权利。四是强化立案释明指导。第一,起诉要件的内容与补正,如提示当事人的诉状是否撰写规范、当事人的诉讼请求是否明确等。第二,纠纷解决途径选择告知。对不属于法院主管,依法应由其他机关、单位处理的纠纷,准确告知当事人。对于可以由法院管辖,但存有更适宜、高效的替代纠纷解决机制的,如实诚恳告知当事人,便于当事人的选择。第三,诉讼风险告知。即败诉将要承担的法律后果及滥用起诉权将要承担的法律后果。释明的方式可以采取口头或书面的形式。

尤其是强化行政立案环节的释明。要求立案法官依法指导起诉人明确被诉的行政行为、具体诉讼请求,准确确定被告。对起诉人的诉讼请求不具体、不确切的,应当向起诉人阐明法律规定,引导其正确表述明确的诉讼请求。起诉的同一份行政文书包含数项具体行政行为的,应当指导当事人明确被诉的行政行为。既要防止出现对当事人的起诉不闻不问、敷衍塞责的倾向,又要防止不加审查,大包大揽,将不符合法律规定情形的诉请予以立案。

(五)强化便民服务,提升群众满意度

进一步加大立案服务指引,最大限度为当事人行使诉权提供便利。一是配备两名导诉法官助理,对当事人进行初步的立案指导和讲解释明,引导当事人有序完成立案程序;二是用电子显示屏滚动播放立案登记规定及立案流程等,方便群众了解相关规定;三是发放诉讼提示材料,包括接收诉状的书面凭证、诉讼文书样本、一次性书面补正告知书等,便于

当事人及时领取。

打造诉讼服务大平台,实现诉讼服务大厅、诉讼服务网、移动客户端、“12368”热线等服务平台无缝对接,立案、审判、执行、信访各部门以及专家、律师、志愿者等第三方业务协同,努力提升整体效能。坚持系统思考,将辅助性、事务性、社会服务性工作及部分审判工作前移,由诉讼服务中心提供庭审以外的全部诉讼和非诉讼服务,实现服务群众诉讼、服务法官办案的大服务模式。

明确诉讼服务中心窗口设置、岗位职责,建立首问负责、办事公开等制度,上墙上网,便于社会各界监督。制作诉讼文书样式,规范材料清单项目,实行一次性告知,让当事人少等一分钟、少跑一趟路。开辟“绿色服务通道”,对于涉及困难群体、农民工讨薪、妇女儿童等案件,优先立案、审查、保全,快速送达、调解、执行。

(六)加大调研力度,提升立案工作水平

成立立案登记制调研小组,通过编写立案信息、立案动态等形式,及时对立案登记制改革过程中遇到的问题和疑难、典型案例进行归纳梳理、分析研判,确保立案登记制工作全面顺利推进。此外,开启“立案法官与当事人的对话”“立案法官与审判法官的对话”等系列主题活动,进一步加强立案法官与当事人、审判业务庭之间的沟通,增加当事人对立案工作的了解和认可,规范部门间工作流程,提升立案审查及移转的工作效率,让当事人在立案登记制改革中真正感受到便利与高效。

(七)注重防范虚假恶意诉讼

立案登记制后,立案阶段防范虚假、恶意诉讼等更加困难。为此,二中院立案庭从思想、制度、人员等方面筑牢虚假、恶意诉讼“三条防线”,针对虚假诉讼在立案阶段的表现和特征,增强防范意识,把好立案第一关。同

时，立案法官积极发挥宣传警示和诚信引导作用，第一时间告知当事人虚假、恶意诉讼的法律后果，引导当事人诚信诉求、合法诉讼，及时警戒不诚信诉讼行为；发挥信息共享和风险提示功能，对有虚假、恶意诉讼嫌疑但尚无法确认的案件，在移交审判庭时，通过随卷附告知书的形式提示审判法官，将立案阶段发现的问题、掌握的信息及时向审判部门通报、充分交流，实现有效遏制虚假、恶意诉讼的目标。

（八）严格把握不予登记案件的范围

按照《最高人民法院关于人民法院登记立案若干问题的规定》第 10 条的规定，把握不予登记案件的范围，对违法起诉或者不符合法律规定的、涉及危害国家主权和领土完整、危害国家安全的、破坏国家统一和民族团结的、破坏国家宗教政策的、所诉事项不属于人民法院主管的案件，依法不予登记立案，严格把握不予登记案件的范围，依法保障当事人诉权。

第二节　速裁制度改革

一、相关改革精神

1.《中共中央关于全面深化改革若干重大问题的决定》：完善人民调解、行政调解、司法调解联动工作体系，建立调处化解矛盾纠纷综合机制。

2.《中共中央关于全面推进依法治国若干重大问题的决定》：完善调解、仲裁、行政裁决、行政复议、诉讼等有机衔接、相互协调的多元化纠纷解决机制。

3.《最高人民法院关于全面深化人民法院改革的意见——人民法院第

四个五年改革纲要(2014—2018)》:推动在征地拆迁、环境保护、劳动保障、医疗卫生、交通事故、物业管理、保险纠纷等领域加强行业性、专业性纠纷解决组织建设。

4.《最高人民法院关于进一步深化多元化纠纷解决机制改革的意见》:根据“国家制定发展战略、司法发挥引领作用、推动国家立法进程”的工作思路,建设功能完备、形式多样、运行规范的诉调对接平台,畅通纠纷解决渠道,引导当事人选择适当的纠纷解决方式;合理配置纠纷解决的社会资源,完善和解、调解、仲裁、公证、行政裁决、行政复议与诉讼有机衔接、相互协调的多元化纠纷解决机制;充分发挥司法在多元化纠纷解决机制建设中的引领、推动和保障作用,为促进经济社会持续健康发展、全面建成小康社会提供有力的司法保障。

对调解不成的民商事案件实行繁简分流,通过简易程序、小额诉讼程序、督促程序以及速裁机制分流案件,实现简案快审、繁案精审。完善认罪认罚从宽制度,进一步探索刑事案件速裁程序改革,简化工作流程,构建普通程序、简易程序、速裁程序等相配套的多层次诉讼制度体系。按照《行政诉讼法》规定,完善行政案件繁简分流机制。

5.《最高人民法院关于民商事案件繁简分流和调解速裁操作规程(试行)》:民商事简易纠纷解决方式主要有先行调解、和解、速裁、简易程序、简易程序中的小额诉讼、督促程序等。

二、二中院速裁工作思路

(一)速裁制度的产生及其演变

第一阶段,速裁是简易程序的代称。2003 年,最高人民法院制定并发布了《关于落实 23 项司法为民具体举措的指导意见》,该文件第 6 条“建立和完善民事案件繁简分流机制，减轻涉诉群众讼累”中提到“各级人民法院要严格执行最高人民法院《关于适用简易程序审理民事案件的若干规定》……对简单的民事案件适用简易程序速裁”。这是最高人民法院在正式文件中首次提到“速裁”，从该条具体语境来看，此时的“速裁”就是指简易程序，强调适用简易程序快速裁判案件。

第二阶段，速裁是简易程序的进一步简化。2005 年，最高人民法院发布《人民法院第二个五年改革纲要（2004—2008）》，其中在“改革和完善诉讼程序制度”中要求，要“继续探索民事诉讼程序的简化形式，在民事简易程序的基础上建立速裁程序制度……”可见，此时“速裁”是建立在简易程序基础上的一种民事诉讼简化形式。

第三阶段，速裁机制特指小额速裁程序。2011 年，最高人民法院印发《关于部分基层人民法院开展小额速裁试点工作的指导意见》；2012 年《民事诉讼法》正式规定了小额诉讼程序。根据规定，小额诉讼程序实行一审终审，是在当时民事诉讼简易程序基础上的再简化，适用范围严格限制。可见，当“速裁”和“小额”同时使用时，指称的就是指小额诉讼程序。随着 2012 年《民事诉讼法》的修改，“小额诉讼”的提法正式确立，“小额速裁”不再使用。

第四阶段，速裁与繁简分流机制一道成为解决案多人少问题的特殊审判机制。随着司法改革的深入推进，法官员额制的实施，案多人少正成为制约法院发展的突出问题。为解决这一问题，2016 年，最高人民法院印发《关于人民法院进一步深化多元化纠纷解决机制改革的意见》，并于 2017 年印发《关于民商事案件繁简分流和调解速裁操作规程（试行）》。这两个文件将速裁与简易程序、小额诉讼程序、督促程序等并列；在审理程序上，也提出“采用速裁方式审理民商事案件，一般只开庭一次，庭审直接围绕诉讼请求进行，不受法庭调查、法庭辩论等庭审程序限制”。自此，速裁机制是独立于简易程序和简易程序中的小额诉讼程序之外的另一种审理案件的机制的定位已经明确，开始有了全新的特指含义。

第五阶段，速裁机制成为司法体制综合配套改革的重要组成部分，并提升到优化审判资源配置和审判格局调整、推进审判体系和审判能力的现代化的高度。在党的十九大报告中，习近平总书记指出，“要深化司法体制综合配套改革，全面落实司法责任制，努力让人民群众在每一个司法案件中感受到公平正义”。在2019年中央政法工作会议上，习近平总书记提出，“把非诉纠纷解决机制挺在前面”，“要深化诉讼制度改革，推进案件繁简分流、轻重分离、快慢分道”，把“多元调解+速裁”工作作为司法体制综合配套改革的一项重要内容。由此，在中央层面确立了速裁在诉讼制度改革中的基础性定位，并明确了速裁机制对审判资源优化和审判格局调整中的重要作用，全国法院“多元调解+速裁”也蓬勃发展，目前也形成了“前端快速审理简单案件、后端精审疑难复杂案件”的审判新格局。

党的十九届四中全会提出了坚持和完善中国特色社会主义制度、推进国家治理体系和治理能力现代化的总体目标。“国家治理体系和治理能力现代化”在司法领域就体现在审判体系和审判能力的现代化，构建在繁简分流基础上的速裁机制和相关配套机制是司法机关在推进审判体系和审判能力现代化的重要突破点，对于从整体上提升司法案件质效，进而推动社会治理向更高水平发展具有不能忽视的意义。

（二）速裁程序的价值定位

从上述梳理可以看出，尽管《关于民商事案件繁简分流和调解速裁操作规程（试行）》规定了速裁程序适用范围、审限、开庭方式、文书制作等内容，但这些规定仍然没有超出《民事诉讼法》中关于简易程序的限定，仅仅是对简易程序的细化或简化。从这个角度来说，速裁只是当前审判工作的一种样态或者具体工作机制，其在诉讼法中并不具有独立的诉讼程序地位。其实为建立在案件的精准繁简分流的基础上，通过走管理型路径，以强化审判管理、深挖内部潜力、提高速裁法官办案能力等来提高审判效率。尽管速裁机制仍属于简易程序,不具备独立的诉讼法程序地位,但开展速裁制度改革仍然具有重要意义。

一是建立完善“多元调解+速裁”工作机制是学习贯彻习近平总书记在中央政法工作会上重要讲话精神重要政治任务,也是法院参与社会治理的一项重要内容。习近平总书记指出,“要善于把党的领导和我国社会主义制度优势转化为社会治理效能,打造共建共治共享的社会治理格局”。“多元调解+速裁”工作作为司法体制综合配套改革的一项重要内容,在诉讼制度改革中具有基础性地位,既能实现诉讼前端解决大多数纠纷的目标,也能推动诉讼格局的优化和各项改革举措的集成,具有重要性和必要性。

二是速裁工作是破解“案多人少”矛盾,巩固前后端审判格局的有效途径。当前,“案多人少”依然是全国法院面临的突出矛盾。实践证明,巩固诉讼前端分流化解大批普通纠纷、后端审判庭集中审理疑难复杂纠纷的审判工作格局是解决“案多人少”矛盾、提升案件质效的有效途径。

三是速裁工作是培养高素质法官队伍,促进法院自身长远发展的重要路径。习近平总书记强调,要努力打造一支党中央放心、人民群众满意的高素质政法队伍,并提出“加快推进队伍革命化、正规化、专业化、职业化建设”的要求。“速裁”工作任务重、节奏快、压力大的特点,能够培养速裁法官过硬的政治素质、突出的业务能力和抗压能力。后端疑难复杂案件的审判工作则能够培养专家型法官,推动多出精品判决,为社会行为提供裁判指引,为法院良性可持续发展提供人力保障。

(三)对中级人民法院开展速裁工作的辩证认识

目前全国法院的速裁工作主要是在基层法院展开,并与多元调解成为一项高度依存的系统工程。在中级人民法院层面,开展好速裁工作面临不少困难和挑战。首先,从中级人民法院受理的一审案件特点来看,缺乏深入推进“多元调解”的基础,从而导致对“速裁”制度的支撑不足。其次,从中级人民法院有效终审、定分止争的二审审级特点和功能来看,要求对案件的审理更加审慎和精细,这需要一定的时间保障,由此也容易引发二审案件审理提速会造成纠错功能下降的质疑。在速裁机制构建中,不能为了片面追求速度,忽视二审纠错和指导的功能。中级人民法院的审级定位对速裁制度的另一个限定,在于二审案件往往是当事人争议较大的案件,这里的争议,或是针对一审法院事实认定,或是针对一审法院法律适用,或是单纯的心理对抗,或是当事人故意拖延诉讼,对于这些案件,在适用速裁程序时,应当注重辨法析理,在保证案件质量和确保公平公正依法裁判的基础上加快案件审理速度。最后,从处于不同诉讼地位的当事人角度来看,一审上诉案件双方当事人对案件审理周期有不同的司法需求,对“案件提速”也难以达成统一意见。

但是,中级人民法院开展速裁机制建设有着一审法院不具备的优势。其一,根据《民事诉讼法》的规定,二审程序可以采用书面审理的方式,即通过阅卷、询问的方式审理案件,这为中级人民法院开展速裁程序提供了基础条件。其二,尽管我国并未严格区分事实审与法律审,但二审有一审程序作为基础,在事实认定层面耗费精力较少。虽然目前二审程序允许当事人提出新的证据,但实际上多数二审案件中当事人对事实并无过多争议,仅对一审法院适用法律有不同意见。事实查明过程的简化可以很大程度上缩短案件审理时间。

(四)中级人民法院开展速裁工作的价值功能

第一,二审速裁机制是对接一审速裁机制的连接点,是充分发挥速裁机制功能的必要条件。近年来,在市高级人民法院的统一部署下,全市法院大力推行“多元调解+速裁”工作,打造了“多元调解+速裁”“一站式”解纷的北京模式。2018 年全市 16. 6% 的民事员额法官审结了全市法院

46.7%的一审民事案件，速裁已经成为首都一审法院主要的审理方式。如何确保一审速裁案件在上诉后保持速裁“本色”，确保一二审速裁案件保持“同速”是中级人民法院面临的迫切需要解决的问题。当前基层法院“多元调解+速裁”工作形势的快速发展要求中级法院要建立相应的速裁机制，通过构建规范的二审速裁流程和程序，积极对接一审速裁工作，可以保证速裁机制的功效，确保“一速到底”。

第二，二审速裁机制是优化审判格局的辐射点，推动更好发挥二审审级职能作用。在2019年的全市法院院长会上，市高级人民法院明确要求各基层法院都要将“多元调解+速裁”工作纳入立案庭统一管理，中级人民法院要在立案庭设立速裁组，同时各基层法院及中级法院应在立案庭设立与速裁、快审案件相适应的速裁、快审审判团队。速裁案件的集中统一管理，势必引起原有庭室内案件数量的深刻变化和审判资源的重新配置。相对于以减量增效为目标的内设机构改革，以繁简分流为导向的速裁机制改革能更加直接、更加有效地优化二审审判格局，能以更小的阻力和更快的速度实现“前端快速终局解决争议，后端精审疑难复杂案件”的审判格局调整。因此，二中院在谋划该项工作之初，就要求各审判庭根据速裁组成立后本部门案件数量的变化，提前谋划审判工作重点的转向，将更多的精力投入到统一辖区法律适用、统一裁判尺度工作上来，做到全院工作“一盘棋”，实现案件繁简分流后的同频共振，更好地发挥二审“有效终审、定分止争”的功能作用。

第三，二审速裁机制是重塑二审诉讼流程的集成点，能更好地通过微创新强化对改革的回应。二审“速裁”工作追求的最终目标是“多、快、好、省”地解决纠纷。二中院经过调研认为，要实现案件审理速度和审理质效的“双提升”，既涉及一二审工作对接问题，也涉及审判组织建设和审判监督管理问题，更涉及攻坚制约当前诉讼流程顺畅运转的难点问题，需要攻克的难题涉及本轮改革的方方面面。因此，二中院党组也提出，要将速裁工作作为“不忘初心、牢记使命”主题教育的整改重大举措，速裁工作要勇于成为各项改革举措的“先行者”、“试验场”和“集中地”，通过加强工作创新和智慧法院建设，切实破解改革中遇到的责任不实、合力不强、监督不力、尺度不一、激励不足等各种难题和群众反映强烈的管辖权异议审理时间过长、诉前保全效率不高等突出问题。

第四，二审速裁机制是加强法官素质建设的突破点，有利于探索员额法官培养机制。速裁机制“全科、全效、全程”的审判特色和“工作强度、配合粘度”的工作特点决定了其在培养法官综合能力方面的天然优势。速裁机制的制度优势，决定了该制度可以成为新入额法官、入额法官后备军的锻炼基地，把后端精细化审判团队作为专家型法官的培养基地，建立阶梯式、流动式的人才培养机制。

（五）中级人民法院速裁机制构建的原则与逻辑

尽管在中级人民法院开展速裁机制具有一定的优势和价值，但制度的构建应当遵循一定的原则，特别应当注意与一审速裁制度的区别。二中院党组在深入研究该项工作中，提出中院速裁工作应当遵循以下原则。

第一，依法运行原则，即速裁制度机制构建应当遵循诉讼法基本原理。速裁机制是人民法院处理纠纷的一种方式，仍然没有超出简易程序的范畴，因此仍应当遵循司法解决纠纷的一般原则和《民事诉讼法》的相关规定，要把握好司法制度、诉讼程序整体性与速裁机制个体性的有机统一。根据《民事诉讼法》的相关规定，人民法院审理民事案件，应当保障和便利当事人行使诉讼权利，依照法律规定实行合议、回避、公开审判制度，当事人有权进行辩论。

第二，质效兼顾原则，即速裁机制应当坚持高效快速审理案件。公正与效率是民事诉讼制度设计的基石。速裁程序更倾向于将效率和公正放到同样的高度，鉴于适合速裁案件的简单属性，这一价值追求应当得到肯定。加快案件审理速度,势必将导致简化诉讼程序,速裁机制构建的难点就在于如何简化诉讼程序。在审理提速方面,可以从两个方面实现:一是缩短审理时间。全部审理期限不超过 30 日,同时尽量压缩各个审判节点之间的时间衔接;二是简化审理程序,如送达可以采取电话、短信、电子邮件、微信等方式,开庭合并法庭调查与辩论,撰写文书采取简化方式等。另外,在尊重当事人程序选择权的基础上可以对诉讼程序进行简化和省略也是改革的重要趋势。

第三,程序保障原则,即速裁机制构建应当注重保障当事人合法诉权和程序的正当性。保障当事人行使诉讼权利,是我国《民事诉讼法》为法院规定的职责之一。因此,在探索构建速裁机制过程中,应当保障当事人的基本诉讼权利,在涉及当事人重要诉讼权利时应当尊重当事人的处分权和选择权。此外,还应当贯彻"公开、对席、口头、直接"的程序要求。"公开"就是审理过程和结果对当事人和社会公开;"对席"要求双方当事人均到场;"口头"是指用言辞方式表达和征询意见;"直接"是指法官亲自主持审理。

第四,配套同步原则,即中级人民法院速裁机制建设应当做好配套机制保障。如前述,目前各级法院进行的速裁机制改革由于没有法律的明确规定和授权,仅是在简易程序的框架内进行一种向内挖潜的改革,因此,应当做好配套机制保障。首先,要精准进行繁简分流,繁案与简案的有效甄别是该机制有效运行的基础,综合考量案由、当事人身份及数量、诉讼标的、诉讼请求、法律关系、证据情况、纠纷性质、矛盾冲突、社会影响等因素,制定出指引明确、可操作性强的速裁收案标准,并及时予以动态调整。其次,速裁机制建设应当进一步巩固和利用新型审判团队建设成果,确保"以审判为中心,以法官为核心",为速裁团队配齐配强审判辅助人员,并积极探索辅助事务集约化模式,通过集中管理、购买社会服务等方式,将卷宗送达、电子扫描、归档等审判事务性工作从审判工作中剥离出来,最大限度减轻法官的事务性工作，使速裁法官专心于坐堂问案与撰写文书。最后，要加强速裁机制的信息化支撑。一方面，要加强速裁案件全流程管理，合理设置立案、分案、开庭、评议、结案等时间节点，严格审限要求，建设符合速裁案件特点的流程管理系统。另一方面，要加强简案规范化、标准化的智审系统建设，为法官办案提供信息化支持。

三、二中院速裁工作的具体做法

为更好落实中央、市委、最高人民法院和市高级人民法院要求，切实把"多元调解+速裁"这项"实事"办好，把"好事"办实，既提速案件办理周期，也提升案件办理质量。2019 年，二中院将"多元调解+速裁"工作作为全院"五项重点工作"之首予以谋划推动。目前，在上级法院的有力指导和院党组的精心部署下，二中院率先在立案庭成立"速裁组"，组建了 5 个"速裁团队"，并构建了一整套契合二审审判实际的速裁工作规范和相关配套机制，为进一步优化二审审判格局、重塑审判工作流程、开展纠纷解决创新实践、强化干警能力素质建设、更好满足群众需求提供了纵深的空间和更高的平台，该项工作呈现力度大、进展快、效果好的特点，切实达到了预期的工作目标。

（一）前期筹备工作情况

1. 打好实践与理论基础。多元调解和速裁工作是二中院 2019 年确定的五项重点工作之一，二中院按照"从实践到认识再到实践"的基本路径，进行了充分、深入的前期调研论证。一是全面领会上级决策部署。为厘清速裁工作的原则、导向与政策，二中院党组先后数次专题学习中央、最高人民法院相关文件精神和市高级人民法院的相关工作规范。通过研讨，明确了该项工作的定位和发展方向，即通过系统集成，建立"以点带面"

的“大速裁”工作机制，并对速裁机制的工作原则、审判组织、选案规则、审理模式开展了充分的理论论证，为做好速裁工作打好理论基础和武装。二是成立相关组织机构。二中院党组统筹谋划，成立了速裁工作领导，并抽调立案庭、审管办、干部处等部门精干人员成立研究小组，进行了长达 7 个月的深入调研。在工作调研中，院党组书记、院长鲁桂华先后 6 次听取工作汇报，指导各部门不断完善工作方案。三是深入基层进行考察。为准确对接一审速裁，详细了解基层法院速裁工作的改革举措、实践经验以及存在的问题，调研小组先后就辖区法院内设机构改革后的速裁案件数量、案由、上诉率和案件特点等进行了全面的走访调研，掌握基层法院速裁案件审理和上诉情况，为二审速裁机制构建奠定基础。

2. 扎实做好工作研判和前期准备。一是科学预判与评估收案情况。对全院近 3 年来各类案件的受理和审理情况进行了大量的统计分析，科学预测适宜进行速裁案件占全院案件总数的 40%左右，每年大约为 12,000 件，并对上述案件在不同庭室分布有了准确的测定，为以案定人、科学调配审判资源奠定基础。二是科学测定速裁团队法官人均年结案数。二中院通过研发“工作量核定系统”和实际速裁审理模式的模拟测试，计算出员额法官的最高和最低审理案件数。三是精准选派人员，做到“人岗适配”。速裁工作任务重、节奏快、压力大的特点，要求速裁法官具备过硬的政治素质、突出的业务能力和抗压能力，同时还要具备优秀的团队管理和协作能力。在速裁组筹建的过程中，二中院坚持三个选人原则：第一，审判业务上，要有丰富的审判经验，能驾驭各类案件庭审并承担繁重的审判任务，一般应具有不少于 5 年审判工作经验或不少于 3 年办理相关案件经历；第二，工作作风上，要有踏实认真的工作态度，能处理复杂的审判流程；第三，适应能力上，要有快速、较高的岗位适配度，能适应高压的审判节奏。在速裁审判团队组建之前，由干部处针对不同业务骨干的专业背景和工作能力进行深入调研，最终从各审判业务庭室选调 9 名员额法官、8 名法官助理、6名书记员等23名人员，与立案庭原有的9名员额法官、7名法官助理、8名书记员组成6个速裁审判团队（运行中根据工作实际，在立案庭内部形成“5+1”审判团队，即5个速裁审判团队和1个非速裁审判团队，实现在审理过程中发现不适宜速裁案件的内部导流）。团队中既有深耕专业审判领域数十年、经验丰富的老法官，又有结案快手的青年骨干，选拔的人员各有所长、各有所精。

3. 集全院之力开展工作。构建速裁制度机制是提升全院审判体系和审判能力的重要举措，为此，二中院各部门牢固树立“一盘棋”意识，从组织、人员、设施和规范等方面为速裁工作做好保障。组织保障方面，各相关庭室立足大局，克服自身困难，主动选派业务骨干加入速裁团队，不折不扣地落实党组要求。硬件设施保障方面，根据速裁组筹备的需求，相关部门积极协调办公用房、法庭、谈话室，为速裁工作的开展提供了充分物质保障。规范依据保障方面，先后制定出台了《关于深化案件繁简分流　建立速裁工作机制的实施意见（试行）》《速裁快审二审案件审理流程》《民商事速裁案件收案规定（试行）》《立案阶段多元化纠纷解决工作办法》，形成了系统完备的制度规范，为该项机制的推进奠定了坚实的制度规范。经过一年多的前期调研和筹备工作，2019年7月4日，二中院顺利召开立案庭速裁组组建座谈会，院党组对速裁工作的筹建进行了总结。7月12日，召开速裁审判团队成立暨工作推进会，速裁工作正式启动，7月15日，人员全部到位，全体审判人员迅速进入工作状态。

（二）选案规则

开展好案件甄别是开展好速裁工作，实现案件繁简分流的关键一环，二中院出台了《民商事速裁案件收案规定（试行）》，构建了一整套案件甄别的原则、模式和方法。

1. 选案原则。一是将依职权与依申请相结合。为了保证当事人适度参与，赋予当事人一定的程序选择权。是否纳入二审速裁机制虽最终由法院决定，但双方当事人均申请或均不同意的，一般情况下应当允许。二是将客观性标准与主观性标准相结合。客观性标准是指一审采用速裁程序审结的案件，或根据《民事诉讼法》及司法解释的相关规定，二审可以不予开庭审理的具体情形，包括案情简单、对事实争议不大或者只对法律适用有争议，没有新的证据、事实和理由，属于程序审、程序严重违法等情形。主观性标准是指上诉理由明显不成立的，此外法官还要结合当事人身份和数量、矛盾冲突性质、社会关注度、是否有关联案件、是否有上访闹访倾向等进行衡量和简案的界定。

2. 审理范围。根据上述原则，二中院明确二审速裁定审理的具体范围为：一是立案庭原有的管辖权异议、裁定驳回起诉和不予受理上诉案件；二是一审采用速裁方式审结的民商事案件；三是其他适宜速裁的案件，包括家事类纠纷，相邻关系纠纷，消费者权益保护类纠纷，机动车交通事故责任纠纷，劳务纠纷，物业服务合同纠纷，供用水、电、气、热力纠纷，信用卡纠纷，金融借款合同纠纷，诉讼标的额在 50 万元以下的买卖合同纠纷，诉讼标的额在 50 万元以下的民间借贷纠纷等案件事实清楚、权利义务关系明确、当事人争议不大的纠纷；当事人对交通事故责任认定无争议的机动车交通事故责任纠纷案件等。

3. 分案方式。为将案件甄别进一步制度化、规范化，尽量排除“人为挑案”问题，建立健全案件立案识别及繁简分流机制，在具体分案方式上，二中院采取“以系统识别为主，以人工识别为辅”的随机分案模式。对于系统能够自动识别的属于速裁范围的案件，一律通过随机分案分至速裁团队；对于繁简程度难以准确判断的案件，或者对于部分较为复杂的一审速裁上诉案件，进一步进行人工甄别排除。排除的具体情形：(1)一审由简易程序转为普通程序审理的；(2)一审审理时间超过 3 个月的；(3)诉讼请求超过 5 项或存在反诉的；(4)当事人提出对上诉请求有实质意义的新证据的；

(5)可能需要进行鉴定、外出调查的;(6)双方当事人均提出上诉的;(7)一方当事人因未成年或其他情形存在法定代理人的;(8)案件涉及共有物分割、确权、继承等,当事人较多的。

(三)审理模式和工作流程

1. 审理模式采取不间断审理,并以书面审理为主。二中院规定,指定管辖案件应在 3 日内审结;不予受理、管辖权异议上诉案件,一审认定无误,不需要调查取证、谈话或开庭的,应在收案后 7 日内审结;其他速裁案件,应在收案后 30 日内审结。鉴于严格的审限规定,在审理模式主要采取不间断审理。其核心理念是在处理案件时,应当持续地、集中地审理同一月度立案周期内的所有案件,中间非特殊原因不得间断和拖延。不间断审理的时限要求:案件立案后应当在 24 小时内分至法官系统中;在收到案件后,应当在 3 日内送达对方当事人;在 7 日内应当完成庭前准备;在 20 日内应当开庭或询问;在 25 日内应当进行合议;在 30 日内应当结案。不间断审理模式的优势:一是便于案件得到迅速、公正审理,与二审速裁的价值追求相契合。二是利于法官凭借新鲜的记忆和真实的内心确信形成正确的裁判。三是保证案件从分案到宣判各个阶段连续不间断进行,有效杜绝了案件受到外界不当干预,增进当事人的信任。

在具体的审理方式上,指定管辖案件、不予受理、管辖权异议上诉案件一般采用书面方式进行审理。其他类型案件的审理一般采用谈话方式进行,由承办法官主持,书记员记录,合议庭其他成员可以不参加,承办法官根据案情确定法官助理是否参加。对于事实清楚,争议不大,二审期间没有新证据提交的案件,当事人申请以书面方式审理的,可以在当事人提交书面审理申请、书面陈述和辩论意见后,通过阅卷、调查和询问到庭当事人的方式进行审理。

2. 工作流程的“四分法”。二审速裁机制的具体流程包括选案、即时随机分案、庭前准备、庭前会议、即时开庭询问、即时合议、当庭宣判、制作文书、送达文书、结案归档等。这些工作流程可概括为“庭前准备+开庭询问(或书面审查)+当庭宣判+程序转换”的“四分法”程序结构。采用该程序结构的意义在于,使速裁的阶段性功能得以界定,以及当事人与法官、助理、书记员的角色、作用得以明晰,从而改变了过去准备性诉讼行为与审理性诉讼行为的交替所带来程序上的混乱。

一是庭前准备。庭前准备的内容有两个方面:一方面是实体性准备,包括总结固定争议焦点,固定审理程序,固定诉讼请求,固定证据,庭前调查、调解;另一方面是程序性准备,主要是权利义务的庭前告知,也包括开庭询问排期,送达文书,与当事人沟通,确定是否同意适用速裁程序,积极引导当事人协商缩短答辩期、举证期,并对案件及当事人情况进行初步研判。

二是开庭询问(或书面审查)。询问是不开庭审理的重点环节,也是二审速裁机制的核心部分。根据程序保障要求,二中院对询问环节进行了一定的庭审化改造。一方面,由承办法官一人出庭询问,实行简化的庭审流程;另一方面,庭审中在固定无争议事实和法律问题的基础上,重点围绕争议焦点组织调查和辩论,并根据情况合并交叉进行。

三是当庭宣判。当庭宣判是二审速裁案件采取不间断审理模式的基本要求也是该模式的必然结果。实现当庭宣判,关键要进行即时合议。在即时合议方面,二中院在合理安排审判团队庭审时间的基础上,还积极采用信息化手段,实行网上合议,以有效解决合议时间的冲突问题。合议庭合议后一致认为可以当庭宣判的,由承办法官向当事人宣布裁判结果、主要依据和理由。合议庭多数或一致意见认为不适合当庭宣判的,告知当事人择期宣判。

四是程序转化、案件导出。在庭前会议如发现案件不适宜进行速裁的,需要转为普通二审案件审理的,二中院设置了立案庭内回流机制,即承办法官可在收案后 5 个工作日内报告并经立案庭庭长批准后转为立案庭非速裁团队审理(二中院在立案庭专门设立非速裁合议庭,办理回流案件,确保速裁团队不因案件积压影响效率,也避免案件在不同审判庭室流转影响公信并造成当事人不满)。此外,二中院还规定,每月退回案件比例不应超过 5%,退回前案件已经进行庭前程序或庭审的,速裁团队应当固定好争议焦点,并记录在笔录中,随卷一并移送。

(四)创新举措

1. 建立“一人主攻,多人协同”的群体性诉讼办理模式。对于案件数量较大的群体性诉讼,原则上平均分配给多个速裁法官,以避免某一时期法官收结案数量畸高畸低。为保证群体性诉讼的审理效率和质量,由熟悉该类型案件的法官担任主办人,主导案件的程序推进、案情研究、庭审和撰写文书模板,其他承办人则协助主办人完成上述工作;由主办人的法官助理牵头,协调其他法官助理进行调解、草拟文书、校核文书等工作;由主办人的书记员担任庭审记录,并协调其他书记员传唤当事人、送达文书、报结和整卷归档。

2. 法庭调查与法庭辩论合并进行。在二中院民一庭先行试点的基础上,在速裁机制中推广“法庭调查与法庭辩论合并进行”的审理模式。在庭前会议阶段,确定适用案件以及争点;在调查辩论合并进行阶段,征得当事人同意后适用,一争点一举证,边举证边辩论,最后综合辩论;在法庭调解阶段及最后陈述阶段,该模式能够有效破解庭审流畅度不高、程序易反复、庭审集中度不足、信服度不够等不足和缺陷,进一步提升庭审质效。

3. 改革速裁案件裁判文书格式。《最高人民法院关于民商事案件繁简分流和调解速裁操作规程(试行)》第 22 条第 1 款规定,采用速裁方式审理的民商事案件,可以使用令状式、要素式、表格式等简式裁判文书。对于可适用速裁程序的简单案件,适用符合速裁程序特点的简式裁判文书,对于提升审判质效具有不可忽视的意义。基于这种考量，二中院积极探索在法律规定的框架内创新符合二审速裁程序特点的裁判文书制作机制。第一，完善裁判文书制作流程和模式。积极发挥新型审判团队优势，充分发挥法官助理作用，由法官助理在法官指导下草拟裁判文书，再由法官在其基础上进一步修改完善，在大幅提高裁判文书制作效率和质量的同时，也可以加快法官助理专业化与职业化进程。第二，简化一审程序事实查明部分。适用二审速裁程序的案件通常事实争议较小，除二审新查明事实或纠正一审查明事实的情形外，对一审裁判文书中查明的案件事实应当进行简化。第三，简化二审裁判文书说理部分。适用二审速裁程序的案件事实较为清楚、权利义务关系较为明确、案件争议不大，故案件裁判文书说理环节也应当体现这一特性，除审理案件依据的法律法规、法律推理以及结论外，其他要素均可进行简化。

4. 全力推广适用电子送达。依托市高级人民法院集约送达一体化平台，积极在速裁工作中适用电子送达，电子送达作为七种主要送达方式之一，具有及时性强、成本低等优点，可以实现文书送达的“零距离、零等待”，既方便当事人，又有利于提升送达质效。送达的文书除传票外，还包括各类通知书、证据材料等，充分发挥了电子送达效率的提高、减轻当事人诉累、缓解速裁工作压力，实现了当事人和法院的“双赢互惠”。

5. 强化全流程管理。依托二中院审判流程管理系统，根据速裁案件特点和审限要求，建设符合速裁案件特点的流程管理系统。一方面合理设置立案、分案、开庭、评议、结案等时间节点，严格审限要求；另一方面通过微信、内网 cocall 等方式及时进行节点提示、跟踪监控和全程留痕。

6. 推动法律适用统一。为确保速裁案件审判质量，进一步完善速裁案件的法律适用统一机制，建立速裁团队与相关审判部门的跨部门专业法官会议等业务沟通机制，实现裁判指引、工作标准等业务信息共享机制。此外，根据速裁案件的特点，进一步规范二审改判和发回重审的裁判标准，速裁案件拟改判或发回重审的,在同一审充分沟通的基础上,一般应提交专业法官会议集体研判。集体研判难以形成一致意见的,可提请召开跨部门专业法官会议研究。

(五)配套机制

1. 打造“两权双模运行”高效能审判团队。每个团队以3名员额法官为核心,按照1∶1∶1的比例配齐配强法官助理和书记员,团队由副庭长或资深法官牵头负责团队审判管理和行政事务;取消固定审判长制,审理案件时由庭长指定承办法官担任审判长。目前二中院速裁团队体现三个特点:一是速裁团队成员结构均衡,以能力素质、工作经验和性格特点为考量因素,力求实现能力互补、经验互补和性格互补。二是团队工作运行顺畅。在科学组建了审判团队,并明确各成员职责后,二中院特别强调灵活调整团队成员,尤其是法官助理和书记员的职责内容,赋予员额法官对于法官助理和书记员工作绩效、奖惩的建议权和调整法官助理和书记员的工作内容的工作分配权,促进审判效能最优化。三是党建深度融合。深入落实将党小组建设在审判团队上的要求,将支部委员、党小组长及党员分配到审判团队,充分发挥党支部、党小组及党员在新型审判团队建设和运行中的思想引领、纪律规范以及团结干警的作用。

2. 强化速裁信息化支撑。一是建设“智审”智能审判辅助系统。二中院将大数据、云计算、人工智能等技术应用于司法领域,联合数个大数据公司开发了智能审判辅助系统,为法官办案提供“外脑”。该系统基于对司法大数据的深度应用,对二中院7年来5万余件审判案例和全国近千万件公开案例、指导案例及当前案件的适用法律条款,从不同维度挖掘和分析数据规律,整理分析出基于19个案由(其中绝大部分属于速裁案件范围,如婚姻家庭纠纷、继承纠纷、机动车交通事故责任纠纷、侵权责任纠纷、一般人格权纠纷、劳动争议)的900余个案件审理关键要素。该系统能够自动抓取案件卷宗和文书信息，自动精准匹配案件要素，为法官提供智能案情、争议焦点、风险点、指导案例等关键数据推送。法官可以通过推送内容，辅助审判工作，统一裁判尺度，做到智能化、精确化审判。利用该系统，法官的案情分析效率提升75%以上；文本检索的案例匹配度从20%提升到基于法律知识图谱与事实相似的90%。系统为速裁审判团队提供了较好的信息化办案辅助支撑。二是信息化服务保障随机立案和繁简分流。在案件立案登记环节利用立案系统通过“系统识别+人工识别”的方式对案件繁简进行甄别评分，实现简案快审、繁案精审。此外，二中院根据随机分案的要求，构建了以未结案为基本依据的随机分案的基本规则，设计了专业化审判分案和院庭长承办重大疑难复杂案件分案模块。在该分案系统中，未结案数相同，优先分配给结案数多的法官，同时配以业绩为导向的绩效考核机制，切实实现“能者可以多劳”“多劳可以多得”的目标。三是信息化服务案件电子卷宗移转。为加快一二审之间速裁案件的对接，二中院依托全市法院推广电子卷宗随案生成，实现速裁案件一二审间的电子卷宗即时移转，改变了原有移送纸质卷宗的做法，进一步提升了一二审移转的效率。

3. 加强不同改革举措在速裁机制中的系统集成。一是健全速裁绩效考核机制，不断激发工作活力。为进一步激发团队活力，增强团队工作动力，二中院从休假制度、工资奖金激励制度、法官提任选拔等方面向速裁团队合理倾斜，并依托自主研发的工作量核定系统构建出区别于普通审判部门的绩效考评体系，从速裁审判团队的人才培养定位和人才分布实际，在绩效考核、评优评先、干部储备等方面予以适当的倾斜，切实将速裁组打造成精品组、先进组、荣誉组。二是健全人才培养机制，不断盘活人力。二中法院以速裁机制为载体，积极构建符合审判规律和人才成长规律的人才培养机制，形成人才培养高地。一方面定期轮岗，在全院范围内形成良性交流。坚持自愿申请和组织调配相结合的原则，从其他各审判执行业务庭室培育速裁人才，确保定期轮换。另一方面建立阶梯式培养模式，做好审判团队负责人、法官、法官助理梯队培养，主动向年轻干警压担子，提供施展才能的空间和平台。尊重并激发速裁法官的主体作用，确保速裁工作顺利完成的同时，促进速裁工作的优化和升级。三是积极探索辅助事务集约化模式，积极为速裁工作提供外力。二中院以社会购买服务方式，将扫描、送达和归档等审判事务性工作从审判工作中剥离出来，减少速裁办案团队工作量，促进审判效率进一步提升。四是完善内部交流机制，不断保持工作动力。针对速裁法官来自不同专业审判庭室、知识结构和审判经验存在一定差异的现状，二中院从完善法官专业会议和审判团队负责人例会机制切入，充分发挥每位法官的业务专长，举办"速裁小讲堂"，开展类型化案件审判实务讲座，对各类案由案件进行系统梳理，交流审判技巧，统一办案思路和办案尺度。

四、二中院速裁工作的实践与成效

（一）在案件受理范围上精细考虑，不断优化繁简分流机制

速裁案件的受理范围和精准甄别是速裁机制高效运行的首要难点。二中院速裁快审案件主要由两部分组成：一是立案庭原有的管辖权异议、裁定驳回起诉和不予受理上诉案件；二是基层法院移送上诉的二审简单案件。对于第二类案件，在速裁团队成立之初，繁简分流主要采取排除法进行，即排除基层法院由简易程序转为普通程序审理、公告审理的等不适宜速裁的案件，其余案件根据不同情况决定是否纳入速裁。经进一步实践研究，二中院制定了《速裁案件收案规定》。

随着速裁实践的推进，2020 年 7 月之后，一审标记速裁的案件，分案系统默认分至速裁组审理。由于一审标速速裁的上诉案件数量本身已经很大，故 2020 年 7 月之后，二中院二审繁简分流几乎完全依赖于一审速裁案

件的标记情况，但一审法院基于各种原因，速裁案件标记并不准确，导致二审案件的繁简区分度不高，二中院《速裁案件收案规定》的内容出现了落地难的问题。根据数据统计，二中院前后端庭室案件繁简程度区分度不高——后端庭室审理了数量可观的二审简案，而立案庭审理的二审繁案与后端庭室院内占比无明显区别，速裁制度在实践中出现了“简案不简、繁案不繁”的问题。为解决这一实践痛点，二中院成立调研组，依托速裁团队成立以来的全部案件数据，进行了量化验证，以探索案件繁简分流影响因素与标准体系。经分析研究，影响案件繁简界定的因素分析主要包括：一审审理时间、一审文书页数和正卷册数、一审标的额、特定案由（如家事纠纷、医疗纠纷）、发回重审、公告审理、涉及保全等程序性事由，课题组对于各主要影响因素的占比进行了统计，结合目标责任制的考核要求，提出“审理时间+关键要素”的繁简分流机制，即以一审审理时间为初筛标准，将一定节点以内的案件均纳入速裁范围，然后将存在“关键要素”的案件分流至后端庭室。

基于统计分析，二中院研究形成《北京市第二中级人民法院速裁案件收案规定（修订征求意见稿）》，由各相关部门、后端庭室座谈讨论，形成《速裁收案修订意见研讨会议纪要》，于 2021 年 10 月底开始试行“一审审理时间+关键要素”的分流机制。二中院立案庭制定《立案庭分案、导出流程细则》，细化流程，将“一审审理时间+关键要素”的分流机制落地实施。试行以来，速裁团队收案结构得到优化，至 2021 年年底，导出后端庭室 316 件，收取后端庭室案件 180 件。在“一审审理时间+关键要素”分流机制试行的助力下，速裁团队 2021 年度圆满完成了 10,000 件的结案任务。

（二）在工作流程上锻造“七挡提速”

第一步“快立案”，加强与一审法院工作衔接，在源头上压缩立案时间。第二步“速分案”，通过自主研发的“随机立案系统”，案件立案后 2 日内分到承办人员手中。第三步“速传唤”,全面适用市高级人民法院集约送达一体化平台,大力开展窗口预约送达工作,积极试行外出直接送达工作,全力推广适用电子送达。第四步“速审理”,以书面审理为主,以开庭审理为辅。在开庭审理的案件中,庭前固定争议焦点并进行证据交换,庭中试行“法庭调查与法庭辩论合并进行”模式,庭后迅速合议。第五步“速分流”,对于收案后发现不适宜进行速裁的,设置了立案庭内回流机制,即在立案庭专门设立非速裁合议庭,办理回流案件,确保速裁团队不因案件积压影响效率。该机制现庭内导出、内部循环,打造“速裁工作闭环”。第六步“速裁判”,规定在1个月内应当结案。同时通过建立文书快速校核、裁判文书电子送达等机制实现文书的快速送达。第七步“速退卷归档”,结案后,迅速整理案件卷宗,坚决杜绝人为堆积。

(三)在助力决策上,构建科学模型测算速裁法官收案能力

为确保二中院速裁案件审理比例完成目标责任制考核,在完善繁简分流机制的基础上,二中院对速裁法官收案能力进行了调研,以合理安排速裁团队收案、结案计划,在确保完成任务的同时,兼顾结案均衡度。调研测算以人力资源值为抓手,建立收案能力测算模型,即办案单元收案能力=办案单元人力资源值×可用工作时间×单位人力资源值的审判工作量,测算速裁法官的收案能力。

人力资源值系人力资源管理、绩效考核的重要概念,是指根据一定标准,对每一个团队成员赋予相应的数值,以体现该成员对于团队工作量完成能够提供的人力资源价值。在考虑不同成员人力资源值时,需要根据一定标准,对指标进行修正。首先,设定人力资源标准值,即一个标准法官人力资源值为1,设置年龄、职务、立功受奖3项修正指标。考虑到法官与审判辅助人员在从事的工作内容、业务能力等方面存在不同,法官助理以及书记员的起始标准值分别设置为0.9与0.7,并根据角色不同及实际情况

设置修正指标。

在可用工作时间的测算上，二中院调研组采取问卷方式，采集法定的工作时间中可用于审判核心工作上的有效时间。单位时间人力资源值的审判工作量，由测算周期内的实际审判工作量除以实际工作时间得出。

根据上述模型测算，二中院一个标准办案单元的收案能力（每个办案单位为1名法官、1名助理、1名书记员）为427.6件。速裁法官收案能力的测算，为设置速裁团队办案目标、配置速裁团队成员及比例、均衡结案调度等提供了科学的决策依据，与优化案件繁简分流机制相辅相承，共同推进我院速裁机制的进一步优化完善。

（四）速裁工作成效

一是案件审理周期大幅缩短。二中院自速裁机制开展以来，速裁案件平均审理用时大幅缩短，审理周期平均为20天，当前群众反映尤为强烈的管辖权异议、裁定驳回起诉和不予受理等上诉案件二审审理周期过长的问题得到了有效解决。同时对制约上述几类案件审理时限的“难点”和“堵点”问题有了更加深入的认识，为进一步改进相关工作奠定了基础。

二是人均工作量提升。自实行速裁机制2年多以来，速裁团队法官人均年结案近500件，其中2021年全年速裁团队结案10,379件，占民商事结案总数的56%，占全院总结案数的38%，速裁法官人均结案577件，其中有3名法官结案超过800件。

三是质量相对平稳。在审理周期缩短的情况下，速裁案件质量实现“软着陆”，二审速裁当事人满意度较高，案件信访率低于全院平均水平。其中二审速裁案件发改率为2.3%，对速裁案件来说处于合理区间，有效避免了“速裁=速维”简单认识“挂钩”问题。

四是为审判格局深度调整赢得了空间。在速裁团队结案占全院民商事一审、二审案件42.7%的基础上，为各审判庭投入更大精力精审案件、统一法律适用提供了有力支持和保障。目前二中院后端民商事审判部门将工作重心逐渐转移到提炼裁判规则、统一辖区法律适用方面。

五是为改革系统集成提供了样本和方法。速裁机制正成为各项改革“微创新”的“孵化器”,在团队效能建设、人员分类培养和考核、智能辅助办案系统建设、案件庭审方式和优化诉讼流程等方面进行了深入有效的探索,切实符合诉讼规律,体现了“以人民为中心”的理念,形成一批可复制、可推广的经验做法,为改革的系统集成提供了有益的借鉴。

第三节　刑事诉讼律师辩护全覆盖制度改革

一、相关改革精神

1. 最高人民法院、最高人民检察院、公安部、国家安全部、司法部 2016 年联合下发《关于推进以审判为中心的刑事诉讼制度改革的意见》:提高刑事案件律师辩护率是检验以审判为中心的刑事诉讼制度改革成效的一项重要指标。只有大幅度提高律师刑事辩护率,推动更多的律师为犯罪嫌疑人、被告人提供辩护,才能促进以审判为中心诉讼制度的建立,更加有效地防范冤假错案。

2. 最高人民法院、司法部 2019 年 1 月 21 日《关于扩大刑事案件律师辩护全覆盖试点范围的通知》:扩大刑事案件律师辩护全覆盖试点工作的范围,进一步推进和深化刑事案件律师辩护全覆盖工作,是落实全面依法治国的一项重要举措。党中央高度重视全面依法治国工作,组建中央全面依法治国委员会,加强对法治中国建设的统一领导。保障司法人权、促进司法公正是全面依法治国的应有之义,开展刑事案件律师辩护全覆盖试点工作,目的就在于让每一件刑事案件都有律师辩护和提供法律帮助,通过律师发挥辩护职责维护当事人合法权益、促进司法公正,彰显我国社会主义法治文明进步。

提高律师辩护率,是以审判为中心的刑事诉讼制度的内在要求。强化律师辩护权,是实现证据出示在法庭、事实查明在法庭、控辩意见发表在法庭等的重要保障。律师充分行使辩护权,有利于控辩双方有效开展平等对抗,审判发挥居中职能作用,避免庭审流于形式,促进刑事诉讼制度进一步完善。

3. 北京市高级人民法院、北京市司法局 2017 年 11 月 7 日《关于刑事案件律师辩护全覆盖的实施意见》:在实现全市人民法院法律援助工作站全覆盖基础上,人民法院和司法行政机关应当共同加强工作站管理,完善值班律师工作模式,不断提高工作站规范化水平,畅通法律援助值班律师法律帮助渠道。

人民法院和司法行政机关要建立刑事法律援助工作联席会议制度,加强协调,做好值班律师、委托辩护要求转达、转交法律援助申请、通知辩护等方面的衔接工作;建立定期会商通报机制,明确联系人员,及时沟通情况,评估工作效果,协调解决问题,保证刑事案件律师辩护全覆盖试点工作有效开展。

二、二中院实施律师辩护全覆盖改革的工作思路

二中院作为律师辩护全覆盖制度试点单位,自改革之初就确立严格落实上级规定、加强司法机关协作和创新完善配套机制三大工作思路,在试点和改革中起到了良好的效果。

(一)统一思想,认真学习落实上级规定

二中院党组高度重视律师全覆盖试点工作,坚持将律师辩护全覆盖

工作作为推进以审判为中心的刑事诉讼制度改革的重要举措，把落实律师辩护全覆盖作为促进司法公正、彰显社会主义法治进步的一大抓手。改革之初，就组织全体刑事审判人员学习《关于开展刑事案件律师辩护全覆盖试点工作的办法》（以下简称《试点办法》）及北京市高级人民法院、北京市司法局2017年11月7日下发的《关于刑事案件律师辩护全覆盖的实施意见》等相关规定，要求审判员、法官助理和书记员严格落实规定，并在辖区五个基层法院的片区审判工作会上进行强调，坚决做到证据出示在法庭、事实查明在法庭、控辩意见发表在法庭，避免庭审流于形式的情况出现。

（二）与有关司法机关加强协作

鉴于律师辩护全覆盖涉及多个司法机关和多个刑事诉讼阶段，二中院主动加强与检察院、公安局和司法局的沟通联系，就法律援助过程中遇到的辩护律师力量不充足问题，在侦查、审查起诉和审判阶段不同的法律援助律师之间工作连续性不强问题，因被告人更换辩护形式导致的委托辩护与指定辩护工作衔接不畅问题进行协作，化解跨部门工作衔接问题。二中院还视案件具体情况，在同案被告人人数较多、被告人为外国人、少数民族等情况下，提前与司法局沟通，保证法律援助中心及时调配律师。

（三）细化流程，完善配套机制

刑事案件律师辩护全覆盖作为新的法律制度，在现有规定之外，仍存在有待完善之处。二中院着力加强配套机制建设，确保制度落到实处。坚持做到律师辩护覆盖全部刑事案件，告知当事人辩护权时做到充分、清晰和全程留痕，充分保障律师辩护权，提高律师辩护积极性，制定刑事案件辩护指南，为当事人申请律师和律师有效辩护提供条件。注重加强刑事案件律师辩护全覆盖试点与刑事案件认罪认罚从宽制度的衔接，做到一体推进。明确责任追究机制，对法院未履行辩护权告知、没有给被告人指定律师导致严重后果的，依法追究相关人员责任。

三、二中院实施律师辩护全覆盖改革的具体措施

根据上级规定和本院实施细则，二中院在刑事案件律师辩护全覆盖工作中主要采取以下具体举措。

（一）做到刑事案件100%律师辩护全覆盖

对适用简易、速裁和普通程序审理的一审案件、二审案件和按照审判监督程序审理的案件，被告人没有委托辩护人的，二中院均函告法律援助机构指派律师为其提供辩护，并将通知辩护公函以及起诉书、判决书、抗诉书、申诉立案通知书副本或者复印件送交法律援助机构。法院通知辩护公函内容不齐全或者通知辩护材料不齐全的，均按照法律援助机构要求及时补充齐全。上诉案件中，部分被告人上诉的，不上诉的被告人与上诉的被告人都享有申请法律援助的权利。

（二）畅通法律援助申请渠道

被告人及其近亲属可以本人申请，或通过基层组织提出法律帮助请求，二中院均及时通知法律援助工作站，安排值班律师为其提供法律帮助。在押的被告人及其近亲属通过羁押机关转交法律援助辩护申请的，二中院收到申请后均及时转交法律援助机构。

（三）充分保障被告人辩护权利

二中院自受理案件之日起三日内，均及时告知被告人有权委托辩护人以及获得值班律师法律帮助；被告人因经济困难或者其他原因没有委托辩

护人的，书面告知其可以申请法律援助；被告人属于应当提供法律援助情形的，告知其如果不委托辩护人，将通知法律援助机构指派律师为其提供辩护。对于应当通知辩护的案件，被告人拒绝法律援助机构指派的律师为其辩护，法院准许的，将被告人明确拒绝律师辩护的书面材料附卷，法律援助机构不再指派律师为其提供辩护；对于有正当理由要求更换律师的，通知法律援助机构另行指派律师为其辩护。二审法院发现一审法院未履行通知辩护职责，导致被告人审判期间未获得律师辩护的，裁定撤销原判，发回原审人民法院重新审判。

（四）充分保障律师辩护权

市二中院充分保障辩护律师的知情权、申请权、申诉权，以及阅卷、收集证据和发问、质证、辩论等执业权利，为辩护律师履行查阅、摘抄、复制案件材料等职责提供便利。作出召开庭前会议、延期审理、二审不开庭审理、宣告判决等重大程序性决定的，均及时告知辩护律师。

（五）在法院内设立法律援助工作站

按照与司法行政机关的协作机制，在二中院内设置法律援助律师工作站，对值班律师提供工作场所和必要的办公设施，设置工作站值班人员，确保及时处置当事人和辩护律师的相关事项。

四、二中院实施律师辩护全覆盖改革的效果及改进建议

（一）改革效果

通过对二中院和辖区法院审理的相关刑事案件进行分析，发现辩护全覆盖改革以来，一些审判指标发生了明显变化。刑事案件的整体律师辩护

率提升21%，其中指定律师辩护率从4.9%提升至17.8%，一审案件的无辩护率从全覆盖前7.1%降低至零。从刑事诉讼程序类型看，简易和速裁案件二审指定律师辩护率提升较大。辩护全覆盖前，整体的二审指定辩护率较低。辩护全覆盖后，整体的二审案件指定辩护率达到20.2%，较之前有显著提升。

（二）改革中存在的问题

一是程序衔接占用时间较长。据抽样统计，二审案件中，法院发出的指定辩护公函达到法律援助中心平均需要2.1天，法律援助中心通知相关律所，相关律所指派律师，指派函到达律师手中平均需要4.9天，在一定程度上造成二审审判周期延长。二是律师分级分类制度缺乏影响辩护质量。《法律援助条例》第6条规定：律师应当为受援人提供符合标准的法律服务，但对该标准并无细化规定。此外，刑事案件的案由和复杂难易程度各有不同，律师的专业能力也有差异，律师经验、涉猎专业领域与案件不对口导致辩护效率不高。

（三）改进措施及相关建议

1.加强程序衔接，提高诉讼效率。考虑律师辩护全覆盖改革后二审案件审理效率有所降低，及疫情常态化对刑事诉讼的影响等因素，应根据最高法院的相关部署，大力度推行刑事卷宗电子化及审判信息节点上网工作，通过智能化办公系统建设，实现指定辩护公函的电子化送达，以及律师会见、阅卷的电子化、远程化，进一步提高案件效率。

2.强化对法律援助律师的资格认定及职业培训。审判机关和司法行政机关应加强配合，对公职律师、公益律师、社会律师、法律诊所人员等从事刑事辩护法律援助的人员进行系统教育培训，根据律师办案经验、擅长领域认定其代理特定案件的资质。

3. 推行辩护行为标准化建设。制订刑事案件法律援助辩护行为规范指引,为法律援助律师参加调解,调查取证、撰写辩护词等提供参考,促进法律援助辩护质量提升。

第四节　刑事诉讼认罪认罚从宽制度改革

一、相关改革精神

1. 全国人民代表大会常务委员会《关于授权最高人民法院、最高人民检察院在部分地区开展刑事案件认罪认罚从宽制度试点工作的决定》:为进一步落实宽严相济刑事政策,完善刑事诉讼程序,合理配置司法资源,提高办理刑事案件的质量与效率,确保无罪的人不受刑事追究,有罪的人受到公正惩罚,维护当事人的合法权益,促进司法公正,授权最高人民法院、最高人民检察进行刑事案件认罪认罚从宽制度试点工作。

2. 最高人民法院、最高人民检察院、公安部、国家安全部、司法部印发《关于适用认罪认罚从宽制度的指导意见》的通知:认罪认罚从宽是2018年修改后刑事诉讼法规定的一项重要制度,是全面贯彻宽严相济刑事政策的重要举措。各级人民法院、人民检察院、公安机关、国家安全机关、司法行政机关要站在推动国家治理体系和治理能力现代化的高度,充分认识这项制度对及时有效惩治犯罪、加强人权司法保障、优化司法资源配置、提高刑事诉讼效率、化解社会矛盾纠纷、促进社会和谐稳定的重要意义,强化责任担当,敢于积极作为,深入推进制度贯彻实施,确保制度效用有效发挥。

二、二中院落实认罪认罚制度的工作思路

二中院作为北京市认罪认罚从宽制度的试点单位,在吃透改革精神的同时,聚焦司法实务中的具体问题,狠抓落实,具体工作思路有以下几个方面。

(一)加强与司法行政机关协同,增强法援律师力量

认罪认罚从宽的适用,以值班律师和法律援助律师提供大量专业法律服务为必要条件,这些专业的法律服务包括为犯罪嫌疑人和被告人释明认罪认罚可能面临的后果,参与量刑协商,就诉讼程序如何简化提供专业法律意见等,认罪认罚具结书签署现场也必须有律师的见证和签字确认。因此,人民法院应当与法律援助中心达成协作机制,在法院和羁押场所配备充足数量且有一定工作经验的律师,为制度施行奠定基础。

(二)尽量提高认罪认罚适用率

认罪认罚从宽制度要真正发挥节约司法资源的制度作用,需要有较高的案件适用率。二中院一审审理的案件中基本都是可能判处无期徒刑的重刑案件,有重大社会影响的案件,以及危害国家安全犯罪案件,刑罚普遍较重,案件认罪率比轻刑案件较低。因此,二中院需要根据自身实际,研究提高认罪认罚适用率的工作机制,提高适用案件范围。

(三)适当引导公诉机关的量刑建议

根据《关于适用认罪认罚从宽制度的指导意见》(以下简称《指导意见》)的规定,“办理认罪认罚案件,人民检察院一般应当提出确定刑量刑建议,对新类型、不常见犯罪案件、量刑情节复杂的重罪案件等,也可以提出

幅度刑量刑建议。”“审判机关一般应当采纳公诉机关的量刑建议。”因此，认罪认罚案件中，公诉机关经过与被告人量刑协商后提出的量刑建议是否适当，直接影响认罪认罚制度能否顺利推行，公诉机关需要对审判机关量刑标准和自由裁量尺度有一定的把握。法院可以通过座谈会等形式让公诉机关等相关人了解量刑规范化等量刑标准。

（四）依法适当提高非监禁刑判处率

在司法实务中，相当大比例的认罪认罚从宽案件并不涉及重罪，危险驾驶和小额盗窃的案件占比较多，被告人一般认罪态度良好，对于这些犯罪情节较轻、社会危害性小且认罪认罚的案件，判处非监禁刑不仅能体现罪责刑相适应原则，也符合认罪认罚从宽制度协商型司法、恢复型司法的宗旨。提高缓刑和管制的判处率也需要对一些工作机制进行改革，一些法院规定案件宣告缓刑需要多次讨论并提交审判委员会决定，程序时间较长。判处管制、缓刑前的社区矫正评估工作需要通过发函、基层司法所入户调查、审核和回函等程序才能完成，轻刑的认罪认罚案件审理期限较短，在审理期限内完成社区评估工作时间紧张。虽然《指导意见》规定人民法院对一些案件可以自行调查评估，但缺少司法行政机关的支持配合，法院在准备评估矫正可行性及移送执行上可能面临问题。

（五）优化庭审程序，提高庭审效率

认罪认罚案件庭审中，控辩双方一般对抗较弱，庭审程序应相应优化，合议庭应当引导控辩双方围绕其他争议问题和法庭认为重要的问题展开活动。制定科学的庭审预案，依法依规处理被告人当庭供述重大变化情况，提高庭审效率。

（六）提高裁判文书制作水平

认罪认罚案件的裁判文书制作有其特殊之处，一方面要精简准确，对于事实清楚、证据充分的案件要避免长篇累牍；另一方面要论理充分、论证到位，对于被告人只对部分指控认罪认罚、只有部分共犯认罪认罚、认罪认罚后控辩双方对一些问题仍有争议等复杂情况，要在裁判文书中表述清楚，裁判文书应当反映出案件的全貌，以及认罪认罚与否的刑罚差别，认罪认罚案件裁判文书的证据列举、论证说理等部分应当有与一般文书有所不同。

三、二中院落实认罪认罚从宽制度的具体举措

二中院根据上级相关规定和自身实际，有针对性地实施了一些举措。

（一）研究制定细化规定文件

二中院认真落实“两高三部”《关于在部分地区开展刑事案件认罪认罚从宽制度试点工作的办法》及北京市公、检、法、司、安全机关联合出台的《关于开展刑事案件认罪认罚从宽制度试点工作实施细则（试行）》的要求，结合本院工作实际，研究制定了《北京市第二中级人民法院关于开展刑事案件认罪认罚从宽制度试点的工作意见（试行）》，细化了中级法院适用认罪认罚从宽的条件和范围，保障了被告人及其辩护人的相关诉讼权利，明确了法庭审查重点及证据认定标准，确立了从宽量刑的原则。

（二）设立法律援助工作站，确保被告人权利

二中院在认罪认罚从宽制度试点和改革中，充分结合同时试行的律师辩护全覆盖制度，与市司法局协商，第一时间在法院内设立法律服务工作站，为值班律师提供打印、会见、阅卷等工作便利，确保被告人得到专业律师的法律服务。

(三)根据不同案件情况,提高认罪认罚适用率

法律和相关司法解释没有对认罪认罚从宽制度适用罪名和案件做任何限定,二中院根据本院审理案件的不同情况,确定认罪认罚从宽制度适用范围,公正高效推进制度改革落地。一是适应中级法院刑事审判工作的需要,推进重罪刑事案件认罪认罚从宽常态化。对于一审重罪认罪认罚案件,加强配套诉讼制度建设,与法律援助中心建立快速联系机制,保障被告人获得及时、有效、充分的法律援助律师专业服务;将认罪认罚从宽制度的相关内容制作成专门的权利告知书,在向认罪认罚的被告人送达起诉书副本时,书面告知被告人享有的诉讼权利和认罪认罚可能导致的法律后果,询问其认罪认罚的自愿性和认罪认罚具结书内容的真实性;庭审中着重审查被告人认罪认罚的自愿性和真实性,结合被告人在侦查、调查和审查起诉期间供述综合审查;审判人员在开庭前和审理中,加强与控辩双方充分沟通,确保认罪认罚具结书的稳定性。二是对社会影响大、舆情关注高的疑难复杂案件慎重适用认罪认罚从宽制度,二中院要求合议庭在考虑是否适用认罪认罚从宽时,要综合考虑案件的证据情况、被告人认罪的及时性以及法律适用等情况,力争取得案件审理政治效果、法律效果和社会效果的有机统一。

(四)加强与检察机关的沟通协调

二中院加强与检察机关的沟通协调,就常见罪名的量刑规范和标准进行沟通,就一些认罪认罚量刑建议问题达成一致。首先,量刑建议要具有稳定性。公诉机关应对案件事实、证据和量刑情节相对一致的案件,提出相同的量刑建议。其次,量刑建议要全面。不仅要在主刑、附加刑方面提出量刑建议,在是否适用非监禁刑,涉案物品处置等方面也应提出量刑建议,对于建议适用非监禁刑的,尽可能同时提交被告人居住地的核实情况。

再次,虽然《指导意见》中规定,公诉机关一般应提出精准量刑建议,但是对于重罪案件,如果事实比较复杂,涉及量刑情节较多的,以提出幅度量刑建议为宜。最后,二中院扎实做好量刑标准和裁判文书的公开工作,将量刑所依据的法律、司法解释、最高法院和北京市高级法院的量刑规范化规定进一步公开、透明,裁判的所有司法文书均按照规定在中国裁判文书网公开,使得控辩双方的量刑协商有例可查,有规可循。

(五)将非监禁刑的社区调查评估工作前置

针对速裁程序审限短、社区调查评估工作耗时长的问题,二中院加强与侦查、调查和公诉机关的协调配合,达成一致意见,将社区调查评估工作提前到侦查阶段和审查起诉阶段,需要进行社区矫正调查的案件一般由公安机关、检察机关委托进行。在公诉机关量刑协商的过程中,可提前委托司法行政机关对社区矫正可行性进行调查。法院审理过程中启动认罪认罚程序的,二中院充分调动辩护人、被告人家属等各方积极性,发挥工作能动性,通过电话、电子邮件、微信等方式进行社区调查,节省审理时间。二中院指导辖区法院按照司法改革文件规定,落实合议庭评议案件规定,提高院庭长指导办案的工作效率,切实提高非监禁刑判处率。

(六)优化庭审流程,提高审判效率

二中院着重构建适应认罪认罚案件特点的庭审机制:

一是制定科学完备的重罪案件适用认罪认罚从宽程序庭审预案。充分发挥专业法官会议的优势,在全面领会相关文件精神的基础上对重罪案件适用认罪认罚从宽的庭审预案进行研究,形成具有参照意义的认罪认罚从宽案件庭审提纲,并对合议庭在庭审中的主导作用、公诉机关讯问和示证的形式、庭审的详略安排、认罪认罚案件的证据标准、认罪认罚的制度价值在法院庭审工作中的体现、是否可以当庭宣判等具体问题进行研讨,形成具有样板意义的认罪认罚案件庭审预案。

二是普通程序简化审，细化认罪认罚审理程序。规定审理认罪认罚案件，可以对庭审程序作如下简化：公诉人可以摘要宣读起诉书。法庭可以不再询问起诉书指控的犯罪事实是否属实，被告人可以不再就起诉书指控的犯罪事实进行供述。公诉人、辩护人对被告人的讯问、发问可以简化或省略。控辩双方对无异议的证据，可以仅就证据的名称及所证明的事项作出说明。但对控辩双方有异议，或者法庭认为有必要调查核实的证据，应当出示，并进行质证。控辩双方主要围绕确定罪名、量刑及其他有争议的问题进行辩论。

三是区分情形，构建层级式的认罪认罚从宽机制。参照量刑指导意见“常见量刑情节的适用”部分的规定，综合考虑认罪认罚的诉讼阶段、认罪程度、对案件侦破的价值、罪行轻重及悔罪表现等情况，兼顾与自首、坦白情节的衔接，规定了层级式的认罪认罚量刑从宽幅度。本着“认罪越早，从宽幅度越大”的原则，在法定刑幅度范围内体现层差，使从宽幅度公开化、具体化，形成有力政策感召，促使犯罪嫌疑人、被告人真正自愿认罪认罚。

四是审理程序集约化，优化司法资源配置。力推认罪认罚审理程序集约化、一体化，构建开庭、宣判、文书送达“一站式”认罪认罚审理机制。一件认罪认罚案件，争取开一次庭、传一次当事人走完所有审判程序，当庭宣判，当庭送达法律文书，实现司法资源的最优化配置。

（七）加强认罪认罚案件裁判文书规范化

二中院通过本院优秀裁判文书评比活动引导裁判文书写作，通过刑事专业法官会议研究认罪认罚案件裁判文书制作的指导原则。要求认罪认罚案件裁判文书做到基本要素齐全、裁判要点突出、文书格式精简。一方面，要确保“六要素”完备：公诉机关指控事实、量刑建议、被告人对指控事实及罪名的认可、被告人对量刑建议的认可并签字具结、（经被告人同意的)案件适用程序、判决及理由。另一方面,在体现必备要素的前提下进一步简化文书内容,对轻罪案件可以简化或省略审理查明事实,省去重复性表述,重点阐述争议事项,做到文书简洁精练、重点突出。

四、二中院落实认罪认罚从宽制度的工作成效

对二中院及辖区法院落实认罪认罚从宽制度的情况进行调研显示,改革成效显著。

(一)审理周期缩短,审判效率明显提高

认罪认罚从宽制度施行后,二中院一审案件平均审理时间减少了10天,其中适用认罪认罚从宽制度审理的一审案件平均耗时比一般程序审理的一审案件耗时少15天;二中院审理二审认罪认罚案件的平均审理时长,是一般二审案件平均审理时长的60%。可见,认罪认罚从宽制度确实起到了提高诉讼效率、节约审判资源的作用。

(二)程序分流,优化司法资源配置

以二中院辖区的某基层法院为例,认罪认罚从宽制度在该院试点后,超过九成的认罪认罚案件适用速裁程序审理。认罪认罚制度的适用,使案件通过速裁程序、简易程序、普通程序分流处理,基本构建了速裁程序——简易程序——普通程序繁简分流、有序衔接的刑事诉讼格局,司法资源得到进一步优化配置,办案效率得到较大提升。

(三)量刑建议采纳率较高

二中院及辖区法院审理的认罪认罚案件中,无论公诉机关的量刑建议是精准刑还是幅度刑,在审查清楚被告人认罪认罚的自愿性、真实性和认

罪认罚具结书要件齐备的基础上，判决基本采纳了公诉机关的量刑建议。只有极少数案件中，法官为达到共犯之间的量刑均衡，在征求控辩双方意见的基础上对量刑建议进行微调。

（四）息诉服判效果显著

认罪认罚从宽制度实行后，二中院辖区法院适用认罪认罚从宽制度审理的一审案件上诉率只有0.36%，案由主要涉及盗窃罪、危险驾驶罪、销售假冒注册商标的商品罪等，上诉理由均为原判量刑过重，上诉人都没有对原判认定事实提出异议，二审结果均为维持原判。在二中院一审审理的重罪案件中，案件当庭宣判率、息诉服判率均为100%，平均庭审时间不足1小时，大大提高了诉讼效率，优化了司法资源配置。

第五节　民事诉讼程序繁简分流改革

一、相关改革精神

1. 2019年12月28日，《全国人民代表大会常务委员会关于授权最高人民法院在部分地区开展民事诉讼程序繁简分流改革试点工作的决定》：授权最高人民法院在北京、上海等地辖区中级人民法院、基层人民法院就优化司法确认程序、完善小额诉讼程序、完善简易程序规则、扩大独任制适用范围、健全电子诉讼规则等，开展民事诉讼程序繁简分流改革试点工作。试点期限为2年。

2. 2020年1月15日，最高人民法院《民事诉讼程序繁简分流改革试点方案》：改革目标和基本原则为坚持正确政治方向、坚持以人民为中心、坚持依法有序推进、坚持强化科技驱动；主要内容包括优化司法确认程序、完善小额诉讼程序、完善简易程序规则、扩大独任制适用范围、健全电子诉讼规则；试点范围为 20 个地市中基层法院，试点期限自试点实施办法印发之日起算 2 年；方案实施包括制定印发试点办法、积极开展试点工作、推动法律修改完善；组织保障为：由最高人民法院牵头推进试点工作。

二、二中院民事诉讼程序繁简分流改革思路

最高人民法院部署民事诉讼程序繁简分流改革试点后，二中院迅速启动、认真研究、组织落实，较为平稳顺利地完成了改革试点任务。

一是坚持对标要求，先立规范做指引。二中院先后 2 次邀请最高人民法院司改办领导来院座谈指导，确保改革方向正确、步调统一。由院领导牵头，在全院范围内抽调立案、民事、商事等审判部门调研骨干 10 余人组成专题调研小组，集中力量研究法律法规、改革举措，形成了“1+5”制度规范体系，即制定一个实施方案、五个配套实施细则。其中，五个配套实施细则包括《民事案件在线庭审规范》《二审民事案件适用独任制审理规范》《民事案件电子送达工作指引》《民事司法确认案件审查工作指引》《二审民事案件在线庭审传票使用规范》。上述规范、指引于 2020 年 4 月至 5 月陆续出台，并设定了 6 个月试行期，于期满后根据改革实际运行情况进行了修订完善，于 2020 年 12 月正式出台。

二是坚持统筹推进，上下联动齐并行。做实做细上情下达。迅速形成两级联络员机制，指定一名同志负责与市高级人民法院沟通联络，每月报送改革试点月报。同时在本院 8 个改革试点单位设置一名联络员，主要负责收集汇总试点动态。建立沟通联络工作群，畅通联系渠道，及时传达上级改革精神和文件，随时汇集反馈信息。坚持每月汇总改革数据、试点亮点、问题难点、意见建议，实行“双向通报”机制，既定期向院党组报告改革

动态,同时也向试点部门反馈改革进展,并按期层报至上级法院。

三是坚持理念更新,培训辅导常跟进。通过线上线下相结合方式,对民事诉讼程序繁简分流改革文件和要求进行宣讲。召开现场培训会2次,解读改革文件,明确改革要求,指明改革路径。发放《改革试点工作答复口径》《关于适用二审独任制的工作提示》等,对改革进程中的疑难问题、关键节点进行提示,为有序推进改革做好服务保障。

四是坚持大胆尝试,实践探索愈丰富。二中院试点改革部门和参与试点工作员额法官坚定改革信心,勇于探索创新。在最高人民法院发布实施办法后不到1周时间内,二中院尝试在速裁案件中适用二审独任制,顺利审结一件买卖合同纠纷上诉案件。同年5月,在适用独任制审理一起不当得利纠纷案件中,因当事人提交一审法院对于类案作出的不同裁判结果的判决书,决定案件由独任制转为合议制审理,并发出首份“独转合”裁定书。积极利用在线庭审破解疫情期间诉讼不便难题,在一起建设工程施工合同纠纷案件中,法官创新采取了在线勘验模式,实时调取网络电子街景地图展示大楼施工效果,还原工程原貌,使各方对现场情况一目了然,妥善化解矛盾纠纷。主动运用在线庭审处理涉外案件委托诉讼手续确认问题,克服传统境外公证、使领馆认证委托手续的繁琐流程,保障身处境外疫情高发区的我国当事人的诉讼权利及人身安全。

三、二中院民事诉讼程序繁简分流改革具体举措

(一)二审独任制改革

一是把好案件入口,建立完善案件甄别机制。由于二中院民商案件体量较大,其中能够适用二审独任制的案件仅为一审适用简易程序案件以及“三裁”类案件。院党组提出,对于符合规定可以适用二审独任制的案件要

积极适用,全力扩大改革样本。制定《适用二审独任制案件选案指引与分案办法》,建立系统识别为主、人工识别为辅的二审独任制案件甄别机制。由系统自动识别一审简易程序案件和"三裁"类案件,同时配备"4 初筛+1 复核"的案件繁简分流员队伍。对不适宜独任审理案件予以排除,同时重点标注劳动争议、买卖合同、民间借贷、房屋租赁合同等适合独任审理的案由,确保快速分配至独任法官。

二是优化开庭程序,推行法庭调查和法庭辩论合并进行。二中院适用二审独任制时坚持以开庭审理为原则、不开庭审理为例外,并明确不开庭审理的 5 大类 26 项标准。在不开庭方式审理中,强化法庭调查和庭审询问的应用,并对询问与调查环节进行庭审化改造,确保在不开庭情况下最大限度查明案件事实。在开庭方式审理中,以固定无争议事实和法律问题为基础,推行法庭调查与法庭辩论合并进行的诉讼程序改革。强调在法官主持下,各方当事人围绕争点就证据展示、事实认定、法律适用一体陈述,夹叙夹议、质证辩法;在综合辩论环节,当事人针对所有争议焦点统一发表辩论意见,以保障当事人意见充分、完整表达。

三是抓好类案审理,构建当事人提交类案检索报告强制回应机制。在建立完善类案和关联案件强制检索机制的基础上,积极探索对当事人提交类案检索报告的强制回应制度,形成类案检索机制的工作"闭环"。推出《裁判文书类案回应部分通用模板》,规范当事人提交类案材料的格式和内容,统一裁判文书说理部分对类案回应的内容和形式。充分利用好类案检索报告,将之作为证据使用、作为个案审理的裁判参考或者作为提炼新类型案件裁判规则的来源,实现类案识别比对精细化。构建庭前阶段重引导释明、庭审过程重辨析查明、案件评议重讨论说明、文书说理重精确阐明的"四梯次"回应模式,实现类案运用实质化。

四是严管案件出口关,完善"独转合"程序转换。在二审独任制改革试点中,二中院针对审理中发现不适宜独任的情形,建立起庭内、庭际的程序转换回流机制,将不适合独任审理的案件回流给本庭合议庭或后端合议庭。同时,为防范随意“独转合”造成程序空转,采取由庭长决定“独转合”的方式,即独任制法官认为应当由合议庭审理的,经庭长批准后可以转换审判组织,由合议庭作出转换裁定,且必要时庭长应当参与此类案件的审理。

(二)司法确认

一是建立健全特邀调解组织和特邀调解员名册。中级人民法院的司法确认,以特邀调解和委派调解为前提,建立健全特邀调解组织和调解员名册制度,完善对调解组织和调解员的管理,是开展司法确认工作的第一步。二中院立案庭共有 4 人专门负责案件导出及与调解组织的对接,负责引导当事人、导出调解案件、跟进调解进度及相关后续工作。为便于与调解员联络,立案庭要求各对接人员在委托调解书上注明姓名及联系方式。

二是确定司法确认案件办理流程和审查内容。为确保司法确认工作顺利进行,二中院制定了《北京市第二中级人民法院民事司法确认案件审查工作指引(试行)》《多元调解与司法确认工作指引》,对司法确认案件办理流程进行了详细规定。司法确认案件,对于中级人民法院而言是新生事物,相比于基层法院,中级人民法院案件具有标的额大、案情复杂等特点,审查流程不能完全与基层法院司法确认案件等同。探索建立针对大标的额案件的司法确认案件审查流程,是中院司法确认案件必须解决的问题。

三是保持高度警惕,严防虚假调解。扩大司法确认案件的受案范围,是民事诉讼程序繁简分流改革的一次大胆尝试,对满足当事人多元化纠纷解决需求和优化司法资源配置有着重大意义。但司法确认是对调解协议的确认,提及调解,总难以摆脱对虚假调解的担忧。对于待确认调解协议的标的额特别巨大,并存在虚假调解可能的,合议庭审查更显慎重。

四、二中院民事诉讼程序繁简分流改革工作成效

二中院通过坚持"人""案"源头管理精准甄别适配独任团队，坚持全流程智能管理促进法律适用统一，坚持审理方式和裁判结果分类管理实现监督不留死角，探索出的"强化二审独任制案件监督管理　确保有效发挥审级监督作用"的做法成功入选第九批《人民法院司法改革案例选编》。基于二中院工作经验撰写的《优化资源配置　强化制约　确保二审独任制让当事人放心、让法官案件》在最高人民法院公众号上刊载。

第六节　减刑、假释案件审理制度改革

一、相关改革精神

1. 最高人民法院、最高人民检察院、公安部、司法部印发《〈关于加强减刑、假释案件实质化审理的意见〉的通知》：一是准确把握减刑、假释案件实质化审理的基本要求，坚持全面依法审查；坚持主客观改造表现并重；坚持严格审查证据材料；坚持区别对待，切实贯彻宽严相济刑事政策。二是严格审查减刑、假释案件的实体条件，严格审查罪犯服刑期间改造表现的考核材料；严格审查罪犯立功、重大立功的证据材料，准确把握认定条件；严格审查罪犯履行财产性判项的能力；严格审查反映罪犯是否有再犯罪危险的材料；严格审查罪犯身份信息、患有严重疾病或者身体有残疾的证据材料；严格把握罪犯减刑后的实际服刑刑期。三是切实强化减刑、假释案件办理程序机制，充分发挥庭审功能；健全证人出庭作证制度；有效行使庭外

调查核实权;强化审判组织的职能作用;完善财产性判项执行衔接机制;提高信息化运用水平。四是大力加强减刑、假释案件监督指导及工作保障,不断健全内部监督;高度重视外部监督;着力强化对下指导;切实加强工作保障。

2. 最高人民法院、最高人民检察院、公安部、司法部印发《关于依法纠正违规违法减刑、假释、暂予监外执行案件有关政策解答》:一是提高思想认识。全面排查整治违规违法办理减刑、假释、暂予监外执行案件,是全国政法队伍教育整顿顽瘴痼疾整治的重要内容,对于确保刑罚执行公平公正、提升办案质量、提高司法权威和公信力,具有非常重要的意义。各有关机关必须以刀刃向内的决心、刮骨疗毒的勇气,深入细致排查出问题案件,对于明显违规违法、裁判处理确有错误的案件,坚决依法予以纠正。二是坚持依法纠错。必须准确把握不同时期法律、司法解释以及相关政策规定,坚持以事实为根据、以法律为准绳,确保纠错工作于法有据、程序合规,经得起法律和历史的检验。三是注意分类处置。要实事求是、客观看待以往办案过程中存在的各种问题,注意区分不规范办案和违规违法办案的界限,根据不同性质及具体情况,予以分类妥善处置,实现政治效果、法律效果和社会效果的有机统一。四是加强协调配合。各有关机关要加强沟通,相互配合,必要时建立会商、联动等工作机制,形成工作合力,共同做好相关工作。

3. 北京市高级人民法院、北京市人民检察院、北京市公安局、北京市国家安全局、北京市司法局、北京市监狱管理局联合印发的《北京市减刑、假释工作规定(试行)》《北京市减刑、假释案件审理程序实施细则》:整体要求:减刑、假释是激励罪犯改造的刑罚制度,减刑、假释的适用应当贯彻宽严相济形势政策,遵循公开、公平、公正的原则,最大限度发挥刑罚的功能,实现刑罚的目的。一是审判理念由形式审查向实质性审查转变;二是审判方式由书面审理为主开庭审理为辅向开庭审理为主转变;三是减刑、假释案件重点审查刑罚执行机关提交减刑证据的合法性、真实性、关联性，特别是同一罪犯频繁减刑要重点审查；四是增强裁判文书说理性；五是通过优化合议庭集体审判制度强化审判组织内部监督。

二、二中院减刑、假释案件审理制度改革情况

（一）全面加强减刑、假释案件实质化审理

为严格规范减刑、假释工作，确保案件审理公平、公正，二中院高度重视，下大力气，狠抓制度落实，要求减刑、假释案件要坚持以下工作原则。

一是审判公开原则。审理案件时，要严格落实审判公开工作的要求，依法、及时、全面公开减刑、假释案件的审判信息，自觉接受各方监督，保障诉讼参与各方及社会公众对减刑、假释案件的知情权。

二是全面审查原则。审理案件时，既要审查罪犯的改造表现，也要审查罪犯犯罪的性质和具体情节、社会危害程度、原判刑罚、财产性判项的履行、交付执行后的一贯表现等因素，切实防止“唯分是举、以分折刑”。

三是证据裁判原则。认定罪犯是否符合减刑、假释的条件，必须以证据为根据，严格对证据的合法性、真实性、关联性进行审查，明确认定标准。通过案件的审理，推动刑罚执行机关、检察机关严格依法收集、提供、审查和运用证据。

四是直接言词原则。通过扩大开庭范围、提讯全覆盖等措施凸显实质化审理过程的亲历性、直面性，进一步落实直接言词原则，克服过分依赖书面证据的片面性与局限性，强化法官内心确信。

五是宽严相济原则。人民法院审理减刑、假释案件，应当切实贯彻宽严相济刑事政策，该宽则宽、当严则严，注重具体案件具体分析、不同情形区别对待，最大限度地发挥刑罚的功能，实现刑罚的目的。

（二）规范减刑、假释案件审理程序

二中院严把减刑、假释案件审理程序关，将实质化审理的工作要求，贯穿于减刑、假释案件立案审查、异议审查、庭前准备、开庭或提讯审理、合议庭评议、案件监督、文书制作等各个审判环节。

一是明确减刑、假释案件的立案流程和立案标准，确保案件材料齐全、程序合规进入审判阶段，有效避免因立案后才发现案件材料不全再退回刑罚执行机关补充材料而影响审限的情况发生。尤其是明确了刑罚执行机关要移送财产性判项履行情况的证明材料，财产性判项未履行完毕的，还应当移送罪犯狱内消费情况的证明材料。

二是明确公开开庭审理的案件范围，对于不开庭审理的案件，也要求合议庭对罪犯本人进行提讯，从而增加人民法院审理此类案件的“亲历性”，更好地把握罪犯悔改的真实意思表示。要求对“三类案件”、严重暴力性犯罪案件、在社会上有重大影响或社会关注度高的案件等 12 类情形的减刑案件，以及所有的假释案件，应当依法开庭审理。

三是确立庭前合议制度。针对减刑、假释案件特点，二中院要求在办理减刑、假释案件时，承办法官应当根据案件具体情况召集合议庭成员进行庭前合议，讨论和归纳检察机关提出异议的情况；公示期间收到异议的情况；案件是否开庭审理；梳理案件开庭、提讯环节中的审理要点；确定开庭环节中拟出庭证人名单；梳理证据疑点等内容。

四是确立以庭审为中心的审理模式。开庭审理减刑、假释案件，要求每一个定案证据均须经过法庭调查，充分听取检察官、刑罚执行机关代表、罪犯、证人及异议人的意见。对于能够当庭认证的证据，应当当庭认证。庭审中，合议庭对证据有疑问需要进行调查核实，或者检察官、刑罚执行机关代表提出申请的，可以宣布休庭。合议庭应当充分行使调查核实权，根据案件情况，可以采取单独询问证人或异议人、走访监区、与管教干警或罪犯座谈等方式,对相关证据材料进行调查核实。

五是严格落实旁听制度。对职务犯罪、组织(领导、参加、包庇、纵容)黑社会性质组织犯罪、破坏金融管理秩序和金融诈骗犯罪等罪犯的减刑、假释案件,公开开庭一律邀请人大代表、政协委员或有关方面代表旁听,允许社会人员参与旁听。同时,为形成引导示范效应,准许监狱内干警、罪犯通过远程视频方式,参与旁听。

六是注重对减刑、假释罪犯的法庭教育。明确法庭教育分为两个环节,其一,庭审时的法庭教育,强调对减刑、假释制度的认识,促使罪犯明白减刑、假释不是罪犯应有的权利,而是刑罚激励措施。除法定应当减刑的情形以外,不要有"点到应减"的错误认识,是否予以减刑、假释由法院最终裁判,未经法院依法裁定,对任何罪犯不得减刑、假释。其二,宣判时的法庭教育,重在引导罪犯更加积极地接受教育改造,真诚地悔罪。如果未裁定减刑、假释,要做好释法说理,促使罪犯接受裁决,认真反思,更好地服刑改造;如果裁定减刑、假释,要对罪犯今后的服刑改造提出要求,并强调如果发现有利用不正当手段获取减刑、假释的,会依法重新审理,撤销减刑、假释。对任何弄虚作假的行为,一经查实,严格追究相关人员法律责任。

(三)强化减刑、假释案件证据审查

二中院严格遵循证据裁判原则,规定认定罪犯是否符合减刑、假释条件,必须以证据为根据。审判人员应当严格遵守法定程序,全面、客观地收集、审查、核实和认定证据。

一是明确各类证据审查与认定标准。对报请减刑、假释的书面申请材料,应当着重审查:报请减刑、假释的刑罚执行机关与对罪犯进行监管改造、奖励审批、评审鉴定的机关是否一致;建议书记载的罪犯服刑改造情况、获得奖励情况、建议内容及依据与减刑、假释审核表及罪犯改造表现综

合材料和罪犯奖励审批表等证据是否一致;建议书的制作时间与罪犯减刑、假释审核表是否可以相互印证;罪犯计分考核台账中对于罪犯加分、扣分事由及依据是否有准确记载,罪犯对于加分、扣分、补分、折分及专项加分是否认可;罪犯奖励审批表记载的奖励依据部分、奖励种类与罪犯计分考核台账、其他证明罪犯获得改造计分的材料是否能够相互印证;罪犯评审鉴定表中应当由罪犯书写的“个人鉴定”部分是否为罪犯本人书写,非罪犯本人书写的,是否具有合理的解释、说明;罪犯财产性判项履行情况的执行裁定或其他书证证明的内容、金额与刑事裁判文书、票据金额是否一致;认罪悔罪书内容是否为罪犯的真实意思表达,是否符合罪犯的认知能力水平、服刑改造的实际表现,是否存在剽窃、抄袭、套用模板情况;立功奖励的评定过程、程序是否规范,立功奖励涉及的事实是否符合法律、司法解释规定的情形等。

二是明确证人出庭作证。为落实直接言词原则,切实加强实质化审理,要求刑罚执行机关提供拟减刑罪犯同监室人员名单、监区民警或管教民警名单,由法庭随机从中确定拟出庭人员。重点审查证言的内容是否为证人直接感知,证人与罪犯一同服刑改造的期间长短或者对罪犯监管的期间长短,证人对罪犯的减刑、假释是否存在异议,证人与案件当事人、案件处理结果有无利害关系,证人与被报请减刑、假释的罪犯是否存在矛盾,证人证言是否存在格式化现象等。

三是注重证据的综合审查与运用。办理减刑、假释案件,对罪犯符合法律、司法解释规定的减刑、假释条件相关事实的认定,必须达到证据确实、充分,并足以排除合理怀疑。要求裁决认定的事实都有证据证明;每一个定案的证据均已经法定程序查证属实;证据与证据之间、证据与案件事实之间不存在矛盾或者矛盾得以合理排除;根据证据认定案件事实的过程符合逻辑和经验规则,由证据得出的结论为唯一结论。

（四）规范减刑、假释案件合议庭评议

合议程序不规范、评议不充分等问题一直是困扰减刑、假释案件的顽疾问题。合议庭评议的充分性、规范性直接影响办理减刑、假释案件的质效。为此，二中院认真总结，对照反思减刑、假释合议庭合议工作中制度、司法实践方面存在的问题，研究制定了《北京市第二中级人民法院关于加强减刑、假释案件合议庭合议的工作办法》，明确了合议庭的组成、评议原则等内容，细化了合议庭评议规则、内容、异议处置、责任追究等事项，旨在进一步规范合议庭评议流程，实现评议实质化，提升审判质效。

《北京市第二中级人民法院关于加强减刑、假释案件合议庭合议的工作办法》明确合议庭的组成和合议庭成员平等参与评议原则，强调人民陪审员应当独立发表意见和行使表决权；明确了合议庭评议案件实行少数服从多数原则，并应当坚持证据裁判原则，严把案件事实关、证据关和法律适用关；明确了庭前合议内容；对开庭审理案件，原则上应当有合议庭全体成员参加，明确案件争议焦点、拟定出庭人员名单等；规定了评议流程，确立承办法官介绍情况、其他合议庭成员按照等级和资历由低到高发表意见、审判长最后评议总结的评议顺序；细化了评议事项和评议内容，对减刑案件，要求综合考虑犯罪的性质、社会危害程度、原判刑罚及生效裁判中财产性判项的履行情况、交付执行后的一贯表现等因素，就罪犯确有悔改表现或者立功表现作出认定；对假释案件，要求综合考虑罪犯年龄、身体状况、性格特征、假释后生活来源、监管条件等因素，就有无再犯罪危险等作出评判；规定了召开专业法官会议、进行合议庭复议、提交审判委员会讨论决定的情况以及明确院长、庭长监督指导减刑、假释案件；强化了合议庭职责，合议庭成员对评议结果共同承担责任。要求合议庭评议时，评议笔录记录全面、准确、留痕。

(五)出台减刑、假释案件评查评优办法

二中院出台关于减刑、假释案件的评查评优办法,通过评选优秀案件,继续推动减刑、假释案件审理工作向更高水平发展。二中院成立减刑、假释案件评查工作小组,以季度为单位,定期进行评查,并明确了重点评查的范围和标准,着重就庭前合议、证据认定、裁判文书制作等环节的评查工作进行了规定。就裁判文书的撰写而言,要求裁判文书撰写符合减刑、假释案件裁判文书样式要求,各部分内容有序衔接、裁判文书说理性强。裁判文书中关于案件由来和审判经过交代详细;关于罪犯原判及刑罚变更情况描述准确简洁;关于庭审参加人的意见精准概括、表意准确;关于案件事实描述准确,有充分证据进行有力支持。

(六)大力推进减刑假释办案信息化建设

近年来,二中院以新审判大楼建设为契机,坚持"科学规划、合理布局、高点定位、适度超前"的硬件建设原则和"实用、管用、好用、爱用"的应用软件开发原则,充分发挥信息化手段整合审判资源、优化审判运行机制和流程、补强审判能力、重塑审判监督管理机制的作用,努力推进执行全业务网上办理、全流程依法公开、全方位智能服务。

一是完善信息化硬件建设。为提高审判效率、节约办案时间、降低路途风险,2017 年二中院利用信息化手段,通过专线连接和环境搭建,在监所建设成 3 个减刑假释远程法庭,将路途距离变为数据传输,打通了二中院与燕城、二监的数字通路,实现高清音视频数据回传。二中院法官在本院即可跨越 60 公里 360 度无死角地进行远程庭审工作。

二是完成减刑假释系统建设。通过打通同监狱、检察院的数据共享渠道,完成服刑人员信息、综合材料、奖惩情况、减刑假释建议书、监狱审核审批材料等数据同监狱、检察院的三方数据共享,实现监狱减刑假释申请、检察院检查意见和法院开庭通知、裁定文书的全流程网上流转，提升审判效能。

三是建设远程提讯系统。为减少被告人来我院参加庭审的路途风险，二中院于2016年通过信息化手段，建立了同五区县“点对点”的远程提讯系统，通过无延时的高清视频和高质音频传输手段，实现了法官于本地对被告的远程提讯和质证、笔录远程打印，同时该系统可以实现远程开关机、远程自动巡检维护，有效地保证了系统的稳定性。此外，在疫情防控工作中，院党组也要求要积极适应常态化模式疫情防控要求，将在线庭审、远程提讯作为一项常态化工作坚持下去。

第四章
执行制度改革

第一节　裁执分离制度改革

一、相关改革精神

1.《最高人民法院关于深化执行改革健全解决执行难长效机制的意见——人民法院执行工作纲要（2019—2023）》：加快推进审执分离体制改革。将执行权区分为执行实施权和执行裁判权，案件量大及具备一定条件的人民法院在执行局内或单独设立执行裁判庭，由执行裁判庭负责办理执行异议、复议以及执行异议之诉案件。不具备条件的法院的执行实施工作与执行异议、复议等裁判事项由执行机构不同法官团队负责，执行异议之诉案件由相关审判庭负责办理。

2.《最高人民法院关于深化人民法院司法体制综合配套改革的意见——人民法院第五个五年改革纲要（2019—2023）》：深化执行体制机制改革。深入推进审执分离体制改革，优化执行权配置。推行以法官为核心的执行团队办案模式，完善执行警务保障机制，细化执行程序中各类人员职责权限。强化统一管理、统一指挥、统一协调的执行工作机制。完善执行指挥中心运行机制。推进执行案件和执行事务的繁简分流、分权实施，打破“一人包案到底”的办案模式，切实提升执行工作的集约化、精细化、规范化水平。完善立案、审判与执行工作的协调运行机制。加大诉讼保全适用力度，完善保全和执行协调配合机制，鼓励财产保全保险担保，完善保全申请与执行网络查控有序衔接工作机制，以保全促调解、促和解、促执行。

3.《2018 年人民法院工作要点》:强化执行管理、推进执行改革。深入推进执行指挥中心实体化运行,构建上下一体、内外联动、规范高效、反应快捷的执行指挥系统,实现全国四级法院"统一管理、统一指挥、统一协调"。总结审执分离改革试点经验,深化执行体制改革,构建更加科学的执行制度体系。

4.《最高人民法院关于落实"用两到三年时间基本解决执行难问题"的工作纲要》:实行执行权和审判权科学合理分离。进一步优化执行权的科学配置,设立执行裁判庭,审理执行程序中涉及实体权利的重大事实和法律争议,形成审判权对执行权的有效制约和监督。

二、二中院裁执分离的工作思路

2016 年,在受领北京市法院执行体制改革试点法院任务后,二中院党组高度重视,党组书记、院长鲁桂华专门调研并就全力做好试点工作提出了"高度重视、认真落实,通盘考量、深入研究,结合实际、注重实效"的要求。此次二中院执行体制改革要达到以下四个主要目标。

一是凸显审执分离的职能。改革方案将落实审执分离的要求,将执行二庭纳入审判机构序列。凸显出执行权和审判权的不同性质,进一步完成最高人民法院关于"深化人民法院内部的裁执分离改革"的要求。

二是突出法官主导的角色。采取执行团队化的办案模式,进一步优化执行权力运行机制,在执行团队中实行执行法官负责制,完善执行办案责任制,消除内部制约,提高执行效率。

三是强化执行实施的内核。司法执行有别于行政执行,是依据生效裁判文书作出的强制执行行为,要在遵循执行工作本质特点的基础上,确保司法权与执行权的有机统一,让每一个进入执行的案件得到公平、公正、高效的执行,兑现生效裁判。

四是明细各司其职的主责。责权一体是执行中的难题。从局长、庭长到法官、法官助理和书记员，每个层级都要明晰各自的权力清单和主要职责，加强执行监督，确保在改革过程中“放权”而不“放任”，有权必有责，失责必担责。

为确保改革方案的科学完善，二中院执行局一行5人先后前往上海、杭州，与上海市第二中级人民法院执行局、杭州市中级人民法院执行局等有关单位同志开展专题调研，广泛探讨了审执分离和执行团队化建设的有关问题。在该调研的基础上，执行局先后两次召开由执行局内部各庭室部分中层领导、调研骨干和执行人员代表参加的执行体制改革试点工作座谈会，形成二中院《执行体制改革试点实施方案（征求意见稿）》。而后，二中院召开了由执行局、审判庭、职能部门参加的执行体制改革实施方案研讨会，对改革思路和制度设计进行了深入探讨，鲁桂华院长专门听取了拟定方案的汇报，并提出明确要求和修改意见。在此基础上，二中院还邀请部分人大代表、人民陪审员召开执行体制改革座谈会，更大范围听取社会各界对二中院执行体制改革试点工作的意见和建议。

经过一系列的考察调研、探讨论证和征求意见，结合二中院执行工作实际情况，二中院制定了《二中院执行体制改革试点实施方案》，上报北京市高级人民法院。在北京市高级人民法院批复后，在二中院党组的领导下，根据北京市高级人民法院关于执行体制改革试点工作的要求，在全院范围内动员部署、认真落实，积极稳妥有序推进二中院执行体制改革试点工作。

三、二中院裁执分离工作建设情况

（一）执行体制改革试点的总体目标

推行执行体制改革试点工作的总体目标：贯彻落实党的十八届四中全

会提出的“推动实行审判权和执行权相分离的体制改革试点”和最高人民法院关于“深化人民法院内部的裁执分离改革”的要求，改革执行机构设置和执行工作管理体制，优化执行权力运行机制，完善执行办案责任制，完善执行工作监督机制，为实现“用2~3年时间基本解决执行难”的工作目标奠定坚实的基础。

（二）执行体制改革试点的基本原则

1. 坚持党的领导。严格按照中央、北京市委、最高人民法院和北京市高级人民法院、二中院党组的统一部署开展执行体制改革试点，在二中院执行体制改革试点工作领导小组的指导下，牢牢把握正确的政治方向，推动中国特色社会主义法治的发展和完善。

2. 坚持依法改革。执行体制改革应当符合《人民法院组织法》《法官法》《民事诉讼法》等法律的规定。执行中作出裁定、命令、决定等判断性工作只能由法官从事，事务性工作可由司法辅助人员从事。需要突破法律框架进行探索的，必须依照授权。

3. 坚持审执分离。要将涉执行的审判权与执行权相分离，涉执行的审判权交由执行裁判庭行使，执行权交由执行局行使。

4. 坚持尊重执行规律。在遵循执行工作本质特点和运行规律的基础上探索改革，努力消除偏离执行规律的体制机制障碍，建立公正、高效、权威的执行工作体制。

5. 坚持积极稳妥推进改革。注重改革试点工作的系统性、整体性和前瞻性，立足二中院执行工作实际，统筹兼顾顶层设计与基层实践、当前需要与长远目标，将积极推进改革与稳妥实施方案结合起来。

（三）执行体制改革试点的主要内容

2016年，根据北京市高级人民法院发布的《北京市法院执行体制改革试点方案》,二中院经过慎重研究,综合考量,认为试点模式一更适合二中院的执行工作实际,并根据二中院的执行案件特点以及人员构成情况,制定如下具体改革方案:

1.改革执行机构设置。执行权与审判权是不同性质的权力,应当实行执行实施权与执行裁决权相分离,优化执行权力运行机制。

执行局的设置。执行局由执行局局长全面负责,内设一个执行实施庭、一个执行裁判庭、一个执行指挥中心。执行实施庭内设若干执行团队。执行实施庭负责案件的执行工作,执行裁判庭负责执行督促案件、部分执行异议的审理工作,执行指挥中心主要负责办理财产保全案件以及执行案件的监督、管理、服务等工作。

一是执行实施庭的职责、组成人员。执行一庭作为执行实施庭的职责范围为:办理本院立案受理的全部民商事、刑事、行政、仲裁、公证债权文书等执行案件以及辖区内有重大影响的执行案件,上级法院指定的执行案件及恢复执行案件等。除"蒙京华""亿霖牧业"等涉众型刑事执行案件外,其他执行庭室承办人此前承办的所有执行实施案件均应逐一梳理、逐步归集至执行一庭,由执行一庭统一接收、统一管理、统一办理。执行一庭的庭长直接领导各自庭内勤组,负责全面管理本庭内案件执行工作,包括庭内案件分配、执行审批、组织法官联席会、管理执行案件等工作。入额的副庭长和其他入额的执行法官各带领一个执行团队。

二是执行裁判庭的职责、组成人员。现执行二庭改编设立单独的执行裁判庭,纳入审判机构序列。该庭内的保全组执行人员调入执行三庭。执行二庭作为执行裁判庭的职责范围为:审理执行行为异议、复议和案外人异议案件,以及对下一级法院执行行为异议裁定和罚款、拘留、限制出境等决定的复议案件,执行监督案件,不予执行仲裁裁决、公证债权文书案件等。执行裁判庭由庭长、副庭长、法官、法官助理、书记员组成,审判团队参照审判机构的合议庭审判团队运行模式设置。

三是执行指挥中心的职责、组成人员。执行三庭作为执行指挥中心的职责范围为:办理财产保全案件;负责司法网拍工作;执行工作中带有共性的、可以集约完成的事务性服务保障工作;执行质效数据采集、分析,为领导决策提供辅助工作及执行案件的监督管理工作等。执行指挥中心由庭长、副庭长、司法辅助人员、司法行政人员(含财务人员、技术人员)等组成。

2. 完善执行办案责任制。

一是执行人员的基本职责。执行局局长的基本职责:全面负责执行局各项工作事务,管理监督全局执行案件,依法办理执行案件。执行各庭庭长的基本职责:全面负责本庭内各项工作事务,管理监督本庭内执行案件,依法办理执行案件。执行法官的基本职责:(1)带领团队承办执行案件,并对办案质效负责;(2)审核签发由法官助理草拟的裁定、决定、命令等文书,决定采取强制执行措施和强制措施,决定中止或终结执行等事项;(3)决定疑难复杂案件的执行方案;(4)审理执行行为异议、案外人异议案件、执行督促案件;(5)其他应由法官负责的工作。法官助理的基本职责:(1)根据法官的安排草拟执行中的裁定、决定、命令等文书;(2)具体推进执行案件各项事务性工作,包括财产的查找、查封冻结、续封续冻、扣押、扣划、评估、拍卖、案款分配、案款发还、对被执行人采取执行强制措施等;(3)负责执行案件的信息化工作,包括执行工作信息的数据录入、案件报结等;(4)完成执行法官交办的其他工作。书记员的基本职责:(1)负责案件记录谈话、校核文书、印制文书、送达文书等工作;(2)整理执行案卷,按时归档卷宗;(3)配合执行法官、法官助理外出执行公务;(4)完成执行法官、法官助理交办的其他工作。

二是执行团队的办案模式。执行团队原则上建立“1+2+2”的办案模式,即标准化的执行团队由“1 名法官+2 名法官助理+2 名书记员”组成。执行团队实行执行法官负责制。入额的执行法官对本团队的全部案件负责。法官助理、书记员根据其职责范围以及执行法官的安排具体办理案件的执行工作，依法办理各自的执行事项，各司其职，分工合作，共同配合执行法官推进案件的执行工作。执行法官除了履行办案职责外，还负有指挥团队内人员依法办理执行案件和执行工作事务的职责。执行局局长、执行实施庭庭长办理执行案件时，编入执行团队，履行执行法官职责。执行中的重大事项实行合议制，由执行法官组成合议庭评议处理。

3. 完善执行工作监督机制。完善执行工作五级监督机制，建立局内监督、审判监督、人大监督、法律监督、社会监督的全方位监督体系，加强执行工作的公开透明，以公开促公正，以监督提效率。一是严格局内监督。执行局局长、执行实施庭庭长、执行指挥中心依托信息化平台，加强执行节点的监控，督促执行案件的有序办理。二是定期审判监督。实行审判权与执行权相分离，在此基础上探索建立执行裁判庭与执行局之间定期业务沟通机制，通过执行裁判庭的异议裁决等方式，督促执行案件的规范工作。三是自觉接受人大监督。认真贯彻落实人大常委会、人大代表对执行案件的监督，高度重视人大代表关注的问题，高效办理人大代表关注的案件。四是主动接受法律监督。规范民事执行活动检察建议办理流程，积极配合检察机关依法履职。五是积极接受社会监督。进一步完善特邀廉政监督员监督执行制度，适时邀请人民陪审员、社会普通民众参与执行活动，拓宽执行监督渠道。

4. 完善执行工作绩效考核机制。适应执行工作规律，建立科学合理、客观公正、符合规律的执行人员业绩考评机制，完善执行人员业绩考评的应用体系，将考评结果作为执行人员奖金发放、评优评先、等级晋升、选拔任用等方面的重要依据。

（四）执行体制改革的试点步骤

一是试点阶段和步骤。执行体制改革试点时间自 2016 年 11 月 1 日起至 2017 年 6 月 30 日止。2016 年 11 月 1 日至 30 日为准备阶段。制定本院实施方案,对人员、机构的安排进行准备。实施方案于11月30日前报市高级人民法院。2016年12月1日至31日为动员部署阶段,在市高级人民法院批复同意实施方案后召开动员部署会,公布实施方案。2017年1月1日至6月15日为实施阶段,按照实施方案予以落实,并根据试点情况适时进行小结、调整。2017年6月16日至30日为总结阶段,对试点情况进行总结,于2017年6月30日前书面报告市高级人民法院。

二是试点案件的范围。试点涉及执行的案件包括自2017年1月1日起新收的下列案件:(1)执行案件;(2)财产保全案件;(3)执行管辖异议、执行行为异议、案外人异议、债务人异议、不予执行仲裁裁决或公证债权文书、变更追加执行当事人等执行异议案件、执行督促案件;(4)不服下级法院的执行管辖异议、执行行为异议、债务人异议、不予执行公证债权文书、刑事裁判涉财产部分执行中的案外人异议和罚款、拘留、限制出境决定等执行复议案件;(5)执行监督案件;(6)案外人异议之诉、申请执行人许可执行之诉、参与分配异议之诉、折价赔偿特定执行标的物之诉、其他执行异议之诉等诉讼案件;(7)申请执行人提出的代位权诉讼或撤销权诉讼案件;(8)申请实现担保物权等非诉案件;(9)执行转破产及其他破产案件。

(五)执行体制改革试点的组织实施

成立二中院执行体制改革试点工作领导小组,由院党组书记、院长鲁桂华任组长,党组副书记和主管执行工作副院长任副组长,小组成员包括执行局长以及执行部门、干部处、审管办、研究室、办公室等部门负责人执行体制改革试点工作领导小组下设办公室,由执行局局长兼任办公室主任,带领执行局部门负责落实推进改革试点工作。

(六)执行体制改革试点的工作要求

一是高度重视,认真落实。执行局各庭室全体干警应当高度重视执行体制改革工作，严格按照中央司法改革精神和执行体制改革要求认真落实，争做改革的实践者、推动者，确保司法改革与执行工作“两不误、两促进”。

二是协调组织，密切配合。执行局内部各庭室要加强改革试点工作的沟通交流，共同推进改革，执行局与相关职能部门也要加强组织协调，其他相关庭室、职能部门要配合执行局做好执行体制改革工作涉及的案件、人事、考核等各事项的衔接工作。

三是积极稳妥，注重实效。执行体制改革必须紧紧围绕公正与效率主题，务实创新，采取更加扎实有效的措施推进改革，以改革促公正，以改革提效率，以改革求发展。

四是严格宣传纪律，正确引导舆论。要坚持正确的改革方向，严格宣传纪律，对一些改革举措适时适度进行宣传，紧扣中央司法改革的顶层设计和最高人民法院、北京市高级人民法院的改革部署，防止各种错误观点干扰改革进程，推进执行体制改革试点工作稳步有序开展。

四、二中院裁执分离工作特点与成效

（一）工作特点

一是与执法办案任务相结合。在执行体制改革试点过程中，始终坚持司法改革与执法办案统筹兼顾。2016 年，在案件量增幅近 1/4 的严峻形势下，实现了“四升三无”，即收案量、结案量、实际执行率、标的到位率较执行体制改革试点开始前明显上升，试点开始的 2016 年全年新收执行案件无积压、无诉访、无发改的执行裁决案件。

二是与基本解决执行难工作相结合。根据“基本解决执行难”阶段第三方评估体系的要求，二中院对 5 个一级指标、34 个二级指标、67 个三级指标逐条进行研讨并制作了自查报告和达标方案，经院党组讨论通过后，专门下发了红头文件，重点解决长期影响执行工作有序运行的机制性障碍问题。执行裁判部门根据执行体制改革后的新职能任务，已经对二中院建院以来所有执行实施案件进行了梳理，筛选出大量符合“执转破”情形的长期未结案，研究制定移送、接收、征询、决定、处置、分配、监督等配套制度，适时启动“执转破”案件的审查工作。

三是与优化队伍结构相结合。在执行体制改革过程中，二中院通过强能力、借外力、聚合力、挖潜力，将队伍建设工作放在更加突出的位置。目前，执行部门已经成为全院交流轮岗、培养干部的关键岗位之一。执行部门中层以上干部大多都经历了跨部门、跨专业，有的甚至是跨行业的交流锻炼，逐渐形成和培养了一支懂审判、善执行、肯吃苦、有担当的执行队伍。在编干警中，有一半以上的在编干警有刑事、民事、商事等审判领域轮岗经历或基层法院、大学生村官等基层一线工作经历。执行队伍经受了司法员额制改革的考验，未入额的老同志和年轻同志没有出现“甩包袱”“撂挑子”的现象，保持信念不动摇、精神不懈怠、工作不放松的良好士气，为现在执行体制改革试点工作的顺利推进奠定了扎实的基础。目前，二中院整个执行队伍的精神面貌焕然一新，充满了强大的内生力和向心力。

四是与转变执行作风相结合。创新执行方式，力破执行工作难点，通过树立“公正执行、善意执行、文明执行”理念，注重运用“产权保护”思维，在保护申请执行人权益的基础上，尽量采取对被执行人企业生产经营影响较小的强制措施。2017 年年初，二中院把握执行时机，观察股市情况，适时采取措施执结了长达 7 年的一起标的额 3.4 亿余元的案件，《人民法院报》头版进行报道并被最高人民法院微信公众号“中国执行”推介。通过树立“信息化+”理念，二中院建立“一主干六系统”执行信息管理网络，逐步改变“登门临柜”式的传统执行模式，形成“工作用电脑，办案靠网络，管理看信息，考核凭数据”的信息化氛围。时任市高级人民法院院长杨万明对二中院司法网络拍卖工作作出重要批示，强调司法网拍要全市规范，积极探索在全市法院实现集中管理的经验，大力推动司法网拍规范化、效益化和常态化的运行模式和机制。二中院还专门召开执行工作全流程信息化新闻发布会，中央电视台、中央人民广播电台等主流媒体进行了宣传，引起了良好反响。

五是与规范执行行为相结合。坚持问题导向，力克执行顽疾，堵住工作漏洞，专门组织编写《民事执行实务操作指南》《民事执行文书样式与制作指南》两部著作并由法律出版社公开发行，系统梳理了民事执行方面的各种法律法规和相关司法解释，整合了民事执行的各个环节要点；针对执行卷宗材料容易发生遗失的现象，制定《执行实施案件卷宗交接和归档暂行规定》，在执行人员发生岗位变动时由纪检、财务、档案等部门联合开展第三方审计，防范渎职侵权问题的出现；针对执行合议作用发挥不充分的问题，出台《执行财产查封、扣押、冻结合议规定》，创新“执行合议前置”“无益查封禁止”等制度安排，避免不具备变现条件的“僵尸”财产进入处分程序。从佩戴执法记录仪、请销假、着装考勤等细节问题入手，一言一行抓规范、一举一动促养成。从“心防”“人防”“制防”“技防”四个角度，打造执行工作的“廉防线”，将廉政建设延伸到执法办案的每一个环节，确保二中院执行工作廉政无事故。

六是与执行宣传工作相结合。定期编发《执行月报》内刊，设置执行动态、业务通报、法规速递等栏目，反映执行质效、关注执行动态、破解执行难题、引发执行思考。同时运用网络平台制作电子版并在微网转发，累计阅读量近万余次。与技术部门合作，在局域网开设“执行新干线”专栏，大力宣传执行部门先进典型、经典案例和执行体制改革的最新成果，成为全院干警及干警家属了解执行工作、关注执行难的窗口。在二中院微信公众号开展“力克执行难二中院在行动”系列新闻报道 15 期，并通过“与法同行”官方微博，对重大执行活动开展同步直播，其中“年底寒夜 5 小时围堵老赖”的案件，引发人民群众强烈反响，对“老赖”形成巨大震慑；定期召开新闻发布会、媒体通气会，向社会公众介绍二中院的经典案例、工作机制和经验做法。2019年年底,二中院接受记者专访,《光明日报》大篇幅介绍了二中院执行体制改革的经验和破解执行难的做法,同时也深入剖析了“执行难”形成的原因,引导人民群众理性看待“执行不能”,加强对市场风险的防范意识。

(二)工作成效

一是机构职能划分更加科学。执行裁判庭在保留原来案外人异议、追加变更、不予执行、执行复议等案件类型的基础上,将逐渐受理原来分散在各个审判部门的许可执行、参与分配等涉执行的诉讼案件,同时增加确认调解协议、实现担保物权等非诉案件及“执转破”案件。执行实施庭在实现职责平行、任务平分、权力平等的基础上,以员额法官为分案指向,培植新的执行工作理念,对所有案件进行统一分配。根据案件的难易程度和涉及的领域有所侧重,形成局内统调、各庭协调、团队微调,上下联动、左右互动、全员行动的执行工作新格局,着力培养专业化、职业化的新型执行团队。

二是执行指挥中心作用更加凸显。进一步加强信息宣传统一管理,做好执行司法延伸工作;进一步加强节点监督,对于久拖不执、久执不了的案件,必要时由院长、局长和庭长直接调案督办。根据市高级人民法院“做强做实执行指挥中心”的指示精神,不断强化执行指挥中心的职能,建立综合管理、网络拍卖、财产保全3个小组。以执行工作的信息交换中心、指挥调度中心、决策分析中心为建设目标,在继续履行流程节点的统一监控、执行联动事项的统一协调、警务工作的统一派遣等职责的基础上,承担执行实施案件办理中共性的、可以集约完成的信息化建设、保全、信访等事务性工作,进一步畅通法警支援配合执行工作的衔接机制。

三是法官主导地位更加明确。改革执行部门管理模式,淡化行政色彩,实行扁平化管理,庭长、副庭长直接带领执行团队。执行裁判庭以入额法官为核心建立新型审判团队,在办理案件、组成合议庭时,一般由承办人担任审判长,严格落实“谁审理、谁裁判、谁负责”原则;执行实施部门入额法官对本团队的全部案件负责,管理、指挥本团队人员协同完成执行工作，对执行各个环节进行有效把控，合理利用执行资源，最大限度地发挥团队每个成员的作用。执行过程中的相关事项，由入额法官组成合议庭依据相关规定和要求进行合议，对于无法形成统一意见的案件，承办法官可以将有关案件提交执行法官联席会议讨论。同时，二中院正在积极探索研究将与执行案件办理有关的审批权限下沉，进一步压实入额法官的“担子”，确保谁执行、谁协调、谁担责，积极实现责权利的有机统一。

四是团队成员权责更加清晰。如何在改变既有执行机构设置模式的基础上，科学划分不同类型人员的分工，最大限度调动他们的工作积极性，这是二中院执行工作改革试点的重点。试点过程中，二中院建立了责任清单，合理分配执行法官、法官助理、司法辅助人员的职责分工。其中执行法官负责审核签发裁定、决定、命令等司法文书，决定采取强制措施，决定中止或终结执行等重大事项，审查异议、督促等程序性争议；法官助理负责草拟司法文书，具体办理财产查找、查封、冻结、扣押、案款发还、数据录入、信息化装备运用、案件报结等程序性事项；司法辅助人员负责记录谈话、校核书稿、印制文书、送达材料、整理卷宗及其他法官交办的事务性工作。针对不同类型的执行干警，二中院执行各部门均修订绩效考核办法，定期公示，将考评成绩作为奖金发放、评奖评优、职级晋升、选拔任用的主要依据。执行局将针对每个执行团队每月有通报，每季有讲评，每年有审定。

第二节　执行指挥中心建设

一、相关改革精神

1.《最高人民法院关于深化执行改革健全解决执行难长效机制的意

见——人民法院执行工作纲要（2019—2023）》：加快推进执行指挥中心实体化运行。加强执行指挥中心制度建设。充分发挥执行指挥中心在团队化办案中的支持、保障作用，做到事务工作办理集约化、工作流程标准化、规范化。充分发挥执行指挥中心指挥调度作用，以事项委托为基础，推进跨区域、跨部门之间的事项协作，加快执行指挥应急管理系统部署，尽快实现全国法院全覆盖，打通内、外网连接，有效解决执行指挥中心与外出执行人员、外出执行人员之间的执行信息联通问题，逐步形成覆盖全国、上下一体、内外联动、响应及时、保障有力的执行指挥调度工作新格局。充分发挥执行指挥中心在执行管理、执行考核中的中枢作用。

2.《2018年人民法院工作要点》：强化执行管理、推进执行改革。深入推进执行指挥中心实体化运行，构建上下一体、内外联动、规范高效、反应快捷的执行指挥系统，实现全国四级法院“统一管理、统一指挥、统一协调”。总结审执分离改革试点经验，深化执行体制改革，构建更加科学的执行制度体系。

3.《最高人民法院关于落实“用两到三年时间基本解决执行难问题”的工作纲要》：强化执行工作统一管理体制。依托执行指挥系统，强化全国四级法院统一管理、统一指挥、统一协调的执行工作管理体制，规范指定执行、提级执行、异地交叉执行的提起和审批程序，提高执行实施效率。

二、二中院执行指挥中心实体化运行的工作思路

（一）执行指挥管理平台支撑各项职能运行

依托最高人民法院执行指挥管理平台中的“3+1”核心指标、执行督办、质效考核、司法拍卖等多个功能模块的具体工作，实现以下六大运行机制。

一是执行指挥中心执行管理机制,通过对所有执行质效指标进行实时监控,强化案件办理质量、案件办理效率、财产处置情况等督查考核,实现对执行案件、执行事项和执行人员的全方位管理。另外,通过研究制定二中院各类执行案件办理规范,不断加强执行标准化、规范化管理力度,逐步构建完整的具有二中院特色的执行管理制度体系。

二是执行指挥中心指挥调度机制,深度运用最高人民法院"移动执行"App、二中院自主研发的手机 App 远程指挥系统,实现执行干警与执行指挥中心的实时互联。App 远程指挥系统安装在每一名执行干警手机上,通过移动通讯信号与指挥中心实时互联。这套系统的优点为携带方便、信号稳定、音像清晰。此外,其他功能也仍在继续研发,随着手机"单兵"功能的日渐完善,该系统在各手机终端可以实现多向互联,作为一套小型执行会商系统来使用。

三是执行指挥中心团队化办案保障机制,运用执行办案系统、执行公开系统,根据执行工作规律和办案流程,落实有关措施,打破"一人一案一包到底"的传统办案方式,建立以员额法官为主导的执行团队化办案模式,变个人办案为团队办案,实现执行案件办理规范化、执行事务处理集约化、执行工作流程标准化,切实提升案件执行质效。

四是执行指挥中心团队化办案服务机制,通过执行指挥平台上传下达模块以及北京市全市每周召开的执行工作例会,向各执行实施庭室及时传达关于信息化系统更新、对各级法院在执行办案网络查控、失信限消、询价评估、网络拍卖等信息化系统应用方面存在的问题及时予以沟通并帮助其解决。

五是执行指挥中心为领导提供决策分析机制,加强调查研究工作,通过数据监管、综合分析,及时对二中院执行工作运行动态予以分析研判,查找不同阶段的突出问题和短板,为领导决策提供分析依据和数据支撑。

六是执行指挥中心值班备勤应急处置机制,按照最高人民法院和市高级人民法院的安排部署，建立实时联动的 24 小时值班备勤和应急处理工作机制。

（二）信息化大数据助力执行指挥中心实体化运行

执行指挥中心是为了落实完善执行联动指挥机制形成的信息化系统，是执行办案、执行指挥、执行管理、执行考核、决策分析的一体化、信息化基础性平台，是执行工作统一管理、统一指挥、统一协调的平台和抓手，实现执行工作"一性两化"的是执行工作的信息交换中心、指挥调度中心和决策分析中心。执行指挥中心实体化运作是破解执行难的"牛鼻子"，而大数据时代信息技术、互联网技术的支撑为执行指挥中心实体化运作提供了前所未有的发展契机。

将执行从碎片化转变到系统化。执行指挥中心是将执行过程中案件管理、司法查控、案款管理、执行指挥、执行公平、司法网拍、信用惩戒等功能整合的系统化平台，必须整合法院所有执行案件相关的信息和外部执行协作相关信息，提供可视化、智能化的指挥、协调与管理决策信息支撑。将事务性工作和统一管理职能集中到执行指挥中心，提升数据化、信息化、实战化水平，实现执行指挥中心"最强大脑"与执行团队"最强团队"的有机结合和紧密配合，利用大数据、云技术，整合执行指挥中心，建立行之有效的"网上执行局"系统，让"精准执行"发力生威。

（三）执行保全团队与财产处置团队提高执行案件办理效率和流程集约化水平

一是以执行工作为中心，提升业务能力，抓好司法办案。进一步加大财产保全案件执行力度，充分利用执行委托系统以及事项集约办理系统，提升保全案件质效，为全院各类财产保全案件做好有力支撑。

二是继续加强司法网拍力度，进一步畅通财产处置路径。认真贯彻落实北京市高级人民法院财产登记工作重要部署,加强与执行实施部门对接,利用大数据网络估价系统,优化网络司法拍卖环节,加强与京东、淘宝等司法网拍平台合作,进一步提升二中院司法网拍影响力,提升司法网拍质效。

三、二中院执行指挥中心建设情况

二中院始终秉持做大、做强、做实执行指挥中心的工作理念,各项工作不断取得突破发展。2014 年 8 月初,根据市高级人民法院《北京市中级、基层人民法院执行指挥中心建设方案(试行)》要求,二中院执行局整合全局人力资源,定位统一管理、统一协调、统一指挥职能,成立执行指挥中心。成立之初共有 9 名干警,下设执行协调组、应急行动组、综合组,承担远程指挥、节点控制、信息公开、信用惩戒、司法拍卖、信访管理、监督管理、绩效考核、决策分析等多项职能。

2016 年年初,市高级人民法院确定二中院作为首批执行体制改革试点,二中院制定了《北京市第二中级人民法院执行体制改革试点方案》,着力将执行指挥中心打造成为执行信息交换中心、执行指挥调度中心、执行决策分析中心。按照该方案要求,二中院执行指挥中心职责定位主要包括:(1)承担执行工作中带有共性的、可以集约完成的事务性工作;(2)对本院执行流程节点进行监控;(3)负责终本案件的管理和终本案件的财产网络查询;(4)处理办案中的应急事项;(5)依指令参与联合执行活动和执行协作工作;(6)负责执行公开、执行联动及信用惩戒的管理和外联工作;(7)采集、分析数据,为领导决策提供辅助;(8)其他工作。

2017 年 5 月,随着执行体制改革的深入推进,二中院财产保全工作由执行二庭剥离,在执行指挥中心增设财产保全组,负责承办二中院所有财产保全类案件。目前,二中院执行指挥中心人员已达 15 人,包含 2 名员额法官、6名法官助理、7名书记员，执行局局长兼任执行指挥中心主任，下设综合组、司法网拍组、财产保全组，由三组分工负责、互相配合，为进一步做大、做强、做实执行指挥中心打下了坚实的组织基础。

以下为二中院执行指挥中心各组的职能定位与分工，以及执行指挥中心实体化运行情况。

（一）综合组

目前，二中院执行指挥中心综合组由3名法官助理、1名聘用制书记员组成，承担执行指挥中心实体化运行的大部分监督、管理、服务职能，包括上传下达、文稿信息、规范化建设、信息化建设、执行宣传、远程指挥、远程会商、数据分析、案款管理、专项活动、综合保障以及执行指挥管理平台项下的执行督办、执行质效、执行信访、终本管理、舆情监管、事项委托等。

1. 围绕中心职能定位，强化执行案件管理。依托执行案件管理系统和执行指挥管理平台，严格按照最高人民法院《执行统计指标体系及考核指标体系》的要求，以执行工作专项考核评价的35项指标为抓手，由内勤组统一对全局执行案件各项指标进行全面监督、全程管理。每月编发执行月报及电子月报，通报执行工作情况，跟踪分析收结案进度，及时调整结案规划，研究查找审判质效短板。针对案件流程节点和案款认领、发还等事项随时记录并预警，发布了《关于清理长期未处置首封房产进展情况通报》《关于督办长期未发还案款的通知》《关于补录案件信息的通知》等一系列通知文件，及时督促承办法官履职尽责，防范渎职风险。

与此同时，执行指挥中心还进一步加强了对终本案件的管理，严格落实最高人民法院《关于严格规范终结本次执行程序的规定（试行）》，制定了终本案件节点管理清单，详细规范执行中每个流程节点的责任人、工作要求和工作时限，要求每一执行案件均应将节点管理清单附卷备查。并组织对终本案件进行定期跟踪，定期复查。

对未发还案款继续进行统计分析、协调反馈、定期公示。按照沉淀案款金额大小，分别建立台账，区分督办层级。在院、局领导的督办下，清理、清退大量沉淀案款，成功化解一批历史遗留问题和疑难复杂社会矛盾。

针对长期未结案件，建立首封财产数据库，开展有效清理。依据“执行财产续封续冻管理系统”，按照查封时间、标的类型、标的价值，对所有首封未处置财产进行详细梳理，建立首封财产数据库，并下发执行实施庭。在院、局领导直接督办下，执行各庭室加速对查封财产的处置。

2. 强化执行信息建设与应用，打造执行信息交换枢纽。二中院执行指挥中心完善执行信息化建设，创新执行模式，积极推动信息化办公办案落地生根，不断提升信息技术支撑能力。人民法院执行指挥管理平台上线以来，二中院执行指挥中心分别从执行督办、执行信访、执行委托、舆情动态、网拍监管、执行会商、上报下达、值班巡检、队伍管理等 9 个方面，发挥信息化辅助办公办案作用，及时转发、传达、回复了一系列上级相关文件，做到“第一时间接受，第一时间办理，第一时间回复”。共计办理、转发各类执行督办文号数百件次，完成终本案件财产核查、网拍上拍督办、重点案件督办、申诉信访督办等具体工作事项逾数千件次。

针对执行委托事项管理，二中院执行指挥中心严格按照《最高人民法院关于严格规范执行事项委托工作的管理办法（试行）》的相关规定，制定发布《北京市第二中级人民法院关于加强委托执行系统使用的通知》，设立专管员负责执行委托发起、经办和跟踪。“基本解决执行难”以来，办理执行局对外事项委托 7258 件，受托 549 件，对于符合管理办法的受托案件，全部期限内办理完毕，办结率达 100%。经初步统计，累计减少出差千余人次，减少出差里程百万余公里，节约财政支出百万余元，有效降低了执行工作成本，大幅提升了执行工作效率。同时，执行指挥中心严格落实最高人民法院要求值班巡检制度，由专人每天全程“线上+线下”双在岗值班，随时保障上下级指挥中心信息传达及时、畅通。

2021 年以来,执行指挥中心积极推进执行信息化建设,创新执行工作模式,持续深化信息化对于执行办案的“加速器”作用,不断提升信息技术的支撑能力。一是深度应用人民法院执行指挥中心综合管理平台。在执行督办、申诉信访、事项委托、专项活动、上报下达、数据监管、事项请求等方面,充分发挥信息化辅助办公办案作用。二是深度应用“路侧停车查询系统”。市高级人民法院与市交通委合作开发路侧停车查询系统,全国首创路侧停车信息查询功能嵌入北京法院执行办案系统,保障全市法院查控车辆财产的工作需求。针对查封、续封、轮候查封状态并且未实际扣押的车辆,承办法官可在执行办案系统的财产明细模块中录入被执行人名下车辆的车牌号码、车牌颜色等基本信息,查询道路停车的时间、位置、历史、欠费记录等信息,并实时获取查封车辆停泊位置,实现精准查控被执行人名下车辆。通过“路侧停车查询系统”的推广应用,从根本上破解了被执行人名下车辆财产查控难题,有利于提升车辆财产处置效率,及时实现胜诉当事人的合法权益。三是深度应用“申请执行人预留银行账户”功能。积极推动应用市高级人民法院统一部署的“申请执行人预留银行账户”功能,承办法官可实现在执行办案系统中查看案件下所有当事人提交的银行账户信息和申请执行人银行账户确认书,在案款发还环节可通过案款系统直接获取当事人已经填写的银行账户信息,将案款直接发还至该账户,省去承办法官联系查找当事人、与当事人确认领款信息以及领款人提交案款收据等中间环节,可有效缩短案款发还时长、提升案款发还效率。同时,为提升全局干警信息化水平,紧跟最高人民法院“人民法院信息化 3.0”建设步伐,执行指挥中心先后多次组织全局干警参加最高人民法院“执行大讲堂”业务培训,对新上线的执行委托系统、执行信访系统进行学习,推动执行工作信息化,切实提高干警素质。

3. 强化数据保障,为领导决策提供有力支撑。2018 年 3 月 29 日,最高人民法院召开决胜基本解决执行难动员部署会后,院党组高度重视“基本解决执行难”工作开展，坚决贯彻落实最高人民法院部署和市委政法委、市高级人民法院指示精神，先后召开 9 次党组会专门听取执行工作汇报，院党组书记、院长鲁桂华先后多次来到执行指挥中心督战“执行难”，执行指挥中心积极发挥执行保障、决策辅助分析中心职能，及时将执行各项数据、执行动态、各庭室工作情况形成执行捷报上报院、局领导，为领导决策、制定工作计划形成有力数据支撑。

以执行工作专项考核评价的 35 项指标为抓手，由内勤组统一对全局执行案件各项指标进行全面监督、全程管理。二中院 2016 年、2017 年、2018 年 3 年无财产可供执行案件终结本次执行程序合格率分别达到 99.06%、97.32%、99.83%；2016 年以来首执案件整体执结率为 96%；当前执行信访案件办结率为 100%，此后每年均保持高水平运行。除核心指标之外，二中院的实际执结率、事项委托办结率、失信名单撤销率等 18 项系统自动提取指标，财产保全及时性、发出报告财产令等 15 项流程节点管理指标，以及执行转破产、执行指挥中心、执行宣传等单项考核指标均呈现客观真实、提升向好的趋势。

4. 强化中心枢纽职能，充分发挥集约管理作用。强化对全局各项执行质效指标的统一监管。每月将考核指标、“3+1”核心指标的运行情况通过《执行月报》进行汇总、编发，并将指标计算细化到人，通过中级人民法院之间横向对比以及承办法官之间纵向对比，跟踪分析收结案进度，研究查找执行质效短板，形成对全局执行工作各项指标的统一监督、全面管理。严格落实市高级人民法院及本院目标责任制考核工作要求，每季度对各执行庭室阶段性执行质量指标、执行效果指标、执行效率指标进行打分，为各庭室把握工作进度、及时调整工作计划形成有力数据支撑。常态化统筹监管特殊类型案件，每周向市高级人民法院汇总上报涉黑恶执行案件、涉“双减”工作执行案件执行情况，每月通过综合管理平台专项活动模块更新上报本年度职务犯罪刑事涉财产部分执行情况。

建立执行案件财产线索接转中心。积极贯彻落实《北京市高级人民法院关于进一步提升财产查控处置质效的意见》文件精神，在执行局设立财产线索接转中心，并设置专管员登记移转本院已立案受理的执行案件中的财产线索。制定《北京市第二中级人民法院财产线索接转中心工作规程》及《执行案件当事人须知》手册，详细说明执行案件财产线索接转中心对外专线及运转规则。同时，联动立案庭、诉讼服务办公室、组宣处、办公室技术室等部门，搭建起全方位、多层次的执行线索接转中心对外告知渠道。

组织开展执行案款集中发放日活动。2021 年，二中院积极响应最高人民法院、市高级人民法院关于开展执行案款集中发放日活动的工作部署，研究制定《北京市第二中级人民法院关于执行案款集中发放日活动的工作方案》。在办公室财务科、组宣处、技术室等相关部门的支持协同下，提前做好人员调配、技术联调、现场布置等准备工作，明确发放日当天的活动安排、人员配置及工作要求，为发放日活动的有序开展打好坚实基础。执行案款集中发还活动期间，二中院共计发放 17 个执行案件中 1940 万余元 112 笔执行案款。发放日活动后认真开展执行案款集中发放日新闻宣传活动，在本院微信公众号上推送案款发放日当天宣传信息，并被北京法院网等多家媒体转发。

强化执行信访案件监督管理。2021 年，对于各信访渠道反映的执行信访案件，执行指挥中心设专人进行管理，确立案件交办后执行信访专管员第一时间接收、各执行庭室第一时间转交、案件承办人第一时间办理的办理模式。全面梳理所有上级交办案件、人大代表等关注或督导的案件，“12345”群众留言、“12368”群众留言信访案件台账，对各类型信访案件分类登记、分类办理，定时追踪办理结果，实现台账式管理、销号式化解。根据执行信访案件办理要求，不断加强信访案件督办管理力度，确保上报信访案件办理材料中，均完整包含案件办理情况报告、报批手续及与信访人或其代理人进行约谈的笔录或工作记录，案件办理情况均上报庭、局、院及市高级人民法院逐级审核。制定出台二中院《关于执行信访工作办理规范》,明确执行信访案件办理要求及核销标准,通过定人、定责、定期限、定标准,加强执行信访案件监督管理力度。

5. 强化执行联动机制建设,发挥联动核心作用。执行指挥中心不断加强执行联动建设,形成了一套上下联动、内外互动的联动机制,通过借助执行会商平台,常态化参加执行指挥中心例会,及时高效完成了上级法院工作部署。

2021 年以来,二中院执行指挥中心进一步完善与公安机关联动查控被执行人、打击拒执犯罪等工作对接机制。积极贯彻落实市高级人民法院、市检察院、市公安局、市司法局四部门联合会签《关于联动查控被执行人、打击拒执犯罪等工作的若干意见》精神,与北京市公安局丰台分局联合签署《北京市第二中级人民法院、北京市公安局丰台分局关于联动查控被执行人、打击拒执犯罪等工作的实施细则》,明确职责分工、对接流程、查询及查控范围,并制定流转公文模板,建立起查询被执行人信息、查找被执行人、查控被执行人财产、打击拒执犯罪的执行联动长效机制,切实推进联动查控被执行人、打击拒执犯罪等工作。另外,执行指挥中心进一步健全与立案庭、督察室工作衔接机制。围绕执行各庭室反馈的关于立案执行工作衔接和案情沟通的意见建议,与立案庭进行座谈交流,在当事人基本信息录入、执行标的金额、立案阶段当事人提交材料的审查、保全告诉书送达等方面达成共识并形成会议纪要,进一步强化了立案执行工作衔接和案情沟通,完善了重大敏感案件"立审执"衔接工作机制。与督察室联合召开"一案双查"工作座谈会,就本院"一案双查"工作机制建设进行了研究,依据《最高人民法院关于对执行工作实行"一案双查"的规定》《北京市高级人民法院关于对执行工作实行"一案双查"的实施细则》,围绕执行工作"一案双查"工作原则、线索来源、线索调查方式及市高级人民法院检查结论处置方式等展开充分讨论,将讨论结论形成会议纪要,进一步规范了"一案双查”处置流程。

同时,立足服务首都建设,积极认真履行对辖区法院执行案件的司法审查职责,与辖区法院多次开展视频会商就疑难案件开展讨论,为疑难案件的处置提供了有力指导。此外,执行指挥中心进一步深化与京东、财付通等企业的联动查询机制,取得良好的社会效果和法律效果。

(二)司法网拍组

1. 司法网拍工作概况。2014 年 4 月,二中院作为全市司法网络拍卖的试点单位,敲下了北京法院司法网络拍卖的第一槌。多年来,二中院始终坚持最高标准、最严要求、最好效果,对涉案财产全部通过司法网络拍卖进行处置。目前,二中院网拍组共有 2 人,分别为 1 名法官助理,1 名聘任制书记员,分别负责京牌小客车司法网络拍卖的前期审查、发布拍卖公告、接受竞买人咨询并解疑答难、网拍平台信息维护更新等工作。

2. 司法网络拍卖的做法及经验。一是加强司法网拍制度建设,规范司法网拍流程。开展司法网络拍卖工作试点工作伊始,执行指挥中心即制定了《关于执行程序中财产评估拍卖工作规定》,对财产评估拍卖的流程进行了详细规定。为进一步加大财产处置力度,执行指挥中心结合执行工作实际,制定发布《关于财产处置的相关规定》,进一步细化执行实施庭与执行指挥中心网拍组之间的衔接机制,将已控制涉案财产的处置流程、财产移交网拍程序细化到日,从而实现财产进入处置程序后,即可按照规定时间推动财产变现,明确了执行实施庭与网拍组职责,改变了以往移交后权责不清、协调不畅等问题。2021 年度,执行局进一步制定《北京市第二中级人民法院司法拍卖辅助人员管理办法(试行)》,对司法拍卖辅助人员的定义、业务范围、费用承担、工作要求、保密纪律、材料保管、办公用餐、形象着装、门禁通行等作出了明确具体的规定,满足本院对司法拍卖辅助人员的日常监督管理需求。《北京市第二中级人民法院关于财产处置的相关细则(试行）》对原规定中司法网络拍卖移交规则进行了删改，增加暂缓执行、中止执行期限届满后，立即恢复对涉案财产处置的要求，增加了对网络拍卖平台应由当事人进行选择的原则性规定，增加了对拍卖公告及流拍、撤拍处理的规定，以进一步加强财产处置力度，规范财产处置流程，提升财产处置效率。

二是开展多次专场拍卖。2014 年以来，网拍组先后与京东、淘宝合作组织了“大牌奢品”“金银珠宝”“玉器宝石”“小件物品”等 10 余场专场拍卖会。由于宣传效果显著、拍品种类丰富、物美价廉、拍卖服务保障到位，二中院组织的专场拍卖均得到竞买者广泛好评和大力支持，为推动二中院司法网拍品牌建立奠定了扎实基础。

三是破解司法网拍难题，畅通司法网拍路径。在开展司法网络拍卖工作期间，执行指挥中心通过创新机制建设、对难题问题开展讨论等形式，推动司法网拍过程中的难题得到妥善的解决，为竞买人提供了充分的服务保障。首先，开辟司法网拍小件资产处置新途径。中小件拍品的受关注度和成交率都比较高，存在“竞价容易邮寄难”的客观现实难题，经过对该问题的梳理，从中发现了中小件拍品邮寄配送所产生的不同种类的问题，包括：不同案件中拍品移交给网拍组之前其所在地各不相同，有的扣押在公安机关的赃证物库、有的被查封在被执行人所在地等，影响拍前看样等程序；若拍品在移交过程中发生损毁则直接导致财产的贬值甚至消灭。针对此类问题，二中院结合拍卖实践，根据拍品的数量、种类、性质制定不同的储存、保管和移交方案。针对价值较小，可以通过视频、图片等方式完整呈现新旧状态的拍品，则不组织看样与物品移交，而是由对该物品采取强制措施的执行实施案件承办人负责财产交接，以节约人力物力；针对珠宝、奢侈品等价值大，且有必要让消费者亲自确认拍品折旧程度的拍品，则由网拍组找到合适的地点、方式后，统一组织看样。另外，针对小件物品拍卖成功后的邮寄问题，二中院网拍组与京东公司共同研究，采取对平台重新设计研发、调整配送方式、改进物流程序流程、开设专属通道、设计专用包装等方式,对中小件拍品邮寄所产生的问题进行了一一解决,买受人可以自主选择“自取”或“邮寄”。邮寄信息可以从拍卖平台自动转入物流平台。拍品物品交接可以用视频录像固定。成交确认书、回证买受人签收后可以送回法院。其次,推出司法网拍北京地区房产按揭贷款新举措。2015年二中院在市高级人民法院执行局和二中院党组的领导协调下,与市国土局、地税、银行以及住建委等有关单位多次磋商,各方就房产的司法网拍贷款事宜达成一致意见,将银行贷款资金直接引入司法拍卖程序,圆满完成全市法院首例司法网络拍卖房产按揭贷款办理业务,提高了涉案房产的处置变现率。最后,积极适用当事人议价等方式处置难执行的股权。针对有限公司股权价值难以评估的问题,执行指挥中心网拍组与执行实施庭密切配合,迅速贯彻落实《最高人民法院关于人民法院确定财产处置参考价若干问题的规定》,建立股权处置的专项通道,优先通过当事人议价等方式开展对有限公司股权的处分,在当事人就处置价格达成合意后,由执行实施庭向网拍组移送拍卖材料,减少股权评估时间过长导致股权价值变动等不良影响。从《最高人民法院关于人民法院确定财产处置参考价若干问题的规定》实施后的数月内,二中院即通过当事人议价的方式顺利上拍的案件数有6件,已成交案件的双方当事人均对拍卖结果满意,起到了良好的社会效果。

(三)财产保全组

1. 财产保全工作概况。近年来,随着经济社会发展和当事人财产保全意识的不断加强,二中院受理财产保全案件的数量呈现逐年攀升态势,“基本解决执行难”以来,累计收案2784件,结案率历年均超过95%,保全率曾高达223%。目前,二中院财产保全组共有6人,由5名法官助理以及1名聘用制书记员组成,统一承办全院财产保全案件。

按照《最高人民法院关于人民法院立案、审判与执行工作协调运行的意见》，二中院办理保全案件的流程：对于诉前或者申请仲裁前申请财产保全的案件、通过仲裁机构向人民法院提交申请的财产保全案件以及在法律文书生效后进入执行程序前申请财产保全的案件均由立案部门编立“财保”字案号，并经依法审查后作出保全裁定。对诉讼中申请财产保全的案件，由负责审理案件的审判部门以诉讼案号进行审查并作出保全裁定。由于保全案件的时效性强，立案、审判部门作出的财产保全裁定后，在送交立案部门立案的同时，会与保全组进行提前沟通，由立案庭第一时间送交财产保全组。保全措施实施后，保全组会将财产保全情况反馈给作出财产保全裁定的部门，并将裁定、协助执行通知书副本、送达回证等移送入卷。“执保”字案件需单独立正副卷归档。

2. 近年来财产保全工作相关做法及经验。为保证当事人合法权益能够得到及时、有效保障，二中院主要从以下三个方面着手，全力做好财产保全工作。

一是加强财产保全规范化建设，提升保全案件办理质量。由于财产形态多样复杂，为了及时查控被申请人财产，二中院财产保全裁定多为概括性裁定，因此对财产保全案件中财产权属的判断等专业化要求越来越高。为防止超标的查封、保全错误等情况发生，以及妥善应对被保全人转移财产等突发情况，二中院严格落实合议制度，对财产线索复杂、被保全人恶意转移财产等案件均需进行合议，决定保全案件办理方案。同时，执行指挥中心根据财产保全案件办理需要及庭室实际工作情况，结合正在开展的财产线索接转中心重点工作，制定出台财产保全案件流程登记表，对保全案件类型、保全阶段及办理方式等进行了区分，并详细记录财产线索地点、类型、数量等重要情况，由具体案件承办人给出明确处理意见。通过庭室领导、各承办人在案件受理后的严格把关、综合研判，审慎确定财产保全顺序，切实发挥执行合议制度的监督作用，不断提升财产保全案件办理规范化水平。此外，二中院统一制定与当事人首次谈话笔录模板，对于财产线索要件不明确的案件明确要求承办人需与当事人进行谈话沟通，并对谈话中的具体财产信息逐一列明。通过谈话标准的统一，承办人能够充分了解当事人的意见，提高财产处置的准确度，确保高效公正规范文明执行。

二是加强立审执协调配合，提升财产保全工作效率。执行指挥中心与立案庭、审判庭等建立了常态化沟通机制，不断加强立审执各部门协调配合，提升财产保全工作效率。先后就如何促推财产保全效率提升进行研讨，对保全裁定的如何表述、如何进一步压缩财产保全案件流转周期达成共识；审判庭向当事人释明提供财产线索重要性等有益建议，让立审执工作高效衔接在保全案件办理中得到了充分体现。在情况紧急的保全案件中，立案庭或审判庭法官裁定应当予以保全的，在作出裁定后可以直接与财产保全组联系，由局、庭领导统一调配力量立即办理该类保全案件。通过该机制的建立建设，二中院保全组先后成功办理了多起标的额大、时间紧迫的保全案件和涉民生保全案件，赢得了当事人广泛好评。

三是加强保全队伍建设，有效整合现有人力配置。由于财产保全组人员结构存在平均年龄较大、后备力量不足的情况，执行指挥中心在充分保障干警身体健康的前提下，充分发挥主观能动性，克服各方面困难，努力寻找人力资源配置“最优解”。一方面，在分案时，将保全案件按照地点、类别等特征分类，将需去同一地点采取保全措施的案件有效整合，统一办理，节约保全执行时间。另一方面，充分发挥团队化办案优势，实现案件材料准备工作和外出中事项办理工作的分工配合，同时相对固定安排人员统一负责保全案件整理、归档工作，使保全组执行员能够从案头工作中抽身，专职从事外出财产保全工作，进而提升财产保全效率。

【典型案例】

高效保全：2018 年 2 月，二中院受理了一起标的金额高达 2 亿元的执行保全案件，得益于立审执各部门件的无缝对接、联动配合，执行指挥中心在立案后48小时内完成对被申请人位于深圳、珠海等地包括股票、房屋在内的多处财产的查封、冻结,依法及时控制相应财产,有效维护了当事人的合法权益。

以保促调:2017年9月,二中院受理原告某科技公司起诉某文化投资公司、李某等7被告两起合同纠纷案,民三庭与执行指挥中心紧密配合,根据本案实体争议小、被告人数多、诉讼金额大的特点,决定依法裁定保全,在2个工作日内,先对被申请人公司股票采取保全措施,促使双方达成调解,在当事人签署调解协议后,随即完成对保全财产的解封,避免被告名下巨额股票因诉讼保全而贬值,取得良好的法律效果和社会效果。

保障民生:2021年11月,在二中院受理的某投资管理有限公司与某建设集团股份有限公司合同纠纷一案中,被申请人名下被冻结的建设银行一账户为新疆维吾尔自治区农民工工资专用账户,已被冻结的3100万余元资金为3000余名农民工工资。对此,二中院立审执各部门通力合作,在保全案件立案当天,即通过全国“总对总”网络查控系统解除了该农民工工资账户的冻结措施,实现24小时内公正高效解除保全冻结措施。

四、二中院执行指挥中心建设特点

(一)抓好规范化建设,实现用制度管人管案管事

在市高级人民法院的统一领导下,坚持刀刃向内,一直狠抓执行规范化建设,在严格执行最高人民法院、市高级人民法院执行办案规范和办案指引的基础上,结合二中院实际,执行指挥中心先后制定实行了30余项规范制度,着力打造横向到边、纵向到底的执行工作规范化制度体系。

财产查控环节:制定实施《关于对执行财产查封、扣押、冻结进行合议的暂行规定》,并且明确规定重大事项合议前,承办法官应当充分听取

当事人、利害关系人的意见,并将采取或者不予采取查控措施的决定及时告知有关各方,并提供异议救济权利。在财产处置环节,二中院制定实施《执行程序中财产评估拍卖工作规定》《关于财产处置的相关规定》《关于财产处置的相关细则》等,为财产处置确立了管理模式、拍卖模式、考评模式的"三统一"。案款管理环节:二中院制定实施《关于进一步加强案款管理的规定》《关于案款财务管理的实施细则》《案款财务管理"六个必须"》《案款、诉讼费退费财务管理"六个禁止"》等规范性文件,强制落实案款发还合议机制,打造案款管理"机制链"和"制度群"。在终本案件管理环节。二中院始终认为,终本案件质量是反映执行工作优劣的风向标,专门制定《关于严格终结本次执行程序的规范》,严格按照此规范的要求把握终本案件的程序要件和实质要件。在卷宗交接归档环节。制定实施了《关于执行实施案件卷宗交接和归档工作的暂行规定》,明确卷宗交接清单 9 个要素和卷宗归档正副卷的 30 个要点,防范执行案件因后续执行、案件承办人调动、离职等原因导致案卷交接过程中出现的情况不明、责任不清、材料不全等情况。指挥管理保障方面:为推进资源整合、提升服务保障水平,指挥中心在完善职能过程中,不断固化管理经验,形成了系统性管理机制。先后制定了《执行指挥办公室管理办法》《执行局机动车辆管理使用规范》《执行远程指挥系统使用管理规定》《会商系统管理规定》《关于加强委托执行系统的通知》《关于规范现场执行行为的操作指引》《关于执行信访工作办理规范》《关于执行案件审批流程的规范》《司法拍卖辅助人员管理办法》等 10 余项工作保障性制度文件,结合执行指挥实体化运行情况,积极完善配套管理运行机制,健全整个执行部门的运转模式,充分发挥监督案件运行态势、辅助领导决策、服务执行团队办案、集约办理程序性等作用,务求破除执行工作顽瘴痼疾的真招实法,为全面提升工作质效打下坚实基础。

（二）抓好执行信息化建设，促推执行工作提质增效

近年来，在市高级人民法院执行局和信息技术处的指导支持下，二中院积极贯彻“信息化+执行”的工作理念，以新审判大楼建设为契机，坚持“科学规划、合理布局、高点定位、适度超前”的硬件建设原则和“实用、管用、好用、爱用”的应用软件开发原则，大力加强执行查控系统、案款监管系统、信用惩戒系统、司法网络拍卖系统、执行案件流程信息管理系统的建设和应用工作，先后研发了多个辅助管理和辅助办案系统，努力推进执行全业务网上办理、全流程依法公开、全方位智能服务。

一是理念思变，由登门临柜变信息传导。通过“智汇云”办公平台、执行网络查控、执行信息公开等系统的应用，实现对被执行人的存款、车辆、证券、网络资金、个人投资等信息的一键查询和及时控制。为每一位执行干警配备移动办公平台、执法记录仪、单兵远程指挥设备，形成“工作用电脑，办案靠网络，管理看信息，考核凭数据”的信息化传导执行工作模式。比如远程指挥系统，早在 2014 年就在市高级人民法院统一指挥下，与昌平区人民法院联动完成首例远程查控工作，成功控制一台检测过程中的汽车。比如远程会商系统，近年来二中院听取辖区法院拆迁案件汇报时，都是通过市高级人民法院实现远程会商，既节约了人力物力财力，也提高了工作效率。再如，二中院自主研发了手机单兵 App，执行实施庭可以通过自己的手机，随时与指挥中心进行连线，院、局领导也可以通过手机单兵系统，实现对执行现场的指挥把控。截至目前，执行指挥中心已通过单兵系统进行了数十余次重大执行案件的现场指挥。

二是路径求变，由手段单一变综合施策。积极拓宽信息化执行工作路径，以最高人民法院、市高级人民法院的执行办案系统为主干道，辅以二中院自主研发的续封续冻系统、赃证物系统、执行案款管理系统、网络拍卖系统、涉众型执行案件管理系统，向信息技术要效率、要公正、要管理。比如

“执行案款风险监管系统”,就是二中院依托执行案款管理系统进一步研发的,通过该系统实现对二中院全部执行案款收发的动态监管、重点分析,院、局、庭各级领导可以随时查看二中院案款总体情况,并对发还案外人、超期未认领、超期未发还等异常情况进行专题分析和监控督办,实现执行案款的“有迹可查、异常报警”。再如财产续封续冻管理系统,针对二中院执行案件查控的所有财产和采取的限制出境措施,该系统具有预警提示功能,根据财产类型确定提示时间,督促执行人员在执行时限前采取续封续冻措施。通过这个系统的应用,能够实现对所有财产查控及限制出境措施的“底数清、情况明”,防范执行法官出现漏续封等渎职风险;同时领导还能通过该系统的统计功能,督承办法官加快财产处置进度,有力提升了规范化管理水平。

三是机制图变,由人工盯防变全程留痕。以执行节点全流程信息化为抓手,在深入应用执行统一办案平台的基础上,实现对执行案件的即时跟踪、管理、监督,有效解决了以往大量执行案件体外循环、难以监管的问题。同时,完善执行信息公开机制,加大司法公开力度,执行裁判文书 100%上网公开,执行程序节点全流程上网公开,努力实现了执行案件办理的全程公开和处置透明。对此,二中院曾专门召开了执行工作全流程信息化新闻发布会,当时中央电视台、中央人民广播电台等主流媒体都进行了宣传,引起了良好反响。最高人民法院院长周强于 2018 年 4 月莅临二中院调研指导工作时指出,“一切工作都纳入信息化管理,让人印象很深”;全国政协副主席汪永清 5 月莅临二中院视察指导工作时指出,也充分肯定了二中院在信息化建设方面取得的长足发展,特别指出执行指挥中心的建设“非常好,很震撼”。

(三)讲好执行故事,加大执行宣传

执行指挥中心始终高度重视执行宣传工作,及时将执行工作成果进行

总结、固化，并积极运用各级宣传平台扩大执行工作传播力、影响力，讲好执行故事、展现工作成效、树立队伍形象。自2016年“基本解决执行难”开展以来，即组织开展“力克执行难，二中院在行动”16期系列宣传，在“中国执行”“京法网事”等微信公众号发布《寻找破解执行难的“金钥匙”》《24小时，紧急解封1600万！》等百余篇执行宣传报道，在中央电视台“焦点访谈”、北京电视台“法制进行时”等电视节目播出《创新举措破解执行难——网络司法拍卖》等40余期电视专题节目或新闻报道，在《光明日报》《法制日报》《人民法院报》等报纸媒体刊登《消除“法律白条”，有多少“硬骨头”要啃》执行专访或宣传报道，组织召开“执行工作全流程信息化”“司法网络拍卖”“小业主维权”等数次大型新闻发布会，组织多次共计20余万人次关注的强制执行网络直播活动，全方位展示执行工作措施、变化、成效，以及执行队伍昂扬向上的精神风貌。

其中，《14年来，他坚持每年现场主持交付》被人民法院报等媒体广泛报道，《二中院集中案款发放日发还执行案款1900余万元》被北京法院网等网站第一时间转发。2021年以来，撰写信息简报《二中院多措并举7个月促推发还执行案款48亿元》《执行局突出“三实”着力做好建章立制下半篇文章》等，充分反映各项专项行动形成的长效机制与制度成果。此外，为落实院庭长办案制度要求，以及加快指挥中心人才综合素质培养，综合组在局、庭领导带领下，承担了一批市高级人民法院制定大要案件和刑事涉密案件办理工作。在各级领导的高度重视和直接关怀下，综合组虽然承担的工作任务叠加交织、复杂繁重，但也为指挥中心干警尽快树立大局观念、熟悉执行工作、提升自身能力提供了广阔平台。自指挥中心成立以来，综合组工作能力得到了各级领导和全院干警的广泛好评，已有多名干警走向了其他部门，乃至上级法院更加重要的岗位，改变了以往执行干警“进多出少”的情况。目前，二中院指挥中心所有新入院的大学生，都优先安排到综合组工作，以帮助他们快速成长。

第三节　执行规范化、标准化建设

一、相关改革精神

1. 中央全面依法治国委员会《关于加强综合治理从源头切实解决执行难问题的意见》:提升执行规范化水平。健全执行规范制度体系,加强执行领域司法解释工作,建立完善以操作规程为核心的执行行为规范体系。加大执行公开力度,全面推进阳光执行。规范无财产可供执行案件的结案程序,完善恢复执行程序。强化全国执行指挥系统建设,确保统一管理、统一指挥、统一协调的执行工作机制有效运行。树立依法执行、规范执行、公正执行、善意执行、文明执行理念,依法保护产权。拓宽执行监管渠道,健全执行监督体系。

2.《最高人民法院关于深化执行改革健全解决执行难长效机制的意见——人民法院执行工作纲要(2019—2023)》:严肃整治执行不规范行为。发挥执行约谈制度作用,对存在消极执行、拖延执行、违法执行等问题的,及时启动执行约谈程序,督促限期予以纠正。落实责任倒查、"一案双查"制度,完善相关问题线索移交、联合调查、督办问责等工作机制,将违纪违法问题查处结果纳入综治考核。

3.《最高人民法院关于深化人民法院司法体制综合配套改革的意见——人民法院第五个五年改革纲要(2019—2023)》:加强执行规范化、标准化建设。建立完善以操作规程为核心的执行行为规范体系,完善各类程序节点、执行行为的规范化、标准化流程。完善协同执行、委托执行机制,规范指定执行、提级执行、异地交叉执行的提起和审批程序。严格规范无财产可供执行案件的结案、恢复和退出程序，全面推行终结本次执行案件集中、动态管理。

4.《最高人民法院关于落实“用两到三年时间基本解决执行难问题”的工作纲要》：完善执行规范体系。要针对执行工作实践中执法办案的法律适用难题，着力解决执行中因法律资源不足、法律空白点多、法律规定不明确、缺乏可操作性导致的执行人员规范意识淡薄、执行行为失范等现象，及时制定出台相关司法解释、规范性文件、指导意见，形成比较完善的执行工作司法解释规范体系。完善执行监督体系。要健全和强化执行监督体系，从内到外、从上至下全方位加强对执行工作的监督制约，确保执行权高效、廉洁、有序运行。

5.《最高人民法院关于在执行工作中进一步强化善意文明执行理念的意见》：准确把握善意文明执行精神实质。执行工作是依靠国家强制力实现胜诉裁判的重要手段。当前，被执行人规避执行、逃避执行仍是执行工作中的主要矛盾和突出问题。突出执行工作的强制性，持续加大执行力度，及时保障胜诉当事人实现合法权益，依然是执行工作的重心和主线。但同时要注意到，执行工作对各方当事人影响重大，人民法院在执行过程中也要强化善意文明执行理念，严格规范公正保障各方当事人合法权益；要坚持比例原则，找准双方利益平衡点，避免过度执行；要提高政治站位，着眼于党和国家发展战略全局，提升把握司法政策的能力和水平，实现依法履职与服务大局、促进发展相统一。要采取有效措施坚决纠正实践中出现的超标的查封、乱查封现象，畅通人民群众反映问题渠道，对有关线索实行“一案双查”，对不规范行为依法严肃处理。

6.《最高人民法院关于对执行工作实行“一案双查”的规定》：各级人民法院要将“一案双查”作为落实执行工作“三统一”要求，规范执行行为，强化执行管理的重要抓手，建立健全相关工作机制。执行工作“一案双查”，要始终坚持执行机构与监察机构分工协作，检查案件执行情况与检查执行干警履职情况同步进行,严格查处执行干警违规违法违纪行为与完善执行干警依法履职保护机制紧密结合,既要严肃整治消极执行、选择性执行、乱执行,弄虚作假、不落实上级法院工作部署及意见等行为,确保依法规范公正廉洁执行,又要注重充分保护执行干警正当权益,防范和减少办案风险。

7.《2018 年人民法院工作要点》:加强执行规范化建设。以铁的手腕促进执行作风根本好转,切实解决消极执行、选择性执行、乱执行、执行不廉和作风不正等问题。加强无财产可供执行案件的规范办理,严格终本标准。针对专项巡查反馈的问题列出清单,持续深入开展规范执行行为专项行动。推进执行转破产审查工作,彻底清理部分执行不能案件,为解决执行难奠定制度基础。

二、二中院执行规范化、标准化的思路

"基本解决执行难"工作部署以来,二中院始终坚持以习近平新时代中国特色社会主义思想为指导,增强"四个意识",坚定"四个自信",做到"两个维护",在最高人民法院、市委政法委、市高级人民法院的领导下,结合首都法院工作特点,强化首善意识,坚持首善标准,以最高标准、最严要求、最好效果为工作指引,紧紧围绕"四个基本"总体目标,把基本解决执行难作为"一把手工程"来抓,综合施策、精准攻坚,高标准顺利通过第三方评估,各项工作始终走在全国前列。

(一)高起点、高标准,实现一流的执行绩效

一是圆满完成核心指标各项要求。2016 年至 2018 年"基本解决执行难"阶段期间,二中院始终不松懈、不动摇,有财产可供执行案件法定期限内实际执结率达 96.72%,无财产可供执行案件终结本次执行程序合格率

达100%,执行信访案件办结率达100%,首执案件执结率达97.08%,确保“3+1”核心指标始终保持高标准运行。2019年后,各项指标继续保持高水平运行。二是各类指标稳中向好。除核心指标外,2016年至2021年年末,办理办结执行案件20,498件,案拍比超过8%,多项指标和工作始终位居全市乃至全国前列。三是妥善执结一大批重大案件,解决了一批民生痛点难点问题。清理执结了涉军停偿、涉黑恶、涉民生等系列社会影响重大的执行案件,执结涉及党政机关执行积案,妥善办理涉民生案件,顺利推进亿霖木业、蒙京华案等重大涉众案件案款发还清退工作。

(二)强思想、强能力,打造一流的执行队伍

人才兴,事业兴。二中院始终高度重视、充分发挥人的第一要素作用,加快推进队伍革命化、正规化、专业化、职业化建设。一是实现结构质变,配强执行队伍。院党组始终坚持强执行必须强队伍的思路,在充分保障人员数量的基础上,一批懂审判、善执行、肯吃苦的高素质干警陆续被调整到执行队伍。其中一半以上的在编干警有刑事、民事、商事等审判领域轮岗经历或基层法院、大学生村官等基层一线工作经历,硕士研究生以上学历干警占全部在编执行干警的90%以上,使整个执行队伍焕然一新,充满积极向上的内生力。二是实现思想蜕变,强化使命担当。抓党建、带队建、促执行,始终秉承上下齐心、勇创一流的精神,形成勇于担当、敢打必胜的二中院执行文化,实现以文化软实力打造执行硬功夫,为推动执行工作发展提供不竭动力。先后创新“五星党支部”等党建品牌,荣立集体嘉奖。三是实现能力渐变,提升综合素质。注重执行干警综合能力素质的养成,锤炼出具备专业执行、高效执行、能动执行、创新执行的新时代执行干警。多名干警被评为“北京市优秀法官”“北京市司法业务技能标兵”等荣誉称号,执行干警撰写的论文多次在全国法院学术研讨会、中国执行论坛等征文活动中获奖。

（三）严节点、严措施，强化一流的执行管理

一是夯实主体责任。针对工作落实，院长、主管院长、执行局局长层层督导，先后召开20余次党组会专题研究执行工作，随时掌握执行难决战实况；院党组书记、院长鲁桂华及主管执行工作的副院长董建中先后到执行指挥中心和执行现场督导案件执行50余次。院、局、庭长结案量占全部执行结案的36.7%，切实做到了以上率下、全程督战。二是狠抓规范化建设。着力打造横向到边、纵向到底的执行全流程规范化“制度链”和“机制群”。三是深挖信息化潜力。在最高人民法院、市高级人民法院执行办案系统的基础上，自主研发的续封续冻系统，将全院300余项已控制待处置财产纳入动态监管，设置到期提醒，防止漏续封渎职风险；研发案款归集管理系统，梳理建院以来1000余笔沉积案款；研发审执信息服务平台，将全部执行指标质效纳入监管，为领导决策提供有力数据支撑，形成了丝丝入扣、环环相接的执行信息化管理体系。

（四）谋创新、求改革，形成一流的驱动发展

一是形成了上下联动、内外互动、法官能动、团队主动的执行工作新格局。2016年以来，先后向上级机关请示汇报案件50余件，妥善办理、办结了一大批范围广、影响大的执行案件。始终秉承“全国法院一盘棋”思想，先后协助全国近百余家法院办理各类委托事项近549件；委托全国各地法院办理查封、冻结、扣划等事项7258件，减少不必要出差所带来的人力、财力、时间成本，不断提升执行工作效率。首执案件人均结案数近120件，结案平均用时63.41天，执行案件办理效率显著提升。二是做强做实执行指挥中心，打造执行“大脑中枢”。充分发挥指挥中心的平台和枢纽作用，为执行团队提供服务和保障，加强对案件的精细化管理，真正实现执行工作“统一管理、统一指挥、统一协调”，确保政令畅通、令行禁止。三是持

续输出执行调研成果，为破解执行难提供智力支持。不断将破解执行难实践成果转化为集体智慧和工作机制，先后对外推送执行信息报道超1000余条。最高人民法院、人民法院报等各级媒体平台刊发、转载了《破解执行难路径》《直面难题：觅求破解“金钥匙”》等系列理论成果。与中国政法大学共同调研最高人民法院重点执行课题《执行依据不明处理方式与救济问题研究》，二中院撰写的论文《论案外人申请不予执行仲裁制度之完善》获得第十届“中国执行论坛”二等奖、司法案例“中国对外经济贸易信托有限公司申请执行山西路鑫能源集团有限公司、郑安莉等执行异议案——冻结非上市股份有限公司股权协助执行主体的认定”获得全国法院系统2019年度优秀案例分析优秀奖，为执行工作驰而不息长远发展提供有力理论保障和智力支持。

（五）讲规矩、守纪律，培养一流的纪律作风

始终把讲规矩、守纪律挺在前面，将监督贯穿始终，做到抓早抓小、抓严抓实、抓细抓常。一是坚持严管厚爱。对执行干警管理教育始终做到不放松、不袒护，加强对督导、信访案件的办理，对于违反廉政纪律的实行“零容忍”，发现一起、查处一起、通报一起。二是健全执行工作单独考核机制，完善执行问责机制。联合院监察室对执行程序、工作规范、廉洁作风开展督查回访工作，倒逼执行作风、执行程序严谨规范。三是做到赏罚分明。对攻坚战中敢于担当、业绩突出的，及时表彰，对责任不落实，工作推进迟缓的，严肃批评、责令改进，对限期未改进的进行严肃追责。

三、二中院执行规范化、标准化情况

（一）切实把“基本解决执行难”当成重中之重的工作来抓

近年来，二中院在最高人民法院、市委、市委政法委和市高级人民法院

的坚强领导和有力指导下，在市政府、市人大及各联动单位的大力支持和监督下，以习近平法治思想为行动指南，以最高标准、最严要求、最好效果为工作指引，紧紧围绕基本解决执行难“四个基本”总体目标，着眼于执行工作内在规律和长远发展，以真抓的实劲、敢抓的狠劲、善抓的巧劲和常抓的韧劲，在执行规范化、信息化、公开化、精细化建设上下功夫、建机制、治顽疾、补短板，一些长期困扰执行工作的问题得到根本扭转，形成了上下联动、内外互动、团队主动、法官能动的良好态势和长效机制，基本解决执行难工作成效得以全面凸显，实现了执行工作从“量变”到“质变”的转变。

一是院党组高度重视，全程全方位督战执行难。基本解决执行难工作既是人民法院的一项基本职责，更是一项政治任务，二中院党组始终将“基本解决执行难”作为“一把手工程”来抓，在思想上高度重视、在行动上带头落实。全院上下一心，紧紧围绕党组决心意图，拧成一股绳、聚成一团火，把标准定在高处、把工作抓在实处。工作开展以来，先后召开20余次党组会专题研究执行工作，随时掌握执行难决战实况，对攻坚难点、疑点问题及时会诊决策，定责任、定标准、定时限，实现工作到位、措施到位。院党组书记、院长鲁桂华及主管执行工作的副院长董建中先后到执行指挥中心和执行现场督导案件执行50余次，主管院长、执行局长、各庭室负责人既是执行一线的指挥员，也是攻坚战斗员，院、局、庭长结案量占全部执行结案的36.7%，切实做到了以上率下、全程督战。

二是始终做到心中有数，“挂图作战”攻坚执行难。在攻坚之初，开展了摸清底数专项行动，对建院20多年来的执行案件、积压案款、未处置财产进行了全面系统梳理，将11,000余件案件、1000余笔案款、300多项财产全部纳入信息化系统进行分类标记管理，分类别、分重点、分批次开展了全面清理核查工作。根据案件底数和存在的问题短板，制定决胜“基本解决执行难”工作方案和路线图，进一步细化执行工作各节点、要求、时限、措施，实行“挂图作战”。加强进度管理，在二中院《执行月报》专刊基础上，增发《执行捷报》周刊,随时通报执行重点、难点工作进度。

三是注重夯实主体责任,全力跟进督导执行难。以踏石留印、抓铁有痕的劲头层层抓、层层紧,对问题揪住不放,问题不解决不撒手。针对工作落实,院长、主管院长、执行局长层层督导,确保"一竿子插到底",做到问题有整改、整改有落实、落实有督查、督查有问责;针对工作短板,加强执行工作规范化、信息化建设,确保"一把尺子量到底";针对群众期待和社会关切,认真讲好执行故事,坚持"法院声音传到底",逐步形成一级带一级、一级抓一级、一级促一级的攻坚决战态势。

四是不断加强执行保障,全院上下助力执行难。院党组向全院提出,执行工作不仅仅是执行局的工作,更是全院重点工作,要在人、财、物方面给予充分保障。先后调配多名新入职干警增援执行工作;在法警支队成立专门的执行警务机构保证 24 小时用警需要;在现有执行车辆基础上增补大量警务专用车辆;为执行干警配备通讯系统、单兵执法仪等必要的信息化装备,实现指挥中心与执行干警、执行干警之间实时互联;同时在执行宣传、纪检监察、后勤服务等各个方面,全力提供综合配套保障。

(二)有效提升执行工作的规范化水平

坚持刀刃向内,狠抓执行规范化,着力打造横向到边、纵向到底的执行全流程规范化"制度链"和"机制群",形成了丝丝入扣、环环相接的执行规范化管理态势。

一是案款管理环节。深入整治案款滞留问题,将案款常态化监管从每日提醒精确到实时提醒,针对提存、推迟发还案款进行削减存量专项抽查,深化信息化技术手段应用,优化案款发还路径,强化案款全面监管,逐一突破因联系不上当事人等导致的案款滞留突出问题。全面深入应用"一案一账号"案款归集管理系统和二中院自主研发的"执行案款风险防控"系统,凡有超期未认领、超期未发还案件均纳入自动监管和提醒。2021 年以来,根据市高级人民法院关于开展执行案款清理专项行动的工作部署及执行工作实际,二中院加速开展执行案款清理专项行动。研究制定《北京市第二中级人民法院关于执行案款清理专项行动的工作方案》,严密落实推进各阶段清理工作任务,协调院财务、技术及全院其他相关庭室协同推进。全面梳理所有超期未发还执行案款并建立台账,实现"拉网式"全面排查、"清单式"分类汇总,做到"底数清"。设置案款专管员负责案款日常监督,实行对新入账案款进行及时提醒、对案款即将超期未发还的案件进行每周预警,通过信息化系统对总体收发结余情况进行排名通报的强效督促模式与动态监管机制,共计通报案款数据百余期,做到"措施清"。集中人力逐笔清理老账户和其他专户中尚不明来源的待认领案款,向北京市高级人民法院技术部门、财付通支付科技有限公司、太平洋财产保险股份有限公司等去函核查到账案款原始信息,前往全市10余家银行临柜查询汇款人联系方式并逐一确定汇款原因,未认领来源不明执行案款金额做到"路径清"。针对案款系统中法院老账户及5个案款专户收发案款的途径、来源与特点,与院办公室财务部门形成常态化联动核查机制,对全院各部门老账户入账案款进行实时监控、及时通知,采取堵住入口、溯源追踪、逐笔清理的监督模式,到账一笔、核查一笔、清理一笔,确保待认领来源不明案款再无新增,做到"来源清"。与本院诉服办协同联动,集中解决旧存案件中领款人失联导致的案款滞留问题,借助三大电信运营商、居委会或街道办等基层组织力量,探索清理积压老案款的新路径,做到"联动清"。

二是终本案件办理环节。终本案件质量是反映执行工作优劣的风向标,为此二中院坚持做到:将纠错与规范一致起来,严格按照《关于严格终结本次执行程序的规定》的要求把握终本案件的程序要件和实质要件,二中院制定了涵盖30余个项目的《终本案件检查表》,对终本案件进行自查整改并作为长效要求,要求必须按照相关规定穷尽执行措施和程序,必须开展现场调查工作,依法采取强制措施,必须将案件执行情况、采取的财产调查措施、终本依据及法律后果等信息告知申请执行人并听取其意见，必须经合议庭审查并报经院长同意才能裁定终本。将程序与质效一致起来，二中院细化 37 个流程节点制定了《执行案件节点流程表》，要求新收执行案件一案一表、节点责任到人，报结前由员额法官逐项签字，确保所有终本裁定必须包含责令被执行人财产报告、网络查控财产情况、传统查控财产情况、相关财产处置情况、采取限制消费等执行措施情况、终本约谈意见等六大部分内容，并根据终本规范要求的变化及时完善。同时制定《关于严格终结本次执行程序的规范（试行）》，严格案件审批标准，各级领导压实监督管理责任，在履行日常案件审批职责过程中，对财产统查情况、执行到位情况、终本约谈结果、合议庭意见、发布限制高消费令等关键环节进行逐一审查。将释法与公开一致起来。修订完善终本裁定模板，通过终本裁定依法透彻的说理，详细说明二中院如何穷尽财产措施未发现财产，或虽已发现财产为什么不能处置等关键程序和问题，对因何裁定终本进行充分说理论证，做好执行流程公开和执行文书公开，将法院的整个执行过程向人民群众全面展示，增进当事人和社会对二中院执行工作的理解和认同。

三是执行卷宗交接归档环节。多年来，执行卷宗不规范一直是困扰执行工作的短板之一，极易引发渎职侵权风险。为此，二中院制定实施了《关于执行实施案件卷宗交接和归档工作的暂行规定》，明确卷宗交接清单 9 个要素和卷宗归档正副卷的 30 个要点，防范执行案件因后续执行、案件承办人调动、离职等原因导致案卷交接过程中出现的情况不明、责任不清、材料不全等情况，并由执行局牵头，联合监察室、干部处、财务室、档案室等部门组成审计小组，对调动人员案卷交接实行监督审计，确保卷宗交接归档不留盲区死角，最大限度维护当事人合法权利和保护执行干警。

四是执行指挥管理环节。切实做强做实执行指挥中心，强化执行指挥管理中心实体化运行，充分发挥管理、监督、服务职能。一方面，为现场执行提供点对点、总对总的实时指挥和协调保障，确保各类困难矛盾在第一时间掌控、第一时间决断、第一时间处置；另一方面，日常主要发挥监督案件运行态势、辅助领导决策、服务执行团队办案、集约办理程序性工作的作用，实现了执行督办、执行信访、执行委托、司法网拍、执行会商、执行考核、财产保全等9个方面的集约化事务管理，累计办结执行督办即达1199余次，始终做到“第一时间接收，第一时间办理，第一时间回复”。

（三）进一步扎牢执行案款管理篱笆

基本解决“执行难”以来，二中院积极贯彻落实市高院对执行案款清理专项工作的部署要求，以高度的责任感、使命感，以刀刃向内、直面问题的自觉和勇气，对执行案款发还工作进行全面深入的梳理，进一步提升执行案件办理质效。

一是思想重视、底数清，注重齐抓共管。及时发还执行案款，是兑现胜诉当事人合法权益、促进市场主体资金回笼、优化营商环境的直接体现，也是实现公正高效司法的必然要求。二中院始终高度重视执行案款管理工作，多次就执行案款清理工作召开党组会进行专题研究；主管院长带领执行局局长、执行各庭长成立案款清理专项领导小组直接向院党组汇报工作进展，推动清理工作“一竿子插到底”；强化统筹联动、重点督办，协调财务、技术及全院其他相关部门积极配合，厘清多年案款管理底数，形成案款清理合力。依托“一案一账号”案款归集管理系统和自主研发的“执行案款风险防控”系统，实现案款情况的动态管理、异常报警、全程留痕。

二是多措并举、责任明，实现难点突破。严防案款环节风险点，做到防微杜渐、警钟长鸣。制定实施《关于进一步加强案款管理的规定》等规范性文件，引入案款发还合议机制，打造案款管理“机制链”和“制度群”。各级领导压紧监管责任，承办人压实案件办理责任，确保压力层层传导、责任分级落实、任务明确细化。与巡视、督查、诉访反馈整改落实及政法队伍教育整顿工作相结合，全面加强案款监管力度，增强执行干警风险意识、强化底线思维，坚决杜绝“不公、不能、不为”等主观原因导致的案款滞留与积压，将规范化发还案款内化为执行干警的行动自觉。打通案款发还堵点，展开专项调研，逐笔分析案款滞留原因，逐项探索应对举措，使案款清理工作有章可循；重点关注大标的滞留案款，案款清理领导小组逐案听取发还工作计划；专人专项前往各银行网点登门临柜排查，查明所有来源不明案款关联信息；深度应用工行“案款管家”，解决刑事涉众案件大批量案款发还；借力三大电信运营商，解决领款人长期失联问题。

三是常态监督、抓手牢，形成常治长效。既抓好“当下治”，又做到“长久立”，始终坚持问题导向，持续总结固化各阶段案款清理成果，以全面明晰的案款底数为抓手，坚持完善台账式常态监督、图表式定期通报、清单式销号督办，实现日提醒、周预警、月通报，紧紧扭住案款发还标准不放，切实防止案款发还前清后积的情况发生。

下一步，二中院将把案款发还作为执行重点专项工作持续推进，进一步严守办理规范，优化信息化监管方式，强化廉政风险点排查力度，完善执行案款考核督促问责机制，实现执行案款监管全面规范、案款收发良性循环。

（四）打好强制措施“组合拳”

依法穷尽执行措施，对抗拒执行、规避执行问题敢于“亮剑”、善于“亮剑”，不断加大执行力度，穷尽执行措施，打好强制措施“组合拳”。

一是用好失信惩戒。二中院充分发挥失信惩戒机制。2016 年以来，先后依法将被执行人纳入失信名单 4781 人次、采取限制消费措施 6568 人次、限制出境 900 余人次，并通过北京电视台《法制进行时》栏目及“今日头条”等媒体先后曝光近百余人次失信被执行人。

二是加大罚款、拘留措施力度。2017 年以来二中院适用罚款措施 14 起，其中对吉林某银行和刘某分别作出 100 万元和 10 万元的单位和个人最高额罚款,均促使其从拒不配合执行转变为积极履行,被媒体广泛报道,收到良好的法律效果和社会效果。2018 年 6 月,二中院对涉及 13 起执行案件的某公司法定代表人刘某因违反财产申报及限制消费义务,采取司法拘留措施,得到了全体申请执行人的广泛认可,纷纷表示看到了法院执行力度,是真正的执法为民。

三是坚决适用搜查强制腾退措施,先后完成朝阳平房乡某厂房、大兴区某厂房、东城区某酒店、涉京达公司房产等 10 余处大型场地 10 余万平方米强制腾退工作,为成功疏解非首都功能提供了充分的司法服务保障。半天腾退通州区 3 处共 2000 余平方米别墅及雨中查封某快递公司住所地车辆、机器设备等财产亦均被各类社会媒体广泛报道。

(五)为建立长效机制提供坚实保障

作为全市法院司法体制改革、综合配套改革试点法院和执行体制改革试点法院,二中院深入推进改革试点工作,以改革思维破解执行难题,为"基本解决执行难"建立长效机制,建立完善综合治理执行工作体系,形成了上下联动、内外互动、团队主动、法官能动的执行工作新格局。

一是形成了上下联动机制。坚持综合研判。2016 年以来,妥善办理、办结了一大批范围广、影响大的执行案件。其中,鲁桂华院长亲自承办,组成合议庭,审查执行依据,制定执行方案,采取执行行动,妥善执结一起涉案 1.6 亿余元大标的额仲裁纠纷执行案件。同时,依托人民法院执行管理平台,将上级法院各项督办落实到具体人员、具体程序、具体事项,做到第一时间传达、第一时间办理、第一时间回复。针对紧急突发情况,依托执行指挥中心在快速反应、远程指挥等方面优势,迅速调配人员、车辆、设备,实现上下级实时联动执行。

二是形成了内外互动机制。一方面,始终秉承"全国法院一盘棋"思想,加强与其他法院合作互助、实现共赢。"不怕求人"——在一起异地执行案件中，充分借助党委、政府力量，在宁夏司法机关的配合下，顺利完成某大型生产线交付；“乐于助人”——先后协助山东省威海市中级人民法院等多家外地法院开展强制腾退活动。与此同时，自人民法院事项委托系统上线以来，减少不必要出差所带来的人力、财力、时间成本，不断提升执行工作效率。另一方面，不断强化全院各部门之间协调合作，充分发挥人员配备、物资配套方面优势，在代表委员联络、信息技术支持、执行警务保障、开展执行宣传、立审执协作等各方面提供全面保障，在全院上下形成了“我为执行做贡献，执行为院添光彩”的浓厚氛围和生动局面。

三是形成了团队主动机制。在上级法院和院党组的深切关怀下，深入开展裁执分离改革，形成执行一庭行使执行实施权、执行二庭行使涉执行的审判权、执行指挥中心统筹财产保全和司法拍卖等事务性工作的大执行格局。先后组建“攻坚速执”“智慧创新”等特色执行团队，充分发挥不同团队经验丰富、信息化水平较高等特点，优化人员配置、合理分配案件，实现了执行案件的精细化办理；同时在重大执行活动中，各执行团队亦能在院党组、执行局的领导下，齐心协力、集思广益、联合执行，先后开展了查封全峰快递场地搜查、强制腾退方庄贵友大厦、运通电缆场等一系列大型执行活动，充分发挥团队主动机制，实现了执行效率与效果的统一，执行团队办案效能不断显现。

四是形成了法官能动机制。充分落实法官员额制改革，明确法官主导地位，发挥审判辅助人员重要作用，剥离员额法官事务性工作，将精力更多地放到执行案件中。充分发挥法官主观能动性，形成了一批具有典型意义的案例。建立完善执行法官联席会制度，常态化召开各庭专业法官会议，有力推动了一大批疑难复杂案件的开展。建立了以法官现存未结案数量为主要依据的随机分案制度和以办案业绩为导向的绩效考核机制，通过“首尾相连”从制度上增强法官能动性、自主性，全局上下形成了“多结案、快结案、结好案”的执行新风尚，充分激发了执行法官的内生动力。

四、二中院执行规范化、标准化工作特点

(一)"四个精准发力"推动执行攻坚向纵深发展

二中院注重以首善标准统一干警思想,坚持问题导向、狠抓工作落实,着眼于执行工作内在规律和长远发展,以最高标准、最严要求、最好效果推动执行攻坚向纵深发展,形成破解执行难长效机制。

1. 在监督问责上精准发力不断强化使命担当。

一是站位到位不错位,进一步提升政治站位和大局意识。"基本解决执行难"既是一项基本职责,更是一项重大政治任务,是人民法院对党和人民作出的历史承诺。必须有对党和人民负责的使命担当和责任意识,以真抓实干、攻坚克难、规范高效的工作来让人民群众感受到、看得见、立得住、信得过的工作成效。

二是履责尽责不失责,进一步落实领导干部主体责任。严格落实主体责任,以党建带队建,各级领导干部必须全程坐镇、靠前指挥,全面掌握执行工作情况,对工作进展、案件数量、重点工作、难点问题等做到心中有数、心中有账、心中有底;深入执行工作一线,对重点案件和难点工作做到亲自过问、亲自协调、亲自督办;把执行作风抓在平时,重在养成,对可能存在的廉政作风问题必须揪住不放,问题不解决不撒手。

三是严责追责不推责,进一步抓好考核问责机制。健全执行工作单独考核机制,完善执行问责机制,做到权、责、利相统一;深入开展执行案件的督查回访工作,提升人民群众对执行工作的满意度,以此倒逼执行作风、执行程序的严谨规范;做到赏罚分明,对攻坚战中敢于担当、业绩突出的及时表彰,对责任不落实,工作推进迟缓的,严肃批评、责令改进,对限期未改进的进行严肃追责。

2021年以来，二中院以队伍教育整顿和市委巡视整改为契机，进一步强化监督管理，对违规办案执行行为进行严肃问责。通过全面深入排查执行案件中的潜在问题，深挖执行队伍中动力不足不想为、能力不足不能为、担当不足不敢为的症结点，找准标本兼治、猛药治疴的发力点，立足执行财产处置、案款管理、涉诉信访等重点领域，覆盖人、案、事全方位，抓早抓常、抓实抓细，做到一级带一级、一级抓一级、一级促一级。

2. 在固本强基上精准发力不断激发内生动力。

一是率先垂范督战执行难。二中院党组既给执行工作加担子，也帮执行工作把好脉、减包袱。通过每月听汇报、执行决战实时报，院党组对攻坚难点、疑点问题及时会诊决策，定责任、定标准、定时限确保工作到位、措施到位，形成一级带一级、一级抓一级、一级促一级的高压态势。

二是全面配齐配强执行力量。进入决胜阶段，既要办好执行现案，又要清理积案、补齐短板，造成矛盾叠加、问题叠加、任务叠加。为此，院党组果断抽调干警增援执行工作，同时成立专门的执行警务机构保证24小时用警需要，为执行攻坚注入了充足的新鲜血液，始终保持执行队伍攻坚力量充足、热情高涨。

三是注重综合能力素质养成。磨砺一流的精神状态，秉承上下齐心、勇创一流的精神，注重执行先进典型的“推、树、立”工作，鼓舞执行队伍士气，形成执行攻坚常态化；磨砺一流的作风纪律，始终把讲规矩、守纪律挺在前面，做到抓早抓小、抓严抓实、抓细抓长，对违反廉政纪律的实行“零容忍”，发现一起、查处一起、通报一起；磨砺一流的专业能力，要有专业化执行能力，善用信息化执行手段，不但能“坐好堂”，还要具备应急处置能力和固强补弱能力，不断找差距、补短板、练技能、提质效；磨砺一流的执行文化，要进一步巩固和发扬勇于担当、敢打必胜的二中院执行文化，增强执行队伍的向心力和凝聚力，为推动执行工作发展提供不竭动力，以文化软实力，打造执行硬功夫。

3.在补齐短板上精准发力不断提升攻坚质效。

一是加大执行强制力度,创新执行举措。综合用好拘留、罚款、信用惩戒、强制搜查等强制措施,形成有效震慑;建立移送拒执罪工作机制,增强执行威慑力;完善律师调查令制度,畅通拓宽让当事人、律师积极参与执行工作的渠道。

二是加强执行规范化和信息化建设。制定无财产可供执行的评判标准,构建科学的执行行为管理规范;建立迅速快捷的财产发现查控机制和变现方法,通过“互联网+执行”的方式实现对被执行人全部财产的网上查控和网上处置。

三是加深执行联动,完善综合治理格局。在保险、理财、纳税等信息查询,扩大失信惩戒范围,打击拒执罪联动配合等方面不断强化执行联动,实现应限尽限、应罚尽罚、应拘尽拘、应追尽追。通过聚焦以上问题,逐一对照检查、逐一分析原因、逐一研究解决方案,一个问题一个问题去解决,积小胜为大胜,在不断解决问题的过程中全面实现“基本解决执行难”。

4.在完善长效机制上精准发力不断推进制度完善。

根据2021年度专项整治活动中排查出来的问题症结,补齐短板漏洞,健全制度机制,坚持两手抓两促进,把专项整治与整治执行条线顽瘴痼疾、市委巡视反馈意见整改落实工作相结合,强化治建共举、标本兼治。出台《关于进一步规范执行案款的管理办法(试行)》《关于规范现场执行行为的操作指引(试行)》《关于严格终结本次执行程序的规范(试行)》《关于执行信访工作办理规范(试行)》《关于执行案件审批流程的规范(试行)》《司法拍卖辅助人员管理办法(试行)》《关于财产处置的相关细则(试行)》7项规章制度,推动完善执行权制约监督机制建设,执行流程规范化建设和执行信息化建设,助力顽疾整治,推动健全解决执行难长效机制。

（二）“三个着力点”破解执行难

1. 攻难点——啃下短板弱项硬骨头。一是狠抓积压案款清理。通过清积活动的开展，做到了底数清、责任清、措施清、程序清，彻底扭转案款积压、前清后积的局面。二是狠抓积压财产清理。制定《长期未处置财产清理工作办法》，部署未处置查封财产的清理工作，及时研究、跟进措施，并依托信息化手段和《执行月报》及微信公众号等工作专栏予以公示，督促符合处置条件的案件加快程序推进。三是狠抓“执转破”案件。认真做好“执转破”案件的筛选过滤、无缝对接，理思路、定指标，明确任务清单。四是狠抓执行作风养成。对作风和违法违纪行为，发现一起追查一起，严肃追究责任，严防“六难三案”“冷横硬推”“慵懒散奢”等行为的发生。近来，二中院已基本杜绝因执行作风问题产生的诉访。

2. 聚焦点——转化为执行工作亮点。一是落实督办化解。自觉接受社会监督，回答各方关切。高度重视督办案件，随着督办系统上线，全程跟踪办理、责任落实到人，做到第一时间处置、第一时间答复。二是强化司法网拍。一方面根据工作实际不断完善制度规范，扭转过去许多财产物品处置难的困境；另一方面通过司法网拍，实现了老百姓看得见的透明，看得见的公平、公正。三是讲好执行故事。坚持把执行的过程变成以案释法的过程，变成赢得当事人理解支持的过程，努力营造破解执行难的舆论氛围和社会环境。四是强制措施适用。彻底改变强制措施适用“数量偏少、手段偏软”的执行惯性，对符合纳入失信名单、限制消费、罚款、拘留和其他强制手段的案件审慎、准确适用，果断采取强制措施。2017 年，二中院依法对某银行拒不配合、阻挠执行，作出 100 万元的罚单，促使其转变态度，使案件得以顺利执行；二中院还通过媒体电视曝光“老赖”，均起到了良好的震慑作用。

3. 补盲点——不断延伸渗透管理监督触角。一是卷宗归档无死角。

制定《关于执行实施案件卷宗交接和归档工作的强制规定》，防止案件因后续执行、人员调动等原因导致的情况不明、责任不清、材料不全。由执行局牵头，联合监察室、干部处、财务室、档案室等部门组成审计组，对案卷交接实行监督审计，确保执行案件交接归档不留盲区、不留后患。二是监督管理全方位。通过"心防""人防""治防""技防"划红线、守底线，形成制度严密、工作严实、监督严格的执行工作"廉防线"。切实把从严管理、从严监督、从严查处落实到位，始终做到"心里有戒律、工作有担当、落实有力度，绩效有考评"。三是办公办案重留痕。充分发挥执行指挥中心辅助管理作用，坚持执行工作开展到哪里，规范化就延伸到哪里。建立出差办案、评估拍卖、车辆使用、会议召开等备案登记制度，注重工作管理留痕；探索集约办案办公，在降低司法成本的同时，提升执行办案效率。

（三）"三个并举"持续深化破解执行难长效机制

1. 高标准，将推进教育整顿与提升执行质效并举。2021 年队伍教育整顿开展以来，二中院坚持一手抓队伍教育整顿，一手抓执行工作质效，确保"两手抓""两不误"。各项执行质效保持高质量发展，妥善办理涉黑恶执行案件，执行到位率达到 100%；妥善完成北京西站附近 22 层商业大厦整体腾退、大兴区公园建筑腾退工作，高效办理华夏银行北京分行申请执行某民营企业大标的执行案件，有效化解多年未结的五大知名品牌与北京秀水街市场有限公司侵害商标权纠纷关联信访案件，为优化首都营商环境、服务"两区"建设、疏解北京非首都功能提供有力司法服务保障。

2. 严举措，将破解难题与建章立制并举。通过"基本解决执行难"及近年来开展的各项执行专项行动，破解执行难工作取得积极成果，执行队伍能力素质得到锻炼提升，人民群众对法院执行工作的信任感、满意度在不断累积，全社会信用体系得以逐渐完善。但通过开展队伍教育整顿，也认识到与人民群众的期待相比，仍存在一定差距。为此，破除执行领域顽瘴痼疾必须常年抓、时时抓、紧抓不放。二中院审委会研究制定了制定关于规范执行案款管理、终本案件管理、执行案件审批流程、财产处置相关细则等 7 项规范性文件，完善财产查控环节执行合议前置"安全阀"制度，实现用制度补齐漏洞、管人管案，推进"当下治"与"长久立"相统一。

3. 强作风，将锻造执行队伍与狠抓标本兼治并举。我院坚持在推进整治和建章立制上做实功，通过较真碰硬的顽瘴痼疾整治举措，切实加强执行管理力度，强化执行队伍作风建设，推动实现常治长效。

一是标本兼治，重在治本。始终将"人"作为执行工作固本强基的第一要素，教育引导执行干警增强"四个意识"，坚定"四个自信"，做到"两个维护"，在执行案件办理过程中将讲政治与讲法治统一起来。同时，在配齐配强执行力量的同时，给予执行队伍更多的关爱，激发干警遵规守纪、规范执行的内生动力。

二是惩防结合，重在防治。坚持把执行作风抓在平时、落在细处，抓小抓早，对廉政风险不姑息不迁就，将其消灭在萌芽阶段。同时，严厉惩治已发生的违规违法执行行为，绝不手软，切实做到以身边人身边事，警示教育执行干警。

三是从严从常，重在抓常。将教育整顿期间，严之又严的整治标准、细之又细的顽瘴痼疾整改措施，固化为锻造执行队伍、提升执行质效的长效机制，防止问题反弹回潮。将案件抽查常态化，将自查作为各级领导在重要流程节点及结案审批时进行监督管理的步骤，做到随批随查、立行立改。

第四节　执行案件财产处置

一、相关改革精神

1. 中央全面依法治国委员会《关于加强综合治理从源头切实解决执行

难问题的意见》:创新和拓展执行措施。人民法院可以根据当事人申请,要求被执行人或协助执行人就其重大资产处置和重要事项变更等向人民法院申报和备案。执行程序中,除查封、扣押、冻结、拍卖、变卖、以物抵债等传统执行手段外,探索直接交付、资产重组、委托经营等执行措施,加快推进委托审计调查、依公证方式取证、悬赏举报等制度。推进将涉诉政府债务纳入预算管理。区分执行权核心事务与辅助性事务,明确执行辅助事务外包的范围,建立辅助事务分流机制,探索将案款发送、送达,以及财产查控、司法拍卖中的执行辅助事务适度外包。

2.《最高人民法院关于深化执行改革健全解决执行难长效机制的意见——人民法院执行工作纲要(2019—2023)》:加大财产调查力度。落实财产报告制度,加大对不报告、报告不实等行为的处罚力度,增强制度威慑力。对被执行人存在违反财产报告制度,或者有隐匿财产、财产凭证、会计账簿等行为的,坚决采取搜查措施。在信息系统未覆盖领域采用传统调查措施,加强对被执行人所在社区、营业场所的调查力度。探索建立律师调查被执行人财产等制度,加快推进委托审计调查、公证取证、悬赏举报等制度,最大限度丰富调查手段,拓宽财产发现渠道。

3.《最高人民法院关于在执行工作中进一步强化善意文明执行理念的意见》:最大限度实现财产真实价值。同一类型的执行财产数量较多,被执行人认为分批次变价或者整体变价能够最大限度实现其价值的,人民法院可以准许。尤其是对体量较大的整栋整层楼盘、连片商铺或别墅等不动产,已经分割登记或事后可以分割登记的,被执行人认为分批次变价能够实现不动产最大价值的,一般应当准许。多项财产分别变价时,其中部分财产变价款足以清偿债务的,应当停止变价剩余财产,但被执行人同意全部变价的除外。

4.《最高人民法院关于落实“用两到三年时间基本解决执行难问题”的工作纲要》:实现财产处置改革。要针对当前经济增速放缓、经济下行压力加大的形势，树立互联网思维，加大被执行财产的处置力度，及时、有效兑现债权人权益。推行网络司法评估管理。对拟处置的被执行人财产，通过网络平台进行流程管理，自动筛选评估机构，按照预设的程序进行价值评估，避免暗箱操作、低值高估、高值低估等侵害执行当事人权益现象，斩断利益输送链条，为后续拍卖工作奠定基础。推广网络司法拍卖。广泛推动各地法院以网络司法拍卖方式处置被执行财产，从源头上减少和杜绝串通压价、恶意竞买等有损公平公正的现象，祛除权力寻租空间，实现当事人利益最大化。

二、二中院财产处置工作思路

（一）不断拓宽司法网络拍卖，攻克财产处置难题

为进一步提高二中院财产处置的工作水平，拓宽网络司法拍卖的路径，迎接司法处置资产数量井喷的挑战，有效破解执行难问题，二中院不断形成高效、规范的司法网络拍卖格局。

一是要借助网络平台，进一步畅通司法网拍路径。网络司法拍卖以其零佣金、标的物变现快、监督力度大、参与人员广的特点，越来越显现其优势。当前，面对二中院待执行处置资产逐步增多的压力，网络司法拍卖工作下一步必须树立创新发展的理念，大胆探索利用多个平台多点开花、逐步打造网络司法拍卖专栏化、多平台互联共享的可行性，打通网络司法拍卖各个环节脉络，把网络司法拍卖用好、用广、用活，使网络司法拍卖更便捷、更顺畅、更有效，切实提高二中院执行工作执结率。

二是注重建章立制，进一步规范司法网拍流程。网络司法拍卖利用互联网面向整个社会公开，实行时间短、影响力大、参与人员广、风险性高，而且要经过材料信息移交、制作公告视频影像拍前准备、四网同时上传、接受

咨询、办理成交手续五大步骤,程序比较复杂,颠覆了过去的执行模式,为规避网拍风险,要进一步建立健全规章制度、规范流程。网络司法拍卖下一步要建立起清晰明了的责任制度、科学顺畅移送的流程制度、严谨规范的上拍制度、详细翔实的登记保存制度,确保网络司法拍卖工作更好的展开。

三是务求公开公正,进一步提升司法网拍效力。网络司法拍卖是真正实行"司法权力阳光下"司法权力运行过程的一有效平台,司法拍卖的公开、公平、公正性真正得到了监督。所以网络司法拍卖要严格按照网络司法拍卖有关法律规定,保证信息公开最大化、竞买人员信息严格保密化、当事人利益最大化,让更多的人知道了解网络司法拍卖,让更多的人真正体会司法的公平公正,进一步提高法院司法的权威和公信力。

四是加大宣传力度,进一步延伸司法网拍影响。网络司法拍卖除了要利用淘宝网、纸质媒体公告等传统信息发布平台外,还可以利用外网主页的导航栏中接入"司法拍卖"入口、通过官方微信微博进行司法拍卖宣传、举行优质拍品重点推荐、利用"朋友圈""微博""微信公众号"网拍资源共享等现代信息化多种传媒渠道加大宣传力度,增加知晓人群,使更多人认识到网络司法拍卖是一项利民、便民、为民的司法活动。

(二)坚持生道执行,贯彻善意文明执行理念

拓宽执行思路,创新工作举措,针对涉民营企业案件通盘考量,因案施策,为受困被执行人企业发展谋出路、谋活路,协助民营企业渡过难关,努力为民营企业创造发展生机。

一是多方协调,为受困企业注入生机活力。对于执行涉及在建工程类执行案件,财产处置价值低,难以覆盖债权的情况,充分发挥执行联动机制,与市建委、市国土局、房管局、不动产登记中心等单位积极沟通协调,通过多方调研、磋商、协调等方式,力促当事人双方达成执行和解,为处于困

境的民营企业引入资金,创新思路盘活项目,对于有发展前景的企业,灵活采取"放水养鱼"模式,给予企业突破瓶颈继续发展的空间,以达到企业恢复生产、申请执行人满意、政府放心的多赢效果。在一系列执行案件中,查封的被执行人名下某在建工程,因无法继续完工,难以整体处置。综合考虑到北京住宅房屋市场上涨行情,此后3年间,执行团队先后与双方当事人进行多次谈话,分别与北京市建委、北京市国土局、朝阳区房管局、朝阳区不动产登记中心等单位进行了多次调查座谈,沉寂10多年的"烂尾楼"重新施工精装,终于使该系列案件顺利执结。

二是审时度势,把握财产处置最佳时机,依法保障企业合法权益。对于涉民营企业财产价值易波动类财产处置,灵活把握财产处置时机,在避免交易波动的情况下,贸然处置导致财产价值降低,实时监测市场趋势,根据市场价格波动,力图在最佳时机处置被执行财产,实现财产价值最大化,切实维护民营企业财产权益,保障民营企业财产不受损失。在一起执行案件中,查封了被执行人持有的某上市股票,2015年前后正值股票交易"熊市",在得到了双方当事人同意的基础上,待股价回升后承办法官及时择机对该股票进行了处置,3.4亿余元债款全部执行到位。

三是加大财产处置力度,缩短财产处置周期,为被执行人履责赢得时间。积极运用当事人议价、定向询价、网络询价、委托评估等方式缩短评估期限。提升司法网拍效率,促进财产快速变现,协助民营企业尽快履责结案,及时恢复正常的正常生产经营。二中院承办法官前往深交所查封被执行人所持有的股票时,在返程途中,协调双方当事人达成不经评估直接议价的合意,抵京后,立即联系指挥中心网拍组及时上拍,当晚即顺利上拍。双方当事人均惊讶于法院的处置速度,无不伸手点赞。

三、二中院财产处置工作情况

"执行难"不仅查人找物难,即使有财产可供执行,财产处置也常因以下种种原因受到阻碍:一是中级法院执行工作重大疑难复杂案件多,办理过程中异议、复议、再审启动频繁,导致财产处置周期长。二是案件涉及财产数量多、种类繁杂,大到房产、土地使用权,小至首饰、办公用品,不同种类的财产处置方式多样,司法拍卖、变价发还、变价没收等方式各不相同。三是涉案财产权属复杂,极易引发连锁反应和衍生性风险,搜查查封现场情况复杂、对抗性强、矛盾尖锐的案件,还需周全考虑对社会公众的影响,严格控制矛盾激化风险。

对此,二中院执行局紧盯三个核心指标,实施精准攻坚。为确保实现有财产可供执行案件实际执结率达到90%以上,二中院不断加大对被执行人财产查控力度、加快在案查封财产处置,通过强制搜查、强制腾退、司法网拍等一系列行之有效的执行措施,准确把握执行时机,及时摸清被执行人财产线索,严厉打击被执行人拒绝腾退查封房产、使司法拍卖流拍导致执而无获等财产处置的拦路虎,切实维护申请执行人合法权益。多方联动、多措并举的执行网已经越织越密,锁定被执行人的财产,无论是现场查封扣押还是司法网拍,执行干警们都穷尽智慧、挥洒汗水,力图攻克财产处置的难关。实现了社会公众看得见的公正、公平、高效执行,取得了良好的法律效果和社会效果。

【经典案例一】查控措施稳准狠——冒雨搜查、查封被执行人财产

2018年7月11日上午,二中院执行一庭、三庭以及法警支队对被执行人北京全峰快递有限责任公司的办公场所进行了强制搜查。被执行人北京全峰快递有限责任公司因违反财产申报制度、拒不执行财产标的达7000万余元,二中院在查明其办公地址后,决定对其办公场所进行强制搜查。

强制搜查当天,北京下着大雨,干警们冒雨前去被执行人朝阳区黑庄户乡双树村的办公场所进行搜查,共查封44辆车辆、1套快递自动分拣设备。

【经典案例二】处置财产雷霆出击——5 小时腾空 3 栋别墅

2018 年 7 月 4 日上午，二中院执行干警对通州区已查封的三处房产依法进行清场腾退。

2005 年 9 月 20 日，中国农业银行北京东城区支行与北京建工大地建筑工程有限责任公司签订 2980 万元的借贷合同，并由五龙新村公司以通州区枫露皇苑别墅 3 栋楼作为抵押担保。此后北京建工大地建筑工程有限责任公司未按期还款，农行东城支行诉至二中院，并对五龙新村公司提供的抵押物申请强制执行。因该抵押物由案外人取得了所有权，并被无关人员占据，且经告知期限腾退后仍拒不执行。因此二中院决定对其进行强制执行。

强制清场当天烈日当空，执行局局长带领承办团队对清场预案进行反复研究，详细筹划工作步骤、责任分工、突发应对方案、财产清单，严密布控安全警戒，逐一清点大至家具电器小到笔墨纸砚等各类财物，全程摄像，保证腾退过程的万无一失。院领导通过远程执行指挥系统实时关注执行现场，及时下达指令，为清场行动提供了坚强的后盾。执行干警们不顾高温酷暑，始终坚持高效规范地执法，最终实现清场腾退行动的顺利完成，将涉案房产顺利交付于申请执行人。

【经典案例三】公开高效——司法网拍 28 亿元标的物

2018 年 4 月 24 日，二中院启动了北京市朝阳区××号楼部分综合用途房地产司法网拍的公开竞价。该房产所在大厦为中国国际科技会展中心，房产评估价为 31.7599 亿元，起拍价为 28.58391 亿元，本次拍卖的评估价、起拍价均创北京法院网络司法拍卖额的新高，吸引了网友 7000 多人次的在线观看。

司法网拍借助网络平台，实现司法拍卖的信息传播最大化，不仅能将更广范围的竞拍者纳入其中，还让更多群众关注到网络传递的司法拍卖执行实施信息；实现公开高效处置财产，不仅能节约司法拍卖的时间、人力、财物成本，司法网拍全程公开、信息共享的特点，还能使群众实时监督司法拍卖的公正性，体会到执行的公平性；实现资源效益最大化，司法网拍受众更广、溢价更高，不仅有利于申请执行人的合法权益能得到更大程度的实现，还能确保物尽其拍，推动沉积的未处置财产的清理工作。

【经典案例四】生道执行再见真章——10年积案一朝化解

从2006年开始至2008年4月，二中院立案执行涉及被执行人嘉裕房地产开发有限公司的案件有38件案件，未实际执结，其中申请执行人法人单位的千万元以上执行标的的案件有14件，包括北京神华房地产开发有限公司、北京首创科技投资有限公司、中国信达资产管理公司北京市分公司等大型国有企业对该案享有10多亿元的债权一直未得到受偿。在执行过程中，从2006年至今二中院依法查封了被执行人嘉裕公司位于北京市朝阳区将台西路的“嘉裕苑”小区项目，查封的面积有48,228.91平方米（含未售房屋135套以及地下车库、会所）。由于“嘉裕苑”项目在查封前，被执行人已经对其做了抵押和预售，而且当时资金链断裂，查封的房产属于在建工程，无法继续完工，更难以整体处置。经当时执行局、庭领导研究后，秉持生道执行理念，对该案采取“放水养鱼”的执行方案。几家大的债权人出于自身利益考虑，认为如果按照现状处置这个项目，债权实现不了，所以他们都同意“放水养鱼”，由被执行人设法将项目完工，销售后再来偿还债务。

2014年12月，执行一庭开始牵头办理嘉裕系列执行案，立即着手跟各方申请执行人及被执行人进行谈话，实地勘察，掌握案件基本情况、执行进展及查封房产的现状。考虑到北京住宅房屋市场行情近年来大幅上涨，被查封标的的市场价值已经能够覆盖执行标的额，如果引入资金盘活项目，各方都能解套，经过多轮协调和谈话，于2015年4月确定了和解执行的方案：由嘉裕系列执行案的最大债权人信达资产管理公司北京市分公司注入资金，统一收购本案其他债权人的债权，再由信达资产管理公司北京市分公司与被执行人嘉裕公司达成执行和解方案进而结案。此后3年间，执行团队先后与各方申请执行人、被执行人进行了30多次谈话和反复电话协调沟通，逐步求同存异，促成各方当事人达成和解协议，还分别与北京市建委、北京市国土局、朝阳区房管局、朝阳区不动产登记中心等单位进行了多次调查座谈，沟通协调执行具体操作事宜。本案标的大，涉及面广，案件数量多，查封房产土地多，查封、解封、变更申请执行人、恢复执行、和解结案的事务繁杂，且需要建委、规划局、国土局、房管局、不动产登记中心、本院立案庭、执行二庭等多个单位和部门的手续衔接配合。最后，经过执行团队的不懈努力，嘉裕系列案于2017年年底完成了一系列的执行和解、查封、解封、变更申请执行人、恢复执行、终结执行等手续，案件实际执结。

嘉裕系列执行案在“放水养鱼”10来年后，二中院执行团队创新思路盘活项目，经过3年来“撸起袖子加油干”，使得走进死胡同的执行老案迎来各方共赢的新局面，沉寂10多年的“烂尾楼”重新施工披上精装，国有资产不仅受到保护而且更有升值，普通债权人利益得到最大限度满足，被执行人解套步入正轨，法律效果和社会效果俱佳，也赢得了当事人的赞誉。

【经典案例五】高效处置上市公司股票——财产处置再创新篇

2019年年末，二中院对某被执行人持有的上市公司1亿余股股票进行了司法拍卖，最终以7亿元价格成功卖出，溢价率达90%，为北京市法院2020年开年来司法拍卖成交最高额，迎来执行工作“开门红”。当事人双方对二中院规范执行、高效处置工作给出高度评价。

二中院于2018年7月6日依法受理该案后，冻结了被执行人持有的某上市公司109,383,805股股票。承办法官从维护当事人双方合法权益、最大限度保障申请执行人债权的角度出发，积极推动双方和解。和解期间，申请执行人将债权转让给北京某资产管理有限公司，该资产管理有限公司申请对上市公司股票进行评估拍卖。由于上市公司股票价格波动大，且该1亿余股股票中包含众多已质押股票，股票处置价格难以确定。

为避免执行过程中股票价格贬损、执行程序引发上市公司股票交易的异常波动，在承办法官的主持下，执行团队结合以往上市公司股票处置经验，多次协调双方就已控制的上市公司股票处置参考价格进行协商，最终双方当事人同意以一议定价格作为起拍价拍卖被执行人持有的上市公司股票。通过在淘宝司法网拍平台对拍卖股票进行充分展示后，拍卖当天，引发 9 万余名网友围观，实现在第一次拍卖中即以 7 亿余元价格成功卖出的良好效果，申请人债权全部执行到位，双方合法权益得到了充分保障，取得了良好法律效果与社会效果。

此案的高效、顺利执行，有效缩短了财产处置期限，减少了财产处置环节，让股票处置程序在执行的快车道上加速前行，让当事人感受到看得见的公平公正，正如当事人锦旗上所写，“一评一拍显公平，依法执行彰正义。”

四、二中院财产处置工作特点与成效

近年来，执行工作进入攻坚破难的深水区，二中院在固化“基本解决执行难”成果的基础上，深挖短板，聚焦难点，不断完善财产处置长效机制，深入探寻更能适应执行案件办理需求、更能加快执行案件办理效率的财产处置模式。截至 2022 年 3 月，二中院司法网拍上拍数量 4520 件，标的物成交率 85.13%，多年来，案拍比额保持在 8%高水平运行，形成了以拍促执、以拍强执、以拍快执的新局面。

一是针对已查控财产采取分类过滤机制，做到聚焦难点、精准施策。2019 年以来，固化形成每季度对各类未处置财产进行统计、梳理的复盘机制，对所有财产类型化处理，为实现分类施策、精准施策提供有力抓手。新案截流、旧案清积，分别设置超期 6 个月至超期 8 年以上不同时间区间未处置财产类型。对新收案件中已查控财产进行登记备案，严格把控流程节点,要求在规定节点内启动处置程序,控制多少上拍多少,确保物尽其拍,避免新的财产进入长期未处置的财产池中;对超过 5 年以上未处置财产单独建立台账,并进行逐案排查,筛出长期隐蔽在财产池中一直未能顺利处置的“硬骨头”,制定长期性方案,要求每次复盘都有进展,实现处置效果不停滞。聚焦难点、交流互鉴,建立财产处置经验分享机制。针对上市公司股票执行法律依据少等疑难问题,专门组织对深圳市、上海市等法院最新出台的股票处置相关规定进行研讨;针对股权价值评估难、不动产权属纠纷复杂等不同类型财产的不同处置难点,总结固化案件办理经验,汇集成司法网拍中的常见问题、第一起议价拍卖股权案件等经验成果,通过小视频、PPT 等可视化、多样化形式,形成可复制、可推广的财产处置的良性机制,提供给全体干警学习借鉴。

二是构建财产处置多轨并行机制,做到渠道畅通、应拍尽拍。二中院集约化财产处置团队——司法网拍组在“基本解决执行难”攻坚过程中,形成了小件物品集中邮寄、执行标的专场处置等有益经验,使二中院财产处置效率实现显著提升。现阶段,二中院坚持依法拍卖和便利处置的原则,灵活化速拍与集约化上拍多轨并行,在原有司法网拍组的基础上,增加各执行实施庭室的财产处置小组,让网拍成为每一个执行团队的必备手段,充分拓宽财产处置通路,加大、加快有财产可供执行案件的财产处置效率,达到“速执、速调、速拍”的效果,实现多轨并行、应拍尽拍。

三是健全规范化、信息化查控财产监管机制,做到节点到日、责任到人。加强待处置财产内部管理力度,财产处置过程中由节点到指标、由措施到办法,均细化到末端,并将各庭室、各承办人的财产处置相关考核指标在《执行月报》中进行公示,确保责任到人、措施到位。同时,在二中院已制定的《执行程序中财产评估拍卖工作规定》基础上,出台《关于财产处置的相关规定(试行)》《司法拍卖辅助人员管理办法(试行)》《关于财产处置的相关细则(试行)》,细化财产处置工作流程,强化司法拍卖辅助人员监督管理，设置长期未处置财产定期合议机制，明确无法在各规定节点内推动处置程序的，应组织合议庭合议，经合议认定属于重大、疑难、复杂财产处置问题、暂时无法处置的，提交法官联席会进行讨论，对法官联席会无法形成多数意见的，及时提请院审委会讨论研究。为财产处置难疏通症结，从而杜绝“办案靠等”的消极执行行为。充分发挥二中院自主研发的“续封续冻管理系统”创新优势，通过与承办法官手机绑定的续封续冻信息提示功能，大大降低漏续封等渎职风险，有力提升制度化管理水平。另外，在此系统基础上，进一步研究开发财产归集处置管理系统，实时更新、全面展示续封续冻管理系统中的待处置财产数量及处置进度，精细管控待处置财产，各级领导可随时查看个案财产处置进展情况，并及时开展财产处置专项督办。

第五章
智慧法院建设和诉讼服务改革

第一节　智慧法院建设

近年来，二中院按照最高人民法院院长周强提出的智慧法院“三全三化”建设目标，在市高级人民法院的指导下，以深入推进司法改革和新的审判大楼建设为契机，加快推动现代科技和法院工作的深度融合，努力形成信息动态感知、知识深度学习、数据精准分析、业务智能辅助、网络安全可控的科技应用新格局，有效促进审判体系和审判能力现代化。

一、智慧法院建设的背景与建设现状

（一）中央要求

2015 年，我国正式提出“智慧法院”这一概念，智慧法院是指人民法院充分利用先进信息化系统，支持全业务网上办理、全流程依法公开、全方位智能服务，实现公正司法、司法为民的组织、建设和运行形态。该概念的提出，建立在法院信息化的基础上，是人民法院信息化建设的延伸与深化，是对法院传统信息化理念的突破。

习近平总书记指出：“没有信息化就没有现代化。”[①]2016 年 7 月，中共中央办公厅、国务院办公厅印发的《国家信息化发展战略纲要》，要求“建设‘智慧法院’，提高案件受理、审判、执行、监督等各环节信息化水平，推动执

① 2014 年 2 月 7 日，习近平总书记在中央网络安全和信息化领导小组第一会议上的讲话。

法司法信息公开，促进司法公平正义”。2016 年 12 月，国务院印发《“十三五”国家信息化规划》，专门提出“支持‘智慧法院’建设，推行电子诉讼，建设完善公正司法信息化工程”，并将其作为重点任务予以列出。党的十八大以来，在以习近平同志为核心的党中央坚强领导下，最高人民法院将司法改革和信息化建设作为推动人民法院工作发展的“车之两轮、鸟之双翼”，深入推进智慧法院建设，以网络化、阳光化、智能化为特征的智慧法院初步形成，有力促进了审判体系和审判能力现代化。

（二）最高人民法院工作部署

2016 年 3 月 13 日，在第十二届全国人民代表大会第四次会议上，最高人民法院院长周强提出继续深化司法公开，加快建设“智慧法院”；2017 年 3 月 12 日，在第十二届全国人民代表大会第三次会议上，周强院长提出 2017 年人民法院将加快建设智慧法院，努力提供更多优质司法服务；2018 年 3 月 9 日，在第十三届全国人民代表大会第一次会议上，周强院长提出，2018 年将持续深化司法公开，加快建设智慧法院；2019 年在第十三届全国人民代表大会第二次会议上，周强院长再次提出将全面建设智慧法院，推进审判体系和审判能力现代化。

随着人民法院信息化建设的推进和以人工智能为代表的新兴技术的发展，智慧法院的建设目标、具体要求和配套措施逐渐明确。2017 年，《最高人民法院关于加快建设智慧法院的意见》详细规定了智慧法院建设的意义、目标和实施路径，明确提出要运用大数据和人工智能技术，按需提供精准智能服务。近几年，有关智慧法院建设的文件，如《人民法院信息化建设五年发展规划（2016—2020）》《最高人民法院信息化建设五年发展规划（2016—2020）》《智慧法院建设评价报告（2017 年）》《人民法院信息化建设五年发展规划（2021—2025）》陆续出台，为全面建设智慧法院提供了有力的政策保障。在这种格局下，我国智慧法院取得了较为明显的成绩。

2020年,法治蓝皮书《中国法院信息化发展报告No.4(2020)》发布并指出,2019年中国智慧法院建设已经跻身世界前列,中国法院围绕智慧审判、智慧执行、智慧服务、智慧管理的智慧法院体系基本建成,走出了一条法院信息化的中国道路。目前,诉讼服务全面进入从现场办向网上办、掌上转变的智慧时代,实现24小时"不打烊";全国四级法院立案、缴费、保全、鉴定等事务100%全程网办,半数以上案件做到"网上立、自助立",多角度支撑审判执行、司法为民的智慧法院成果喷涌而出,如北京法院立案、"多元调解+速裁"系统推进铺开、北京房山区法院360服务管理系统实现"五位一体"法院信息化安全保护系统、二中院智能审判系统,为法官提供审判辅助"智慧外脑"等,智慧法院建设成效显著。

(三)当前工作成效

第一,信息化助力司法为民。各级法院积极推动电子诉讼的部署应用,全力打造司法公开和网上诉讼平台,不断实现服务便捷化,切实增强人民群众的获得感。各级法院设置网上立案、网上缴费、网上证据交换、网上开庭、电子送达等五大电子诉讼标准模块,最大限度地降低了当事人的往返奔波成本,截至2019年年底,全国97.8%的法院支持网上立案,其中高级法院的实现比例达到100%,中级法院和基层法院的实现比例也均有较大幅度的提升,分别达到99.3%和97.6%。全国支持网上开庭的法院共有2018家,占法院总数的58.2%。全国法院审判流程信息公开率达到99.5%,其中2055家法院的审判流程信息公开率达到100%,占全国法院总数的59.2%。

第二,信息化辅助审判执行和司法管理。首先,各级法院致力于诉讼文件的电子化工作和案件办理系统的同步开发,以求经过文档化、数据化、结构化处理,以电子案卷随案生成为抓手,最终实现案件办理、诉讼服务和司法管理自动化、智能化。其次,3年来法院信息化建设与"基本解决执行难"工作并肩推进,信息化建设搭建起的决策分析系统、执行指挥系统、财产查控平台、网络拍卖平台、联合惩戒平台等让执行工作突破瓶颈，基本实现了执行全流程信息化，法院工作距离“让人民群众在每一个司法案件中都能感受到公平正义”目标的实现越来越近。最后，借助信息化手段，司法管理一改依靠院庭长人工盯案子的传统模式，实现了庭审自动巡查、司法风险动态防控、全程审判监督人财物等各方面的全方位自动化管理，推动司法工作规范化水平迈上新台阶。

第三，信息化服务国家社会。首先，信息化助推司法公开。开放动态透明便民的阳光司法机制业已形成，已建成的审判流程、庭审活动、裁判文书、执行信息四大公开平台，让司法公开达到前所未有的广度和深度，满足了人民群众的知情权、参与权、表达权和监督权，同时在提升法官司法能力、弘扬法治精神、讲好中国法治故事等方面发挥了不可替代的作用。其次，大数据辅助党政决策。2018 年，人民法院大数据应用持续推进，提供了大量优质社会公共服务和司法公共产品。人民法院大数据管理和服务平台围绕经济社会发展大局，构建司法社会治理指数、司法公正指数，深刻揭示司法活动与经济社会发展的内在关联，为党委政府决策提供科学参考，为相关单位提供风险评估、预警、分析服务，努力服务经济社会发展。最后，借网络推动纠纷化解。人民法院信息化建设抓住机遇，构建人民法院主导的多元化网络解纷平台，有效化解人案矛盾，发展新时代“枫桥经验”。

（四）信息化建设存在的问题和不足

周强院长在肯定智慧法院建设成果的同时，也指出有的法院没有及时转变观念，不主动运用信息化技术，网上办公、网上办案覆盖率较低，裁判文书上网还不够及时全面；数据集中管理平台的运行管理能力不足，数据孤岛现象较为突出，大数据应用水平有待提升；数据质量参差不齐，有的法院实时和全量收结案差异较大；数据管理还没有形成规范的体系，数据开发、数据审计、数据安全等方面的机制还亟待完善；有的法院信息化建设人才匮乏，不适应大数据时代的要求等。信息化建设如逆水行舟、不进则退，稍有松懈就会落后于时代。各级法院要坚持问题导向、需求导向，抓住关键问题，突出重点需求，结合自身实际，进一步加快信息化建设步伐。在推进信息化建设和司法公开方面，要有充分的自信。中国的法院有自己的特色，这是体制优势同信息技术优势的结合。要把各地法院的创新举措、好的经验加以总结完善，尽快形成中国法院信息化建设标准。二中院调研认为，当前智慧法院存在的问题和不足突出表现在以下方面。

一是智慧法院建设不平衡。由于受到经济、司法观念等方面的影响，全国法院信息化建设在当前呈现出了地区性不平衡的现象，以最高人民法院公布的智慧法院建设成果来看，北京、浙江、广东、江苏、山东、上海等地区建设成果较多，部分地区建设成果较少，呈现不平均分布态势。二是存在重建设轻应用现象。近几年，各级法院相继购置了技术装备，建成了局域网和广域网，但是许多法院硬件建设完成后，应用软件跟不上，很多法院的应用还局限于对审判过程的表格式管理，案件流程管理、数据传输功能、无纸化办公等还没有得到全面的应用。三是缺乏复合型信息化人才。现阶段，法院信息技术人员大多是计算机专业毕业，普遍缺乏法律知识及法院管理的知识和能力，因而缺乏将网络技术、法律和法院管理有机联结起来的复合型网络技术管理人员。四是法院信息网络联动不足。法院信息化建设已开展多年，各类信息系统基本搭建完成，但各系统间相互隔离，还没有形成有效联动管理机制，不同地区、不同审判信息系统相对封闭，存在信息孤岛现象，给管理者和系统使用者增加了工作复杂性和管理难度，影响了法院信息化建设的智能化和智慧化。五是容易忽视信息化建设统一性、全局性的基本特点，单纯追求花样翻新、独树一帜，缺乏与兄弟法院、上下级法院的沟通协调和系统联动。六是研发者与使用者脱节。现阶段司法大数据与人工智能技术主要是法院技术部门牵头，业务部门参与程度有限，工程师与一线法官脱节，有些应用反而增加了一线法官的负担。

七是意识观念有待提升。有相当一部分基层法官未将信息技术视为解决司法改革难题的关键力量，认为信息化只是管理部门的事，在行动上不积极、不主动、不学习、不支持。

二、二中院信息化建设的总体思路和框架

（一）智慧法院建设的工作思路

二中院在最高人民法院智慧法院建设总框架下，对“促进审判体系和审判能力现代化”建设总目标和“全面覆盖、移动互联、跨界融合、深度应用、透明便民和安全可控”战略目标进行了深刻理解，同时按照北京市高级人民法院“最高标准、最严要求、最好效果”和《人民法院信息化建设五年发展规划（2018—2022）》《北京市法院信息化建设五年发展规划 2016—2020》相关要求，形成了智慧法院信息化建设体系的总体思路，即智慧法院建设的总路径。对此，2017 年年初，院党组书记、院长鲁桂华对信息化建设的总体思路进行了明确的阐述：“我院信息化建设的总体思路是以促进审判体系和审判能力现代化为工作目标，以新审判楼建设为新起点，以科学化、精细化管理为切入点，以应用支撑平台建设为着力点，以整合应用、资源共享为出发点，以服务法院改革发展大局为落脚点，坚持业务先行、技术跟进，整体推进、重点突破，加快步伐、提升水平，把现代科技伟力和司法人员创造力更好地结合起来，形成科技理性和司法理性融合效应，努力打造‘全国一流、北京特色’的标准统一、功能完善、安全可靠、覆盖全面的智慧法院，努力实现全业务网络办理、全流程依法公开、全方位智能服务。”

在此思路的指导下，二中院开始构思智慧法院的体系化建设，即开创一种思路，形成一套体系。开创一种思路，就是开创二中院特色的信息化之路，形成一套体系，就是形成一套科学、可辅助的智慧法院信息化建设体

系，用体系来明确信息化建设“为什么”“建什么”“怎么建”。通过搭建体系，明确今后信息化建设方向、建设重点和建设内容，让信息化建设始终沿着“持续推进审判体系和审判能力现代化”的总体思路发展前进，在与时俱进的同时，也始终坚持“服务审判执行、服务人民群众、服务审判管理和监督、服务科学决策”的智慧法院信息化建设根本宗旨，让二中院信息化建设经得起干警检验，经得起实践检验，经得起历史检验。

（二）坚持的工作原则

在推进智慧法院建设工作中始终做到“五个坚持、五个明确”。

一是坚持顶层设计，明确信息化建设为“一把手工程”。院党组高度重视信息化建设，坚持信息化建设的顶层设计，把该项工作作为“一把手工程”来抓，成立了信息化建设领导小组，由院党组书记、院长担任组长。在新审判楼建设之初，领导小组加强调查研究、统筹规划，按照最高人民法院《关于加快建设智慧法院的意见》和《北京市法院信息化建设五年发展规划》，我们对新审判楼的信息化建设超前谋划，先后20余次反复磋商修改，编写了800多页的信息化建设材料，绘制了施工图纸100余张，并顺利通过了市经信委评审，形成了以“信息化常青之树”为主要内容的建设蓝图。为保障信息化建设顺利开展制定了《加强信息化工作推进智慧法院建设的意见》《信息化建设服务保障司法改革工作意见》两个指导性文件，明确信息化建设的时间表和路线图。

二是坚持首善标准，明确信息化建设的“双一流”目标。二中院立足首都中院的定位，牢固树立首善意识和看齐意识，紧密跟踪、全面了解全国法院信息化建设进程，以新审判大楼建设为契机，在积极争取上级和有关部门支持的基础上，提出了信息化建设硬件建设一流、软件开发应用一流的“双一流”工作目标。目前，已建成以北京法院“一库两平台”为基础，以法院专网、互联网、涉密网、外部专网、通信专网、视频专网六大网系为支撑，以综合布线系统、信息安全系统、安全防范系统、有线电视系统、建筑设备监控系统、服务器存储系统、公共服务系统、程控交换系统以及视频调度系统等九大系统为保障，以近百套软件应用系统为终端的信息化体系。在硬件建设上，建立了强大的中央处理系统，先后整合、升级服务器、交换、存储设备，增加了40个42U标准服务器机柜，购置了刀片服务器47台，交换设备146台，存储650T，有效满足了全院的数据处理和存储需求；构建网络高速路，敷设双万兆光缆主干，千兆到桌面终端，在有效保障"六大"专网通道负载均衡、安全可靠、通畅运行的同时，还预留出将来终端扩展带来的带宽需求。

三是坚持夯实基础，明确信息化建设"三大保障体系"。软硬件系统的平稳性和安全性是决定信息化应用程度的关键，也是确保信息化高效、平稳运行的基础。在信息化建设的运维和管理上，我们积极构建了安全保障、运维保障和队伍保障"三大保障体系"。在运维保障方面，建立人工定时巡检和智能巡检、自动预警相结合的保障体系和"1+1+N+X"的运维管理体系，部署了4个鹰眼摄像机、992个网络高清摄像头和451台拾音器、84套温度传感器、4套漏水检测系统，并通过运维管理平台、站内短消息、手机短信等方式实现对网络设备运行状态的实时管控。在安全保障方面，在调整、升级业务系统和网络系统的同时，加大了对相关安全设备的投入，建设了入侵检测系统、安全审计系统、漏洞扫描系统等16套控制系统和1050套客户端防病毒软件，达到了国家3级等级保护安全标准，为司法公开、信息共享、移动办公等提供强有力的安全保障。在队伍保障方面，我们组建了一支高素质的信息化运维管理队伍，整个团队自2008年以来保持了高稳定性和高成长性，为二中院信息化建设的顺利推进提供了坚实的人才保障。

四是坚持需求导向，明确信息化建设"四用原则"。在信息化建设之初，二中院就立足信息化的广泛应用提出了"实用、管用、好用、爱用"的建设原则。实用是建设的性价比方面的要求，就是要求应用软硬件系统建设以干警需求为牵引，坚持集约化原则，用最小的建设成本、最简单的操作页面实现最大的功能，切忌贪大求全，搞花架子。管用是建设的功能要求，系统建成后要具有高可靠性、高稳定性、高准确性和高安全性，确保通过应用能够管好“人”、管好“案”、管好“财”、管好“事”。好用是建设的操作性要求，通过一键生成和减少页面跳转等人性化的设计，增强系统界面的操作友好性、智能交互性和前后连续性，能够高度契合人的视觉习惯和思维习惯，实现干警使用的简便化，提高系统的接受度。爱用是建设的归集性要求，既通过实用、管用、好用实现由“要我用”到“我要用”的转变，从根本上解决信息化建设和应用“两张皮”的痼疾。二中院自主开发的 20 多套办公、办案应用系统均充分体现了推广快、使用率高、应用深的特点。

五是坚持全面覆盖，明确信息化建设“五个服务”作用。二中院坚持信息化建设共建共享的理念，明确服务审判执行、服务诉讼群众、服务管理监督、服务科学决策、服务党的建设“五个服务”的作用，切实将信息化建设的成果覆盖到法院工作的方方面面，助力整体工作开展。其中服务审判执行是第一要务，服务群众诉讼是应有之义，服务管理监督是必然要求，服务科学决策是有效延伸，服务党建是时代使命。

（三）主要工作体系和框架

二中院智慧法院信息化经过长期实践，目前正处于“两个转变”的关键阶段：一是从无到有的全面建设到深耕细作高质量发展的新阶段，二是从长期建设部署信息化系统到系统作用实效发挥的新阶段。为了把智慧法院信息化建设“两个转变”做好、做实，二中院提出了“应该建设和发展什么样的二中院特色的信息化体系”和“怎样建设和发展二中院特色的信息化体系”两个新课题，通过解决课题的方式来形成二中院特色化的信息化建设体系。

按照推进“审判体系和审判能力现代化”的总体目标，二中院智慧法院信息化建设体系分为 9 大部分，分别为“审判活动现代化、审判能力现代化、执行活动现代化、执行能力现代化、审判管理现代化、司法为民现代化、党建队建现代化、司法政务现代化和信息化保障现代化”。这 9 个部分是在长期信息化实践中总结形成的，从司法审执业务来说，覆盖了立案、分案、审理、结案、执行、陪审、质量管理、效果管理等司法全业务；从领导决策来说，提供了审判全流程监控、审判执行质效管理和领导决策辅助等多方面的信息化支撑；从群众诉讼来说，涵盖了当事人从来院到离院全时段，从线上到线下全方位的人性化、方便快捷的信息化支撑；从日常办公来说，包括了办公、交流、业务处理、绩效、就餐、生活等全功能的信息化支撑。

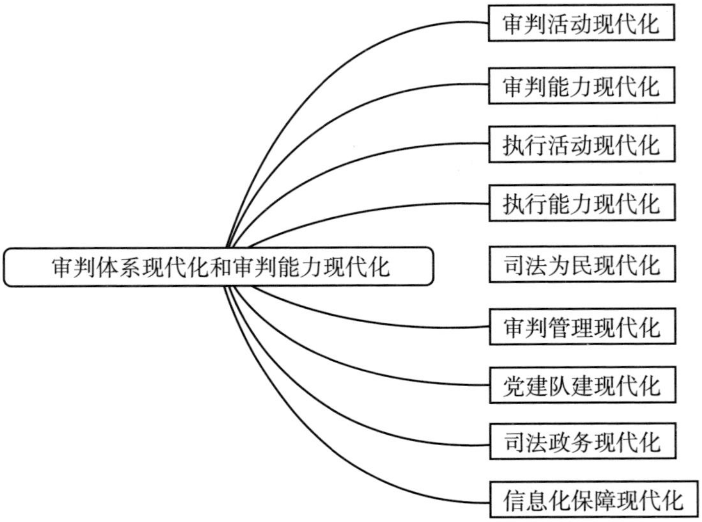

图 5-1　审判体系、审判能力现代化

该体系是对“推进审判体系和审判能力现代化”总体思路的深刻理解，将总体思路拆分为 9 大部分，每部分内容都有分支和具体要素，实现了“推进审判体系和审判能力现代化”总体目标的深度精细量化，在司法信息化应用实践中，既可以按照体系对量化过的要素进行优化补充，也可以按照体系的量化结果进行拆分建设，还可以按照体系提出的建设目标进行质效判断。

三、二中院智慧法院建设的主要成果

（一）一流的信息化硬件系统建设，打牢信息化建设“地基”

建成了以法院专网、互联网等 6 大网系为支撑，以信息安全系统、服务器存储系统、会议系统、应急处突系统等基础系统为保障，以数字法庭、数据中心、大要案执行指挥中心、审判信息管理中心等为重点的各类硬件系统，为庭审、会议培训、信息化应用系统保障等工作提供了坚实基础。

1. 数字法庭。实现了57个法庭的信息化全覆盖，通过智慧庭审系统、语音转文字系统、庭审直播系统、庭审监控存储系统，实现庭审全流程智能化、笔录语音识别自动化、同步一键庭审直播、全方位多角度的高清庭审音视频多重存储等功能，大幅度提升了庭审效率，确保了庭审安全。

智慧庭审系统可实现高清录音录像、智能语音识别、笔录自动校对上传、电子卷宗调阅、电子证据展示、音视频实时传输、定制化笔录模板等功能，为法官、书记员、当事人提供庭审信息化服务。将智能语音识别技术运用在庭审、合议、会议等审判工作中，识别率高达95%以上，每份庭审笔录的平均修改时长减至10分钟左右，一般情况下可在庭后20分钟内形成完整笔录，满足庭审结束即时形成笔录的需求。目前语音识别服务在全院法庭覆盖率达到100%。

图5-2　语音识别系统展示

图 5-3　数字法庭全景(1)

图 5-4　数字法庭全景(2)

2. 信息中心。信息中心位于二中院 B 座 12 层,实现对法院审判执行业务实时数据的信息汇聚、集中展示,直观地反映收结案数量、人均办案压力、办案质效情况等方面数据,为领导决策、审执质效管理提供数据支撑。

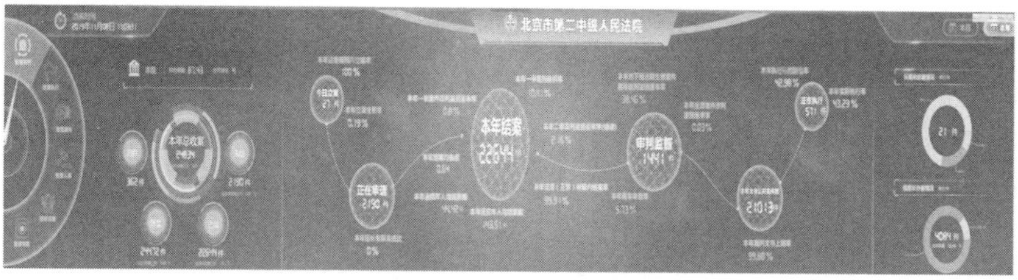

图 5-5　审判执行实时数据展示

3. 大要案及执行指挥中心。担负两大重要任务：一是执行指挥任务；二是大要案指挥任务。

执行指挥任务：由手持“单兵系统”和“会商系统”构成。手持“单兵系统”可以通过声音、视频采集，全面记录执行车辆和人员的现场活动，并通过 4G 网络与指挥中心及时沟通；“会商系统”可与全市法院进行音视频联动，分屏多画面显示执法现场和各法院指挥现场。

大要案指挥任务：重大案件庭审观摩功能，实现全院所有法庭审判长、公诉席、辩护席、法庭全景、被告席、证据、旁听等席位音视频展示功能；实时指挥功能，通过法院内网，实现指挥中心笔记本电脑和庭审法官电脑的实时通信和交流。

图 5-6　大要案庭审观摩

4. 会议系统。二中院建成数字会议室 19 个，本地会议、视频会议、加密会议、座谈、培训、讲座等各类功能一应俱全，实现了同最高人民法院、北京法院音视频系统互联互通，同时通过内网直播系统，实现会议音视频同步直播至院内干警终端，为院内各部门各类会议提供便利，各级领导决策提供强有力保障。

图 5-7　音视频系统互联互通

5. 电教培训室。多媒体电教培训室位于二中院 B 座 13 层，配备教师机和 72 台学员机，是进行学习、培训、会议、书记员考试等的多功能教室，实现教师机和学员机一体化广播的多媒体网络教学模式。

图 5-8　电教培训室

图 5-9　书记员考试现场

6. 远程法庭。远程法庭为本院减刑假释案件提供信息化远程开庭平台，通过法庭和燕城、二监数据直连，实现音视频等数据同步，完成两地开庭审判、法庭辩论、法庭举证示证、庭审记录等全部庭审工作。

图 5-10　远程法庭

7. 远程提讯室。远程提讯室通过利用多媒体技术、通信技术等技术手段，为本院刑事案件的远程提讯工作提供信息化保障，减少被告人提押的路途安全风险,实现信息化技术下法官和被告人“面对面”提讯。

图 5-11　远程提讯室

8. 数据中心机房建设。数据机房采用封闭冷通道技术的模块化机房,具有节省空间、高效制冷、快速部署、灵活扩展、简便运维、无人值守等特点,同时采用现代布线工艺标准,按功能、区域、颜色进行系统化区分,地面插座根据使用功能和安全性进行自主研发设计,实现了机房环境的自动检测和报警功能,实现指纹、门禁、密码、人脸刷卡等功能。

图 5-12　数字中心机房(1)

图 5-13　数字中心机房(2)

9. 安全防护体系。二中院安全防护体系采用视频监控、手动报警系统、鹰眼系统等硬件和系统，构建了智能化的多维立体安全防护体系，改变“人防”为主的传统工作思路，实现向“技防”为主、“人防”为辅的转变，形成“横向到边、纵向到底、全覆盖、无死角”的安防工作新格局。

例如，一是突发情况一键告警，告警后自动将法庭图像推送至消控中心拼接屏和法警值班室内的液晶屏，自动连线法警值班室内的对讲分机和消控中心主机，实现通话对讲，快速处理突发报警事件。

二是依据应急处突系统实况警情自动实时通知，将突发事件警情实时推送至相关领导办公室的移动端、法警值班室液晶屏等，实现警情自动上报。

三是通过部署在数据机房、档案库等各个重点防火区域的监控摄像机，对网络视频取流进行智能分析，自动判断，对防火区域现场进行实时监测，并以火情现场截图报警。

10. 一卡通系统。一卡通系统通过考勤机、门禁控制器、门禁锁、读卡器等设备，实现干警按照权限进出不同楼宇，有效隔离办公区和当事人区域，同时实现了一张卡考勤、一张卡就餐、一张卡打卡等“一卡走全院”功能。

11. 智能资产管理。智能资产管理以电子标签身份识别管理技术，建立了智能化的资产管理体系，实现了信息资产出库、入库、盘库的全流程智能管理，同时实现了资产寿命预警、存量自动预警、未登记资产自动告警等功能，极大地提高了资产安全和资产管理效率。

12. 内外网安全防护体系。通过核心防火墙、入侵检测、漏洞扫描等硬件设备和病毒防护、安全审计等软件系统，构建了内外网安全策略、安全审计等立体式防护体系，确保本院内外网业务应用、文件传输安全可靠。

（二）一流的信息化软件系统建设，为审判执行增速，为人民群众提供优质服务

我院信息化软件系统建设，按照“九位一体”建设框架，从审判活动、审判能力、审判管理等 9 大部分出发，实现了现代技术和审判业务的深度融合，打造出了一批“实用、管用、好用、爱用”的信息化软件，为我院审判执行、司法政务、司法为民等工作的高速发展插上了信息化“双翼”。

1. 审判活动部分

一是电子卷宗随案生成。推进电子卷宗随案生成系统深度应用。在立案阶段，该系统可将纸质材料扫描为电子卷宗，并运用 OCR 识别技术，自动识别当事人基本信息，回填到办案系统，大大减轻了立案信息录入工作量，为立案环节提供了“加速器”。

二是集约一体化送达平台。为破解司法送达难题，二中院积极探索集约化送达模式，大力推广应用集约一体化送达平台，平台在人工送达、邮政送达方式基础上，丰富了包括北京法院审判信息网、微信公众号、电子邮件等 6 大类 10 小项送达方式，全院文书集约一体化送达平台使用率为 100%。

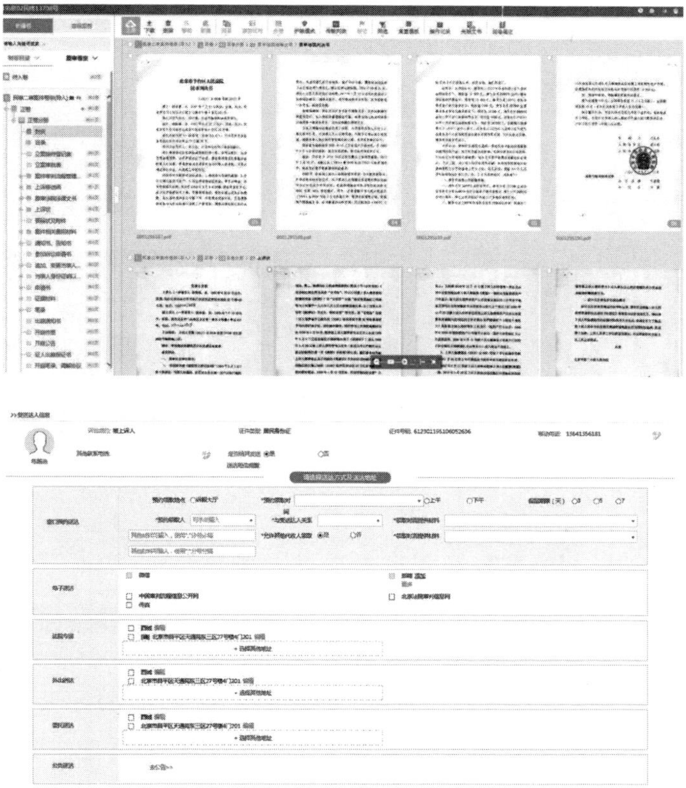

图 5-14　电子卷宗随案生成系统

2. 审判能力部分

一是“智审”超级外脑。二中院将大数据、云计算、人工智能等技术应用于司法领域，开发了智能审判辅助系统，为法官办案提供“超级外脑”。该系统基于司法大数据的深度应用，系统对本院 7 年来 5 万余件审判案例和全国 2670 万件公开案例、指导案例及当前案件的适用法律条款，从不同维度挖掘和分析数据规律，整理分析出 900 余个案件审理关键要素，自动抓取案件卷宗和文书信息，自动精准匹配案件要素，为法官提供智能案情推送、争议焦点、风险点、指导案例等关键数据。法官可以通过推送内容，辅助审判工作，统一裁判尺度，做到智能化、精确化审判。利用该系统，法官的案情分析效率提升 75%以上；文本检索的案例匹配度从 20%提升到基于法律知识图谱与事实相似的 90%；自动的法律支持推送，将信息获取时间从以往需要 5 天降低到 5 分钟。

图 5-15　文书自动生成

二是陪审员绩效管理系统。不断提升人民陪审员正规化、科学化管理水平：(1)建立完备的陪审员信息库，构建陪审员抽取和筛选机制，实现人民陪审员自动随机抽取参审；(2)自动核算陪审补助费金额，统计陪审工作量，为陪审员绩效管理提供数据支撑，实现绩效管理；(3)通过 App，实现陪审员在手机端对是否参加陪审予以确认的功能。

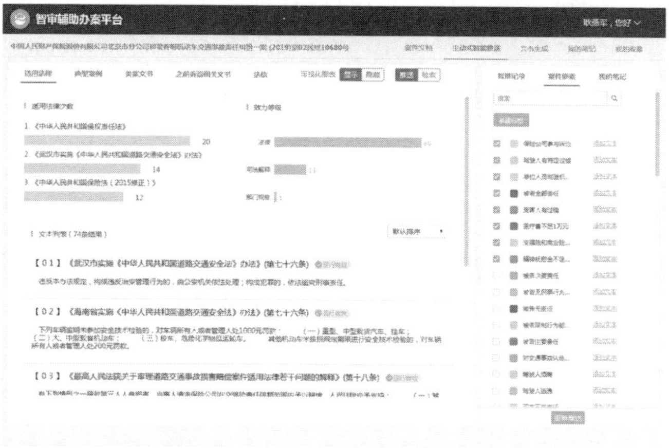

图 5-16　法条、类案自动推送

3. 审判管理部分

一是随机分案管理系统。以法官现存未结案件数量为主要依据,科学设计随机分案基本规则、不同级别案件单独排序规则,有效解决人为干预分案等问题,在均衡分案基础上兼顾能者多劳。

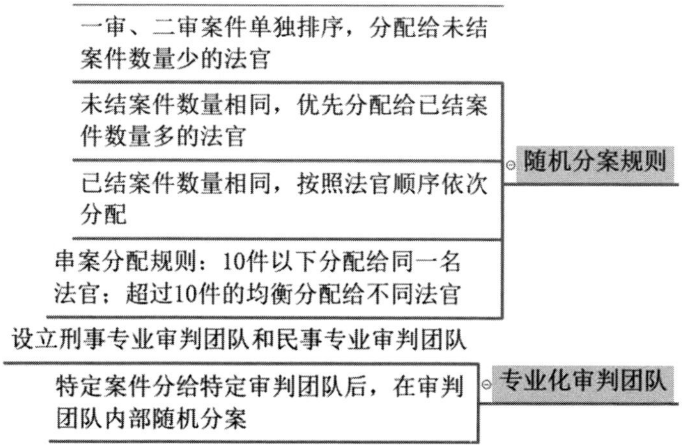

图 5-17　随机分案管理系统

二是庭审智能巡查系统。对庭审现场的法官着装、庭审行为、肢体冲突等画面进行智能图像分析，对违规行为进行智能识别、自动记录，辅助审管办对庭审规范性监督管理。

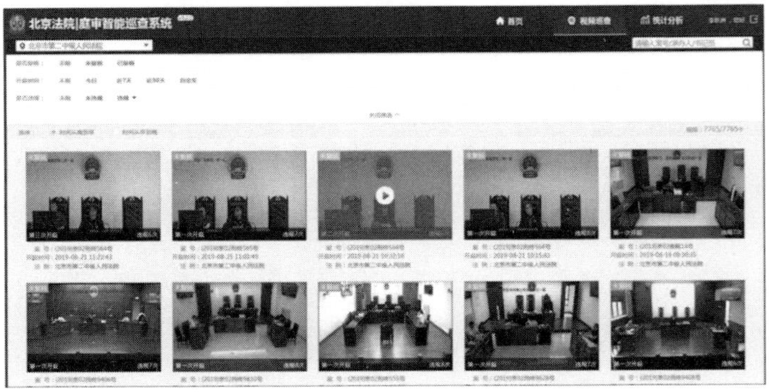

图 5-18 庭审智能巡查系统

三是案款风险监管系统。可实现对本院刑事、民事、执行、行政四大类100%比例案款的“缴款、认领、发还”全程监管，同时精准分析案款数据情况和流程情况，建立“款、人、案”精准对接、深度融合的案款管理机制，实现以款找人、以款找案，以案找人、以案找款，精准定位案款关联关系，同步实现案款的精准检索。

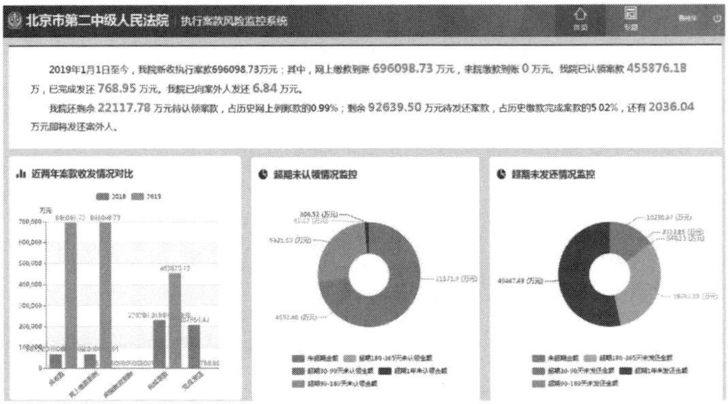

图 5-19 风险监管系统(1)

图 5-20　风险监管系统(2)

4. 执行能力部分

一是执行办案系统。使执行干警不用“登门临柜”就可对被执行人的存款、车辆、证券、网络资金、个人投资等一键查询和及时控制。

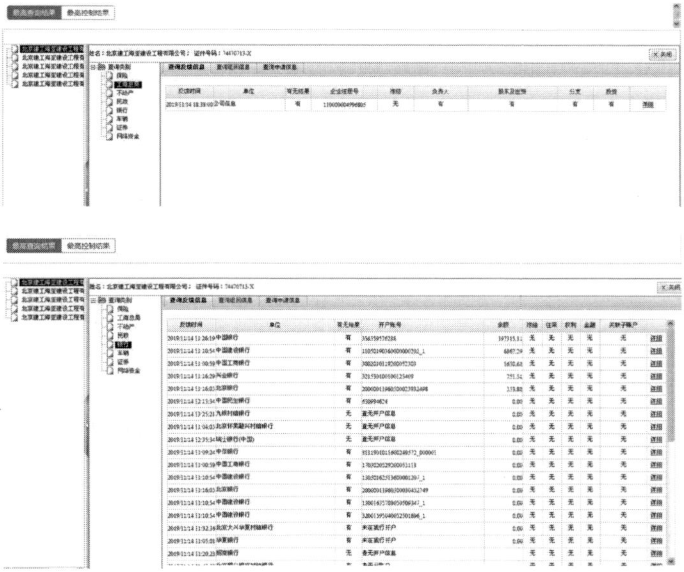

图 5-21　执行办案系统

二是财产续封续冻管理系统。将执行案件财产查控信息全部纳入分类汇总精细化管理，系统自动以手机短信形式告知承办人续封、续冻即将届满，使执行财产做到“底数清、处置明”。

图 5-22　财产续封续冻管理系统

三是赃证物管理系统。赃证物管理系统主要包括四大功能：登记赃证物、处理赃证物、信息审核、信息查询。登记赃证物主要实现刑事案件赃证物信息的网上登记、提交审核及信息移送功能。处理赃证物主要实现执行案件赃证物的网上处理、提交审核功能。信息审核主要实现对提交的登记信息、处理信息的分别审核。信息查询主要实现对刑事案件、执行案件、赃证物信息的查询与查看功能。

图 5-23　赃证物管理系统(1)

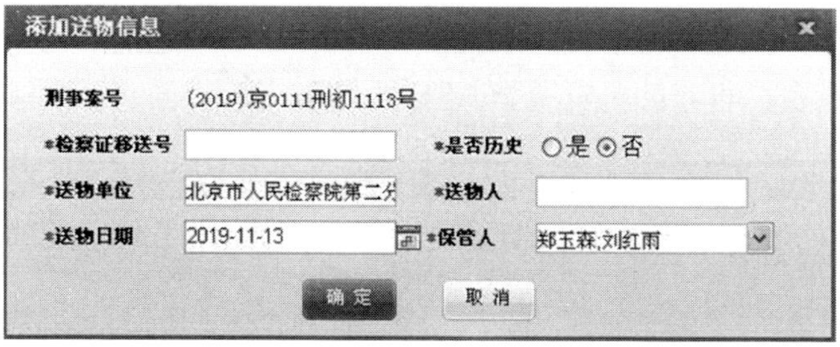

图 5-24　赃证物管理系统(2)

5. 司法政务部分

一是工作量核定系统。采用“标杆案件对比、节点系数叠加”的方法智能化核定审执业务工作量，通过数据自动抓取、自动核算等方式，自动计算核定审判、执行业务部门及个人的工作量，并自动进行统计分析，极大地提升了司法政务工作效率。以该系统为基础构建的绩效考评体系及相关做法入选最高人民法院第一批司法改革典型案例。

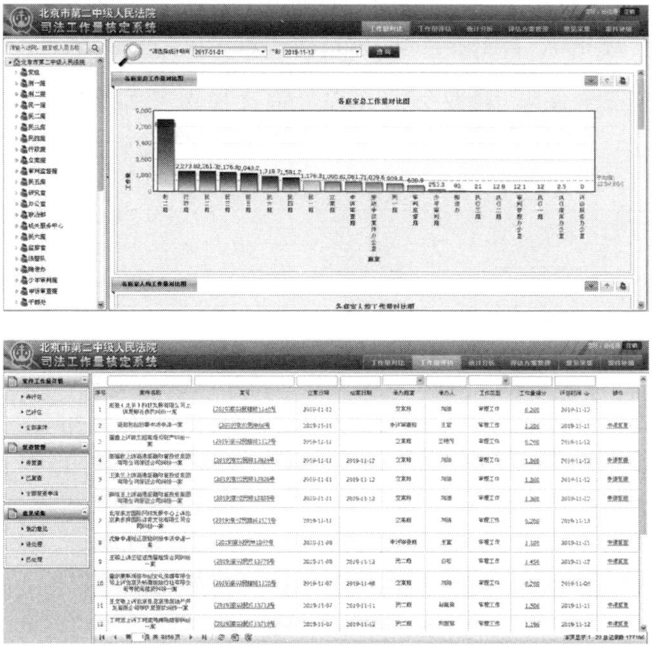

图 5-25　司法工作量核定系统

二是工资条系统。工资条系统使本院干警工资明细“电子化”,干警可以线上查看自己每月的工资明细并打印,同时支持查询、统计汇总等功能。

图 5-26　工资条查询系统

三是云存储系统。二中院紧紧围绕“智慧法院”建设总目标,持续推进信息化全方位、高智能、立体化建设服务模式,坚持问题导向,解干警身边难题、出信息化实用妙招,自主开发“云存储系统”,通过“互通云”“数据云”“分享云”“存储云”四云合一的云存储平台,以安全保密工作为系统建设“绝对性”硬指标,直击文件交互难、协作难、共享难、存储难,为干警提供高智能文件安全保障,高效率的文件传输交换保障和高容量的文件存储保障。

图 5-27　云存储系统

四是智能用车系统。以移动端 App 为系统建设抓手,建立公车使用

"申请、批示、管理、服务"全流程信息化服务监管体系，实现了车辆线上申请、车况实时监控、运行轨迹随机可查、违规车辆及时控制等功能。

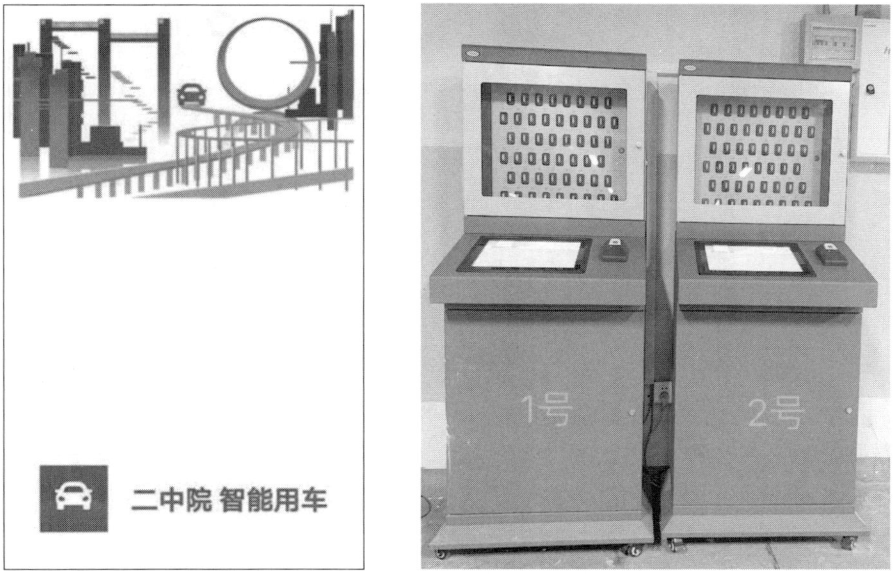

图 5-28　智能用车

6. 司法为民部分

一是智能化诉讼服务中心，为案件当事人提供线下"一站式"诉讼服务。依托大数据、云计算技术支撑，在诉讼服务大厅构建"一码走全院"的服务机制，群众进入二中院可获得自己的专属二维码作为身份识别标志，通过二维码获取智能叫号、立案、信访、开庭、查询案件等"一站式"诉讼服务；开发 3D 路线指引、AR 实景导航系统，通过触控屏、手机查看虚拟路线，进行高精度蓝牙定位导航，帮助公众便捷进入法院各诉讼场所；建设诉讼风险智能评估系统，通过格式化案情采集、实时风险提示、非诉纠纷解决途径推荐等功能，引导当事人选择适当的非诉讼方式解决纠纷。在诉讼服务大厅配备自助立案机、自助查询机、自助多功能终端机等信息化设备，为当事人提供交互式案件查询、预约阅卷、诉讼咨询服务。

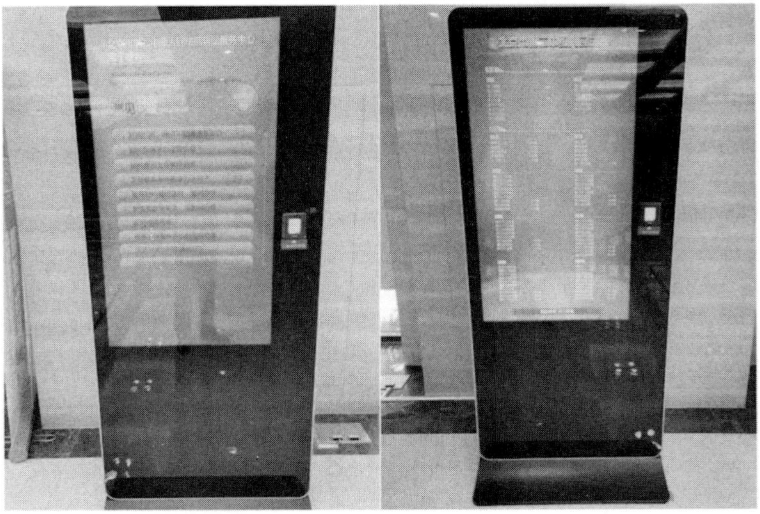

图 5-29　导诉屏

图 5-30　自助立案机

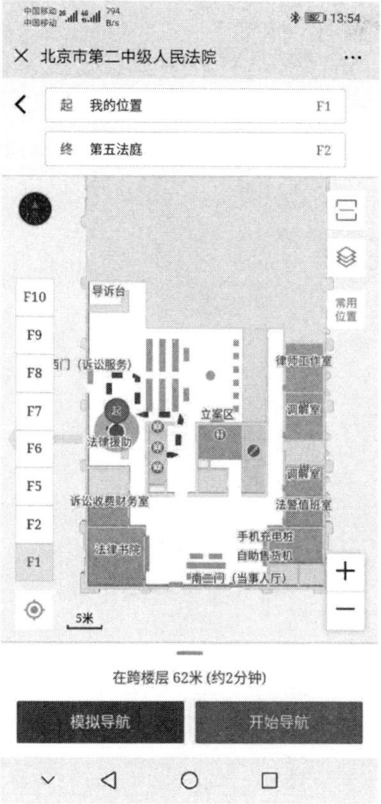

图 5-31　高精度蓝牙导航系统

图 5-32　诉讼机器人“法宝”

二是信息化网络服务平台，为案件当事人提供线上“一网通办”诉讼服务。“让数据多跑路，让群众少跑腿”，二中院坚持“互联网+司法服务”理念，依托北京法院审判信息网，实现了网上诉讼流程指引、立案登记预约、复印档案预约、案件进展查询、法律援助咨询以及手机短信消息自动推送等多项便民诉讼服务功能；以北京法院司法审判信息数据库和动态知识库为支撑，开通了“一线三平台”，案件当事人拨打“12368”诉服热线，就可与各审判业务系统和法官对接，第一时间了解审判动态、联系法官。在手机App诉服平台、微信诉服平台、律师诉服平台，设置“司法公开”“诉讼服务”“我的案件”等栏目，开通“法院要闻”“公告通知”“裁判文书”“诉讼指南”

"诉讼工具""12368""文书送达""递交材料"等20余项服务功能,使当事人、律师足不出户进行案件查询、网上立案、网上缴费、网上阅卷,接受送达和执行。打造了不受地理、交通、空间区域等条件限制,线上线下打通、内网外网互动的互联网诉讼服务体系。

图5-33　指尖微律师

16:21
诉讼服务
法院信息
诉讼指南
文书样式
诉讼工具
司法文件
机构名册
庭审视频
裁判文书
失信名单
12368热线
微信矩阵
更多
庭审视频
更多 >
2019-11-14 16:19:45
2019-11-14 16:19:31
裁判文书
更多 >
北京市高级人民法院
2019-11-07 00:00:00

图 5-34　指尖诉讼服务

图 5-35　人民法院在线服务—北京

（三）智慧法院服务保障体系

信息化服务保障工作只有起点，没有终点。二中院信息技术部门在信息化智慧建设体系搭建的同时，把智慧服务保障体系作为重点工作，把“服务抓意识、队建抓本领、管理抓质量”贯彻于信息化服务保障工作中。

图 5-36　二中院信息化运维团队

“B 座 3 分钟，A 座 5 分钟”，二中院信息技术部门以服务时间为准线，把信息化保障的“优质服务、微笑服务”带给全院干警，让干警能够在工作中感受信息化应用和信息化服务带来的方便。

图 5-37　信息化运维制度建设

大要案保障：听令即行，优质高效。信息技术团队在大要案审理中发挥了重要的后台保障作用，制定了不同场景的大要案保障方案，根据案件要求同步调整部署设备，进行线路调试，开庭伴随保障，确保庭审保障高质、有序。

重大活动保障：信息技术部门秉承“检测在平时，活动不慌乱”的保障思路，将设备巡检作为平时工作来抓，确保重大活动时拉得出、用得上，尤其在科技法庭、信息中心观摩任务中表现较好，无一疏漏。

四、智慧法院建设的体会

（一）智慧法院建设的特点

一是从技术手段的应用看，现代信息技术的核心是大数据、云计算和人工智能。目前二中院在办公、办案的信息化基础应用方面较为成熟，但在大数据和人工智能方面还处于初步的探索阶段，同时数据分析方法、人工智能、核心算法等方面严重受制于人的理念和认识不足，也严重依赖外部力量，这也对我们的信息安全提出了严峻的挑战。

二是从信息化作用对象看，法院信息化是对法院数据资源、人力资源、智力资源的深度开发和利用，并形成对相关资源和机制的整合、优化、补强和重塑效应，这也是综合配套改革中亟须改善和改进的领域。因此信息化建设和综合体制配套改革必须同步研究、同步推进。

三是从信息化的驱动机制看，法院信息化是以提升审判管理和决策水平、提高审判质量和效率为目的，因此法院信息化在启动上具有自上而下的特点，但在具体落实中又离不开自下而上的需求牵引和动力传导，因此需要顶层设计和基层创新相结合。

四是从信息化的演化过程看，法院信息化是一项复杂的系统工程，也是随着科学技术的进步、组织管理体系的完善、审判与技术的融合能力而不断演化和深化的过程，既需要理念上的更新和技术上的持续跟进，更需要巨大的人力、物力和财力的投入。受制于上述因素，各地法院信息化进度不一，成果共享不足，需要进一步加强统筹，实现共建共享。

（二）智慧法院建设体会

一是坚持顶层设计，做好谋篇布局。法院信息化建设是一项系统工程，既涉及信息技术吸收应用问题，更涉及信息技术与审判的深度融合问题，因此必须集中全院之力进行整体设计和整体推进。同时，在法院与技术支持单位的关系协调中，要坚持“以我为主”进行建设，坚持集中干警需求、自主搭建框架、外包单位提供技术，避免技术“受制于人”而导致建设目的与成果走形变样的问题。

二是坚持需求导向，提升应用水平。信息化的应用水平是检验信息化建设成效的唯一标准。在信息化建设之初，二中院就立足信息化的广泛应用提出了“实用、管用、好用、爱用”的建设原则。实用是建设的性价比方面的要求，要求系统建设以干警需求为牵引，坚持集约化原则，明确开发的目的目标、要实现的功能、系统的组织构架，用最小的建设成本、最简单的操作页面实现最大的功能。管用是建设的功能要求，系统建成后要具有高可靠性、高稳定性、高准确性和高安全性。好用是建设的操作性要求，强调通过一键生成和减少页面跳转等人性化的设计，增强系统界面的操作友好性、智能交互性，能够高度契合人的视觉习惯和思维习惯，切实减轻用户的学习培训负担，提高接受度。爱用是建设的归集性要求，即通过实用、管用、好用实现由“要我用”到“我要用”的转变，从根本上解决信息化建设和应用“两张皮”的痼疾。

三是坚持共建共享，实现服务全面覆盖。周强院长指出，智慧法院已经上升为“人民法院组织、建设、运行和管理形态”，因此建设智慧法院要集中各方力量参与其中,实现共建共享。在共建方面,要突出提高办公办案智能辅助系统的自主研发能力,组建有法官参加的研发团队,依托法官的创新激发执法办案的能量,实现“法官创造、科技制造”。在共享方面,要明确服务审判执行、服务群众诉讼、服务管理监督、服务科学决策“四个服务”的作用,切实将信息化建设的成果覆盖到法院工作的方方面面,不断增强各类应用主体的获得感。

“雄关漫道真如铁,而今迈步从头越”,法院信息化建设之路没有终点。二中院智慧法院建设,将在全业务网上办理、全流程依法公开、全方位智能服务新格局的基础上,持续探索大数据、云计算、区块链等科技手段在审判能力建设上的技术支持作用,在院党组的坚强领导下,努力推动以智慧司法为中心的法院信息化建设,向着智慧法院总目标接续奋斗。

第二节　一站式诉讼服务中心建设

一、相关改革精神

1.《最高人民法院关于深化人民法院司法体制综合配套改革的意见——人民法院第五个五年改革纲要(2019—2023)》:加强诉讼服务体系建设。加快推进诉讼服务中心现代化建设,努力提供普惠均等、便捷高效、智能精准的诉讼服务。健全线上“一网通办”、线下“一站服务”的集约化诉讼服务机制。引入社会第三方参与诉讼服务工作,提升诉讼服务社会化水平。推进智慧诉讼服务建设,研发智能辅助软件,为当事人提供诉讼风险评估、诉前调解建议、自助查询咨询、业务网上办理等服务,切实减轻人民群众诉累。

2.《最高人民法院关于建设一站式多元解纷机制 一站式诉讼服务中心的意见》(法发[2019]19号):推动智慧诉讼服务建设。打造依托大数据、云计算、人工智能、物联网等信息技术,贯通大厅、热线、网络、移动端,通办诉讼全程业务的"智慧诉讼服务"新模式。扩展网上服务功能,全面应用中国移动微法院,打通当事人身份认证通道,提供网上引导、立案、交退费、查询、咨询、阅卷、保全、庭审、申诉等一站式服务。加强律师服务平台建设,提供网上立案、查询、阅卷、材料提交、联系法官、证据交换、调解、开庭、代理申诉、申请执行等服务。在诉讼服务大厅配备便民服务一体机等智能化设备。完善12368诉讼服务热线智能问答系统。推动"厅网线巡"服务平台一体化建设,实现信息资源的互联互通、自动关联,为人民群众提供标准一致、数据同源的诉讼服务。深度挖掘立案、调解、速裁、信访等信息资源,开展全数据分析,科学研判各类矛盾纠纷发展态势和审判执行质效情况,为国家治理、社会治理和党委政府决策提供参考。加强诉讼服务网络信息安全防护体系建设,实现内外网信息可靠交换与安全共享。

二、二中院一站式诉讼服务中心建设思路

诉讼服务是司法文明的窗口。近年来,二中院按照最高人民法院及北京市高级人民法院的部署要求,坚持最高标准、最严要求、最好效果,努力将"最好的场所、最便捷的服务"提供给人民群众。

(一)围绕民需导向,谋划构建系统化诉讼服务格局

二中院在推进诉讼服务体系建设中,立足群众需求进行顶层设计,在诉讼服务大厅内,设置智慧导诉、立案业务办理、多元调解、律师工作、社会化服务、庭审直播、法治宣传教育、自助服务、审判辅助事务集约办理及应急隔离等十个功能区,除庭审之外的诉讼服务事项均可在诉讼服务大厅实

现一站式办理。在此基础上，二中院全面整合现有诉讼服务职能，畅通网络互动服务渠道，开通“一线三平台”，即“12368”人工语音服务热线、移动诉讼服务 App、自助服务、微诉服（微信小程序）服务平台，形成“统一入口、集中受理、分类处理、高效回应”的诉讼服务系统，确保群众有效参与，打造线上线下、虚拟实体相融合的“多渠道、一站式、综合性”诉讼服务体系。

（二）规范运行机制，着力提升标准化诉讼服务意识

二中院秉持“服务中有规范”的工作理念，不断提升诉讼服务规范化水平。建立诉讼服务首问负责制、分工协作制、督促提示制，形成“引导诉讼热心，解答问题耐心，查询案件诚心，收转材料细心，联系法官尽心”的“五心工作法”。明确审判辅助事务集约化办理的工作流程、时间节点、操作规范，确保集约化办理及时、高效、规范、有序。制定“接诉即答、接单即办”工单办理流程指引及工作质检回访规则，充分保障当事人的知情权、参与权、表达权。形成工单催办提示、专案专程送达、集约委托寻人、鉴评材料指引、平台操作规范等工作机制，让诉讼服务指令像“订单”一样得到个性化、精准化执行。

（三）依托信息技术，倾力打造智能化诉讼服务平台

“让数据多跑路，让群众少跑腿”，二中院诉讼服务中心秉承“便民+智能”的建设理念，在云平台、大数据支撑下，将线下“诉讼服务中心”和线上“诉讼服务网”打造成“线上线下一体化”的诉讼服务体系，不断创新互动形式，畅通沟通渠道，确保群众有效参与，实现群众意见、诉求的直接表达，倾心打造智能化诉讼服务平台。将现有的诉讼服务事项进行归类整合，大力推行网上立案、在线调解等服务，将诉讼服务大厅办理的诉讼事务尽可能实现网上办理，形成实体与网络、现场与远程相结合的全方位、立体化诉讼服务新模式。

（四）促进深度融合，不断拓展社会化诉讼服务范围

为进一步扩大诉讼服务范围，二中院积极推进司法资源和社会资源的交融共享、良性互动，打破由法院单一提供诉讼服务的传统模式，引入多方力量参与社会化服务，构建多方参与、有机衔接、优势互补、合力共济的多元诉讼服务体系。二中院通过社会化购买方式，引入导诉服务人员，为当事人提供窗口诉讼服务、分流引导等服务，提升服务质效。与北京多元调解发展促进会、中证中小投资者服务中心有限责任公司、中国房地产协会中房协调解中心、北京市建设工程招标投标和造价管理协会经济纠纷调解中心等行业调解平台建立委派调解机制，构建多元化解纠纷机制，促进纠纷解决渠道多样化。与市法律援助中心合作，建立法律援助工作站，为诉讼群众提供值班律师法律咨询服务，深度参与案件当事人的诉前多元调解、代理申诉等工作。协调市公益法律服务促进会派驻律师，引入公益律师代理申诉，对未自行委托代理律师代理申诉且不符合法律援助条件的申诉人，进行引导和矛盾化解工作。此外，为缩短法院专递送达周期，提升送达质效，二中院还引入中国邮政速递物流有限公司提供驻点服务，依托集约送达一体化平台，提供现场查询、现场专邮服务。为缩短公告发布周期，引入人民法院报公告驻点服务，实现了公告办理的全流程网上办理、在线结算、文本核对。

三、二中院一站式诉讼服务中心建设做法

（一）充分利用线下线上双重载体提供一站式、精细化诉讼服务

二中院坚持“将法院内最好的位置留给当事人”，把诉讼服务大厅东向、南向等向阳区域设置为当事人办事、休息区域，为当事人创造布局合

理、庄重大方、宽敞明亮、整洁卫生的诉讼环境。诉讼服务大厅可提供申请立案、案件查询、诉讼风险评估、交退诉费、交取材料等40余项功能。此外,坚持为民办实事,工作日提前30分钟开放安检大厅,将律师通道及当事人通道分开,节省诉讼当事人等待时间;在诉讼服务大厅等区域设置无障碍通道,专门设置感应门出口通道;采用柜台式开放办公方式,方便当事人与法院工作人员沟通;悬挂、张贴醒目的方位指引,使诉讼群众对法院设施一目了然、对参与诉讼法庭方位了然于心。

在建设诉讼服务大厅的基础上,为满足人民群众在线参与诉讼需求,二中院借助人民法院在线服务平台、北京法院诉讼服务微信公众号、北京审判信息网和“12368”人工语音服务平台等智能化诉讼服务平台,搭建起“集中受理、分类处理、高效回应”的在线诉讼服务系统,实现申请立案、提交证据、接收送达材料、参加在线庭审、查询案件审理进度、联系法官等业务在线办理功能,让当事人可自由选择获得诉讼服务的方式。目前,在线诉讼服务平台办理比例达到诉服事项总办理数的30%,并呈持续上升态势。

(二)认真落实“接诉即答”“接单即办”工作要求,努力实现两个100%

二中院紧盯“当事人在庭审以外联系法官需求旺盛”和“法官工作时间多在法庭开庭谈话难以接听当事人电话”这对主要矛盾,充分认识发挥“12368”联系法官主渠道作用的重要意义,多措并举,努力实现“联系法官到位率100%、反映事项办结率100%”的工作目标。

一是注重建章立制。按照市高级人民法院部署并经院党组研究决定,修订完善《北京市第二中级人民法院关于“接诉即答”“接单即办”联系法官工作机制的实施意见》,严格“接单即办”工单办理期限,确立工单回访机制,为“接诉即答”“接单即办”工作筑牢制度根基。

二是加强督促提示。诉服办对于市高级人民法院派发的工单及时转发到相关部门和承办人,督促相关部门和承办人按照规定时限及要求进行办理。各审执业务庭室分别建立工单办理监督工作机制，形成对承办人的多途径全方位督促提示。

三是坚持月度通报。每月发布“接诉即答”“接单即办”工作情况通报，量化分析诉求类型、涉及的审判部门及审判环节等，精准发现问题，确保群众诉求事事有回应，件件有结果。

(三)高效完成委托鉴定评估，助力优化营商环境

二中院持续加强委托鉴定评估协调管理工作，通过“六式工作法”对委托鉴定评估工作各流程节点进行精细化把控，努力缩短鉴定评估周期，切实维护当事人合法权益，服务审执中心工作，助力构建良好营商环境。

一是清单式指引，提高鉴定评估材料一次提交成功率。根据鉴定评估机构要求、立足本院审执工作实践、结合既往工作经验，以清单列举的方式分别制定物证类、法医类、房产类及其他类鉴定评估材料提交指引，并通过院网诉讼服务专栏予以发布。确保审执团队准备委托材料时有据可循、提高效率。

二是一键式委托，实现相关辅助事务集约化办理。充分发挥信息化建设优势，积极运用“对外委托一体化平台”，形成审执团队线上一键点击、诉服办线下集中辅助办理的“一站式”工作模式，提高对外委托鉴定评估工作的信息化、智能化水平，推动鉴定评估工作高效快捷开展。

三是台账式管理，客观、准确、完整记录全流程信息。诉服办对鉴定评估工作设专人专岗管理，对所有委托鉴定评估案件建立统一登记台账，对案件基本信息及鉴定评估工作相关信息进行全面记录，做到全程留痕、有据可查。

四是节点式督促，避免受托机构低效拖沓。认真总结梳理容易产生时间拖延的鉴定评估工作节点，将相应节点嵌入统一登记台账，由诉服办鉴定评估管理专员按节点及时提醒督促鉴定评估机构或相关人员，提升工作

运转效率。

五是纽带式沟通，及时向审执团队汇报鉴定评估进度。诉服办对鉴定评估程序进行动态跟踪，定期主动或根据审执团队要求联系鉴定评估机构询问进展，切实搭建起法官与鉴定机构之间的联络桥梁。此外，通过走访审执庭室，征询法官对鉴定评估辅助工作的意见建议，不断改进完善。

六是打分式反馈，促进鉴定评估工作质效不断提升。鉴定评估工作结束时，逐案面向法官对鉴定评估机构的工作推进速度、信息回填情况、鉴定结果准确性与专业性、三方沟通及时性等方面进行打分评价，对鉴定评估机构可否继续入围名册提出建议，确保入围机构有能力高质效完成受托工作。

(四)扎实推进电子卷宗随案同步生成，为审执中心工作赋能

二中院积极推进电子卷宗随案同步生成和深度应用工作，引入外包服务公司承担电子卷宗随案同步生成工作，进一步便利人民群众、便利审执办案、便利法院管理。

一是积极调研，查找问题。深入业务庭室，向法官助理及书记员了解电子卷宗扫描系统、设备、操作实务、工作流程等存在的问题；多次召开调研会、座谈会，听取他们的意见和建议；积极向外地法院、北京其他法院学习电子卷宗随案同步生成工作的先进经验和做法。

二是加强督促提醒，提高电子卷宗随案生成率。建立督促提醒制度，定期提醒各业务庭室加强电子卷宗随案同步生成工作，定期梳理总结电子卷宗随案生成工作中的问题，统计电子卷宗随案生成各项数据，制作《诉讼服务相关指标情况统计表》，向各业务庭室及时通报相关工作情况。

三是召开专项培训会，推进电子卷宗深度应用。协调技术室为各业务庭室培训，介绍电子卷宗深度应用情况并进行现场功能演示，确保业务庭室"会用、能用、爱用"，扎实推进电子卷宗深度应用。

四是建立电子卷宗生成中心，提升集约化专业化水平。2021 年成立电子卷宗生成中心，将一审民事案件、二审管辖权异议案件及一审、二审行政案件的纸质卷宗纳入生成中心统一管理。制定电子卷宗生成中心管理规范及工作流程指引，确保电子卷宗生成的及时性、完整性、准确性。

（五）深入开展集约送达，激发司法资源效能

二中院依托北京市高级人民法院开发的集约送达一体化平台，成立集约送达中心，统筹开展电子送达、法院专递送达、报纸公告送达、外出直接送达、窗口预约送达等送达工作，提升司法送达工作效率，切实为审执团队减负。

在此基础上，结合当事人线上接收诉讼文书需求日益增加的实际情况，大力推广电子送达方式。第一，在诉服大厅等公共区域通过多种形式和渠道就电子送达的使用进行宣传推广。在诉服大厅张贴展板宣传推广电子送达微信公众号，在法律书苑循环播放中国审判流程信息公开微信公众号和小程序演示动画。第二，协调立案庭在立案窗口为当事人发放《送达地址确认书》和《电子送达告知书》，积极引导当事人和代理人使用电子送达方式。第三，面向审执业务庭室做好相关培训。利用集中授课、上门培训、单独指导、电话咨询等方式为全院各庭室培训电子送达使用方法和工作流程。第四，协调技术室做好电子送达的技术服务保障工作，做到送达工作全程留痕、送达提示随时查询；及时反馈电子邮件、微信公众号等电子送达方式的送达结果，统计电子送达相关数据。第五，制定发布《北京市第二中级人民法院民事案件电子送达工作指引》，从制度层面有效保证电子送达工作开展的有序性及规范性。

（六）做好卷宗移转，为审级监督有序开展提供有力保障

为提升案件移转质效，诉服办严格规范案件移转流程，确保“三个到

位”,确保卷宗安全、有序、高效移转。

一是确保认识到位,激发内生动力。案件移转工作是审判流程管理的重要内容,也是提高审判效率的重要节点。在实际工作中,立足优质高效服务当事人、服务审判的工作思路,修订《案件移转规范》《接收高院退卷工作规定》等规范,进一步规范操作流程,不断改进案件移转工作。

二是确保责任到位,增强服务能力。通过建立责任明晰的管理机制,设置案件交接专区,合理分工,确保全天值守,随时接收案卷。严格准确把握移转标准,做好上诉案件移转工作和部分上诉材料的收转工作。

三是确保行动到位,提升履职实力。案卷移转工作是涉及全院各部门的整体工作,也是高层、中层、基层三级法院的协调联动过程。二中院注重优化移转流程,构建有效的沟通协调交流机制,加强与各业务庭室的交流对接。对案卷移转中发现的问题及时整改,案卷移转前对案件进行严格审查,提高案件移转的一次性合格率。

四、二中院一站式诉讼服务中心建设特点

二中院立足新时代人民群众司法需求,不断完善诉讼服务体制机制,努力打造服务诉讼群众、展示法治文明、体现时代特色的诉讼服务新体系。在建设一站式诉讼服务中心过程中形成了以下工作特点。

一是依托信息技术,打造智慧诉服。院党组始终坚持“互联网+司法服务”的理念,运用网络和移动应用技术使诉讼服务更高效便捷。强化网上诉讼服务工作,减轻当事人诉累。将现有的诉讼服务事项进行归类整合,大力推行网上立案、网上缴费、在线调解等服务,将诉讼服务大厅办理的诉讼事务尽可能实现网上办理,形成实体与网络、现场与远程相结合的全方位诉讼服务模式,着力解决服务群众“最后一公里”问题。

二是坚持制度奠基,打造规范诉服。制定涉及日常管理规范、党建工

作规范、对内服务规范、对外服务规范、诉讼服务大厅运行规范等五大方面的《诉讼服务工作规范文件汇编》，根据工作实际定期更新。将诉讼服务各项工作纳入规范管理的轨道，全面提升诉讼服务工作标准化、规范化水平。

三是引入社会力量，打造多元诉服。坚持开放共享的理念，积极推进司法资源和社会资源的交融共享、良性互动。整合多元纠纷化解、诉讼引导、电子卷宗生成等社会化服务资源，让司法走向社会、让社会走进司法。

四是注重内外兼顾，打造综合诉服。将"对外服务诉讼群众"与"对内服务审执团队"有机结合，一方面，通过诉讼服务大厅、"12368"热线等直接解决诉讼群众面临的实际问题；另一方面，通过诉讼文书送达、委托鉴定评估、案件卷宗移转、电子卷宗同步生成等审判辅助事务的集约办理，为审执团队分忧减负，助力审执中心工作提质增效，提升诉讼群众司法获得感。

二中院将一如既往致力于提高诉讼服务的精准性、协同性、实效性，持续完善一站式诉讼服务中心建设，让人民群众通过诉讼服务更好地感受到公平正义。

第三节　电子送达制度改革

一、相关改革精神

1.《最高人民法院关于深化人民法院司法体制综合配套改革的意见——人民法院第五个五年改革纲要(2019—2023)》:健全完善民事、行政案件法律文书送达机制。在民事、行政诉讼和执行工作中，综合运用电子送达、委托送达、约定送达等方式，探索完善送达新模式，推动完善相关规定。搭建全国统一的电子送达平台，进一步扩大电子送达法律文书的范围。推动落实当事人送达地址确认书制度。推广送达集约化、分段化送达工作机制,积极探索利用社会化服务方式开展送达工作。

2.《最高人民法院关于加快建设智慧法院的意见》(2017年4月12日):建设完善电子送达系统,通过与外部单位信息共享,精准定位诉讼参与人,通过信息留痕、数据追溯,实时掌握受送达人收悉情况,提升送达效率,破解送达难题。

3. 最高人民法院《关于进一步加强民事送达工作的若干意见》(法发[2017]19号):在严格遵守民事诉讼法和民事诉讼法司法解释关于电子送达适用条件的前提下,积极主动探索电子送达及送达凭证保全的有效方式、方法。有条件的法院可以建立专门的电子送达平台,或以诉讼服务平台为依托进行电子送达,或者采取与大型门户网站、通信运营商合作的方式,通过专门的电子邮箱、特定的通信号码、信息公众号等方式进行送达。

4. 最高人民法院《人民法院在线诉讼规则》(法释〔2021〕12号):细化完善电子送达规则,全面规定了电子送达的适用条件、内容范围、手段方式和生效标准,确立了"默示同意规则",将"同意"形式扩展至事前的约定、事中的行为和事后的认可,推动加大电子送达适用力度。同时明确了电子送达"到达生效"和"知悉生效"两种生效标准,有效兼顾送达的准确性和效率性,促进审判提速增效。

5. 最高人民法院《人民法院在线运行规则》(法发〔2022〕8号):受送达人可以通过人民法院在线服务、人民法院送达平台、诉讼服务网和中国审判流程信息公开网等平台在线查阅、接收、下载和签收相关送达材料。人民法院通过智慧审判、智慧执行系统,对接人民法院送达平台,记录各方参与主体的电子邮箱、即时通讯账号、诉讼平台专用账号等电子地址,按照有关规定进行在线送达、接受送达回执,实现在线送达所有环节信息全程留痕,记录并保存送达凭证。

6.《北京市高级人民法院、北京市市场监督管理局关于推进企业等市场主体法律文书送达地址承诺确认工作的实施意见(试行)》(2020 年 4 月 8 日):企业等市场主体同意适用电子送达的,在北京市企业登记 e 窗通服务平台“法律文书送达地址”专栏中填写的企业电子邮箱等,视为其确认的电子送达地址,人民法院应优先适用电子送达方式送达,但法律法规等另有规定的除外。

二、二中院推进电子送达的工作思路

(一)充分认识电子送达的意义及价值

随着我国信息技术发展水平的不断提高与智能移动终端的不断迭代升级,以互联网为媒介在线开展诉讼及审判活动的优势日益凸显。根据中国互联网络信息中心 2022 年 2 月发布的《第 49 次中国互联网络发展状况统计报告》,截至 2021 年 12 月,我国网民规模为 10.32 亿,手机网民规模为 10.29 亿,在此背景下,电子送达作为一种在线送达方式,相对于传统的直接送达与邮寄送达方式而言,具有更为广阔的适用空间,其效率高、成本低的特点必将进一步释放诉讼活动效能。

从诉讼参与人的角度,其不必亲自前往法院收取诉讼文书,可以更为快速便捷地收到法院送达的各类诉讼文书,并可以根据自身需求随时查看、下载、打印,不受时间与地域限制。诉讼活动自由度的提升必然降低参加诉讼活动对其正常生产生活的影响。

从司法机关的角度,电子送达将司法工作人员外出送达和向邮政部门交寄邮件等工作的时间成本、公证送达或邮寄送达所付出的金钱成本等全面缩减,有限的司法资源可以投入到智识程度更高的工作,有效带动司法工作质效的提升。

从社会可持续发展的角度,电子送达作为一种在线送达模式,具有绿色低碳、节能环保的属性,在交通运输和纸张打印方面的数量降低必然意味着能源损耗的减少。

因此,随着电子送达路径与规则的不断完善,加大力度推广电子送达在审判实践中的适用,具有十分重要的意义。

(二)将电子送达工作纳入一站式诉讼服务体系建设统筹谋划推进

在一站式诉讼服务体系建设工作中,最高人民法院明确要求建成并完善立体化、集约化、信息化的一站式诉讼服务体系,形成“厅网线巡”诉讼服务工作格局,为人民群众提供一站通办、一网通办、一号通办、一次通办的诉讼服务。

二中院在开展电子送达工作过程中,始终将其纳入一站式诉讼服务体系建设统筹考量。以电子送达方式的推介使用为切口,加大人民法院在线服务平台等在线诉讼服务端口的推广应用力度。让足不出户即能高效获取的诉讼服务方式为更多人民群众所熟知,让现代化诉讼服务手段的开发运行真正转化为人民群众触手可及的便利,让人民群众在诉讼过程中更具获得感。

(三)努力提升电子送达地址采集工作的协同性

依据我国相关法律法规,电子送达的适用需要以受送达人同意及明确的电子送达地址为前提。包括电子送达地址在内的送达地址采集工作,通常以诉讼参与人在具体案件中填写送达地址确认书的方式逐案进行。由于电子送达不受时间空间限制,相较于直接送达地址或邮寄送达地址而言,电子送达地址更具稳定性和可复用性。因而对于同一诉讼参与人而言,其在不同的诉讼案件中,尽管管辖的地域不同、管辖的法院不同、律师代理的具体当事人不同,但其所使用的电子送达地址却完全可以是同一的。二中院在推进电子送达工作的过程中，十分注重电子送达地址采集工作的协同性。除充分利用北京市高级人民法院统建的企业电子送达地址信息库和律师电子送达地址信息库外，在审理案件的过程中，还将行政机关、金融机构等涉诉案件数量较大、主动接受电子送达方式的诉讼主体的电子送达地址集约采集，及时录入审判信息系统，努力实现同一主体电子送达地址跨案件、跨庭室、跨法院、跨地域运用。

三、二中院电子送达工作开展情况

（一）以宣传引导为抓手，积极推广电子送达方式

电子送达具有及时性强、成本低等优点，可以实现文书送达“零距离、零等待”，既方便当事人，又有利于提升送达工作质效。

在以往的司法实践中，电子送达适用率普遍较低，原因主要有以下几个方面：一是从诉讼参与人的诉讼行为习惯来看，其更习惯于接收法院的纸质文书材料，特别是对于45周岁以上的诉讼参与人而言，甚至更信赖与法院工作人员的面对面直接送达方式；二是智能手机普及发展及广泛应用之前，电子送达需要依赖传真、电子邮箱等介质，而对于部分诉讼参与人而言，这些特殊介质并非唾手可得；三是部分诉讼参与人对电子送达方式不知道、不了解，从而依然选择直接送达或邮寄送达等相对传统的送达方式；四是电子送达过程记录及结果认定规则不甚明晰，对电子送达法律效力的判断标准存在争议。

为了让更多当事人知晓电子送达、信赖电子送达、选择电子送达，二中院一是从立案阶段即向当事人发放电子送达告知书，推介使用电子送达方式，引导当事人填写电子送达地址确认书，为后续审判工作适用电子送达打下良好基础；二是各审执庭室使用包括电子送达方式的新版《送达地址

确认书》,并同时向诉讼参与人发放《北京法院电子送达告知书》;三是在最高人民法院印发的《民事诉讼程序繁简分流改革试点实施办法》规定“经受送达人明确表示同意,人民法院可以电子送达判决书、裁定书、调解书等裁判文书”后,利用北京市辖区的试点优势,进一步在诉讼中加强电子送达方式的引导适用力度,倡导诉讼参与人将对电子送达的选择适用贯穿诉讼全过程;四是审判执行阶段首次接触诉讼参与人时,主动向诉讼参与人详细介绍包括电子送达方式等在内的线上诉讼服务方式,协助诉讼参与人注册并使用北京审判信息网、人民法院在线服务平台等应用程序,逐步引导当事人养成在线获取诉讼服务的习惯。

(二)以重点主体为突破,增强电子送达适用深度

首先,对于涉及诉讼数量较多且同意选择电子送达方式的法人主体,引导其统一预留便于接收诉讼文书的电子地址,并在具体案件中优先使用电子送达方式向其进行送达。此外,在具体案件送达工作中,查看北京市企业通过企业登记 e 窗通服务平台“法律文书送达地址”专栏中填写的企业电子邮箱,依据《北京市高级人民法院、北京市市场监督管理局关于推进企业等市场主体法律文书送达地址承诺确认工作的实施意见(试行)》向预留企业电子邮箱的主体进行电子送达。

其次,充分利用北京市高级人民法院统一建立的律师送达地址信息库,对于自主选择电子送达方式并预留电子送达地址的律师,适用电子送达方式。在民商事及行政案件审理过程中,对于有律师作为委托诉讼代理人的案件,着重宣传推广电子送达方式,并注重发挥律师在当事人群体中的影响带动效应,令电子送达方式为更多群众所知晓、接受。

最后,二中院与民政部、公安部、人社部、海关总署、民航局等五个国家部委会谈磋商,推进行政诉讼中的电子送达方式适用,建立关于电子送达的长效机制,促进提升行政机关应诉效率,提高行政审判质效。充分发挥

电子送达节约成本、高效便捷、信息留痕的优势，便利法院及行政机关的工作。在推广适用行政电子诉讼过程中，二中院还与民政部、公安部、人社部、海关总署、民航局建立会商研讨机制，先后针对电子送达的法律依据、工作模式、技术条件、送达效力、短信提醒等方面内容展开研讨交流；就电子送达工作的开展情况积极沟通，及时发现问题、解决问题，优化电子送达工作方法，并以此为切入点着力打造更加高效便捷的诉讼服务体系。

（三）以统建平台为载体，跟踪电子送达工作进展

在北京法院集约送达一体化平台投入运行伊始，即在诉讼服务大厅等公共区域发放宣传资料，在法律书苑循环播放"中国审判信息流程公开"微信服务号和小程序宣传视频，利用集中授课、上门培训、单独指导、电话咨询等方式为全院各庭室培训集约送达使用方法和工作流程，通过院网发布平台使用培训教程，以实现审判人员及审判辅助人员对集约送达一体化平台的人人熟悉、人人会用。在此基础上，要求包括电子送达在内的各类送达工作必须通过该平台统一开展，以实现对集约送达工作的统筹推进与跟踪反馈。

有效利用集约送达一体化平台的数据统计功能，每月对各庭室应用电子送达使用次数及适用率进行统计，通报各庭室电子送达适用情况；根据最高人民法院及北京市高级人民法院工作要求和本院审执工作实际，定期发布案件电子送达适用率建议，发挥指标的引导督促功能。

（四）以制度建设为保障，规范电子送达工作流程

细化落实民事诉讼程序繁简分流改革试点工作的相关要求，二中院成立调查研究专班，结合电子送达工作近年来的运行实践，总结归纳亟待厘清和规范的问题。2020 年 12 月，制定发布《北京市第二中级人民法院民事案件电子送达工作指引》。

该指引梳理了散见于《民事诉讼法》《最高人民法院关于适用〈中华人民共和国民事诉讼法〉的解释》《北京市高级人民法院关于推进集约送达工作的规定(试行)》等有关法律法规及文件中关于电子送达的各项规范,对民事案件中电子送达的基本原则、送达平台、适用条件、适用范围、适用程序、适用衔接、适用引导、送达效力及送达日期等问题进行了系统性规定,令审判实践中开展电子送达工作有章可循。与此同时,作为该指引附件,根据最新法律规定制定统一样式的送达地址确认书及包含电子送达具体操作方式等内容的电子送达告知书,确保审判实践中向诉讼参与人发放的相应文书规范、统一。以内容简练、要求明确、可操作性强的工作指引,从制度层面有效保证电子送达工作开展的有序性及规范性。

四、二中院电子送达工作特点

(一)精细化管理,在集约送达中心设立电子送达统筹推进工作专人专岗

虽然所有送达任务的发起者均为审执团队工作人员,但与集约送达中心负责的窗口预约送达、外出送达、邮寄送达等送达方式不同的是,电子送达的实施动作与发起指令几乎实时统一由系统自动完成,而不需要集约送达中心工作人员另行作出其他行为。但二中院坚持指派诉讼服务办公室设专人在集约送达中心统筹推进电子送达工作,一方面,负责电子送达相关数据收集统计,例如,电子送达适用次数、电子送达适用案件与案件总数之间的比例、电子送达的诉讼文书内容、电子送达的有效率等,便于掌握电子送达工作总体态势,并根据上级法院要求合理制定电子送达工作指导建议指标;另一方面,依据电子送达地址协同化、集约化采集的工作思路,由

该专员定期面向各审执业务庭室收集需求,并根据具体需求联络相应诉讼主体进行统一研讨洽商,高效获取诉讼主体的电子送达地址。

(二)规范化运行,通过制定工作指引保障电子送达工作严谨性及有效性

经过深入调研,二中院发现,部分审判执行团队存在适用电子送达积极性不高的现象。究其原因,在于法律法规对电子送达的规定零散笼统,相较于直接送达和邮寄送达等传统送达方式,电子送达在效力认定方面具有更大的不确定性。针对这一问题,二中院专门制定电子送达工作指引,在已有法律法规基础上对电子送达相应规范进一步予以明确,令审判执行工作人员真正有章可依、有规可循。例如,针对同一案件不同审理程序的电子送达适用衔接问题,明确规定了"当事人在提起上诉、申请再审、申请执行时未书面变更送达地址的,其在第一审程序中确认的电子送达地址可以作为第二审程序、审判监督程序、执行程序的送达地址"。这一规定在充分尊重当事人诉讼权利的基础上,确保经确认的电子送达地址在程序适用上的连续性,为电子送达方式的适用提供规范支撑。与此同时,二中院在该工作指引中还对电子送达方式可能引发的新问题进行规范,以保证电子送达工作的严谨性。例如,电子送达的文件完全由上传人自主选择上传,工作指引中规定"以电子送达方式送达的诉讼文书需要加盖法院印章的,应通过电子签章系统统一签章",避免送达人员通过电子送达方式送达的诉讼文书不加盖公章或以手动方式加盖印章等不规范现象,确保电子送达的严谨性、严肃性。

(三)协同化推进,实现信息技术、审判管理、诉讼服务对业务庭室的全面保障

从人员分类管理和司法责任制的视角分析,电子送达系由法官、法官

助理或书记员从事，产生诉讼法律后果，并由行为人承担责任的一种案件审理行为。但如果仅凭审判执行团队之力，该项工作开展或将屡受掣肘。为此，二中院建立了电子送达工作协同推进机制，由信息技术、审判管理、诉讼服务部门联合组成协调保障工作组，并根据工作需要及时召开联席会议，发现问题、解决问题，提升工作质效，形成了信息技术系统有效支撑、审判管理质效指引、精准数据分析参考、送达地址协同采集的四位一体电子送达工作综合保障格局。

第四节　司法公开制度改革

一、相关改革精神

1. 1999年发布的《人民法院五年改革纲要》明确要求“全面落实公开审判制度”，具体包括：人民法院开庭审判的案件，应当逐步提高当庭宣判率；公开裁判理由，使裁判文书成为向社会公众展示司法公正形象的载体；对二审案件除依法可以不开庭审理的外，应当做到开庭审理，公开宣判；完成对各类案件的司法统计指标体系的改革工作。

2.《人民法院第二个五年改革纲要（2004—2008）》：进一步落实依法公开审判原则，采取司法公开的新措施，确定案件运转过程中相关环节的公开范围和方式，为社会全面了解法院的职能、活动提供各种渠道，提高人民法院审判工作、执行工作和其他工作的透明度；建立全国法院执行案件信息管理系统，参与社会信用体系建设，建立执行督促机制，促使被执行人自动履行义务。通过公开执行信息，加强对执行工作的管理与监督；改革司法统计制度，建立能够客观、真实反映各级人民法院审判工作情况并适应司法管理需要的司法统计指标体系；扩大公开数据的范围，加强统计信息的分析和利用；建立和完善新闻发言人制度，及时向社会和媒体通报人民法院审判工作和其他各项工作情况，自觉接受人民群众监督。

3.《人民法院第三个五年改革纲要（2009—2013）》：建立健全人民法院科学的选拔任用机制和有效的干部监督管理机制，增强人事管理的透明度和公开性；加强人民法院信息化建设，尽快完成覆盖全国各级人民法院的审判业务信息网络建设；构建全国法院案件信息数据库，加快案件信息查询系统建设；继续推进审判和执行公开制度改革，增强裁判文书的说理性，提高司法的透明度；完善公开听证制度；建立裁判文书网上发布制度和执行案件信息的网上查询制度；建立健全民意沟通表达机制，健全科学、畅通、有效、透明、简便的民意沟通表达长效机制，充分保障人民群众的知情权、参与权、表达权和监督权；健全诉讼服务机构，加强诉讼引导、风险告知、案件查询、文书查阅等工作，切实方便人民群众诉讼。

4.《最高人民法院关于全面深化人民法院改革的意见——人民法院第四个五年改革纲要（2014—2018）》：完善庭审公开制度，建立庭审公告和旁听席位信息的公示与预约制度，推进庭审全程同步录音录像，规范以图文、视频等方式直播庭审的范围和程序；完善审判信息数据库，方便当事人自案件受理之日起，在线获取立案信息和审判流程节点信息；继续加强中国裁判文书网站建设，严格按照“以公开为原则，不公开为例外”的要求，实现四级人民法院依法应当公开的生效裁判文书统一在中国裁判文书网公布；整合各类执行信息，方便当事人在线了解执行工作进展，实现执行信息公开平台与各类征信平台的有效对接。

5.《最高人民法院关于深化人民法院司法体制综合配套改革的意见——人民法院第五个五年改革纲要（2019—2023）》：进一步深化司法公开，不断完善审判流程公开、庭审活动公开、裁判文书公开、执行信息公开四大平台，全面拓展司法公开的广度和深度，健全司法公开形式，畅通当事人和律师获取司法信息渠道,构建更加开放、动态、透明、便民的阳光司法制度体系;健全完善司法公开工作机制。贯彻主动、依法、全面、及时、实质公开原则,坚持“以公开为原则,不公开为例外”,不断拓宽司法公开范围、健全公开形式、畅通公开渠道、加强平台建设、强化技术支撑。深入推进裁判文书、庭审活动、审判流程、执行工作、诉讼服务、司法改革、司法行政事务等方面信息公开的规范化、标准化、信息化建设。健全完善司法公开制度体系,准确划分向当事人公开和向社会公众公开的标准,研究出台相关业务指引、技术标准和操作规程,明确司法公开责任主体。加大司法公开“四大平台”建设整合力度,优化平台功能,更加突出移动互联网时代新特点,促进平台从单向披露转为多向互动,让诉讼活动更加透明、诉讼结果更可预期;深化审判流程信息公开。加强中国审判流程信息公开网建设,全面落实通过互联网公开审判流程信息的规定,完善相关业务规范和技术标准,推进网上办案数据自动采集,推动实现全国法院依托统一平台自动、同步向案件当事人和诉讼代理人公开审判流程信息;深化庭审活动公开。进一步健全庭审公开的范围、流程和保障机制。完善中国庭审公开网功能,扩大庭审公开范围,以有典型意义、社会关注度高的案件为重点,充分运用网络直播、视频录播、图文直播等形式,实现庭审公开常态化,主动接受社会监督,促进提升司法能力,深入开展法治教育;深化裁判文书公开。加大裁判文书全面公开力度,严格不上网核准机制,杜绝选择性上网问题。升级中国裁判文书网,提升上网裁判文书技术处理自动化智能化水平,着力提升用户体验。加强裁判文书数据资源研究利用,探索建立与政法机关、政府部门、高等院校、科技企业共享合作的长效工作机制,为规范诉讼活动、统一裁判尺度、繁荣理论研究、促进社会治理提供有力支持;深化执行信息公开。优化整合各类执行信息公开平台功能,拓展执行信息公开范围,推动实现执行案件流程信息、被执行人信息、失信被执行人名单信息、网络司法拍卖信息等在同一平台集中统一公开。加强与社会征信体系的对接，规范失信被执行人信息公开的方式和机制，推动完善“一处失信、处处受限”的信用惩戒格局。

二、二中院司法公开工作思路

（一）加强和规范裁判文书公开工作的工作思路

一是划分分工责任，明确流程标准。审管办设置文书上网专员，各审执部门由一名内勤专职担任文书上网联络人，负责及时传达、提醒、督促各项文书上网工作；各案件承办人为文书上网负责人，对文书是否公开上网承担主要责任；各案件法官助理为文书上网操作人，负责操作文书上网公开、隐名处理等具体事务；庭长负责对文书上网相关审批事项进行审批、监督。原则上要求文书制作当天即时公开，尽量避免拖延上网情况出现。

二是定期发布通报，及时督促上网。院文书上网专员在重要节点会将对应上网文书通报至各庭联络人，文书上网联络人收到院审判管理部门关于文书未上网通报情况及其他注意事项后及时传达全庭各案件承办人和法官助理，提醒文书上网并督促落实。

三是严把质量关口，注重内容审核。对于应上网的生效裁判文书实行法庭助理员或书记员—承办法官—内勤三重审核机制，首先由法官助理员或书记员对应上网的文书内容进行匿名等技术处理，其次由承办法官审核校验，确认无误后由法官助理员或书记员完成文书上传工作，最后由内勤复核，及时指出文书上网工作中存在的不足，对于有质量瑕疵和技术处理不规范的文书第一时间督促撤回。

四是纳入绩效考核，依托指标管理。院级和庭级考核方案，均将文书上网工作纳入庭室、法官和法官助理年度个人考核，对完成文书上网工作有突出贡献的和未完成文书上网工作的，视情况分别予以加分激励和减分惩戒,以进一步促进文书上网有效施行。

五是常态制度学习,加强规范掌握。各庭常态化组织全庭干警学习裁判文书公开相关规范,组织书记员及助理定期参与全院相关培训,重点强调裁判文书上网公开的范围、不公开范围等内容,确保全面掌握。

(二)加强和规范互联网公开庭审工作的工作思路

庭审公开与文书上网公开有较大区别,即文书上网是事后公开,相对而言时间充裕,并且有多次补救机会,而庭审公开需要即时操作,一旦庭审结束后即丧失公开机会。因此,做好庭审公开重在事前准备和督促落实。

一是要牢固树立"公开为原则,不公开为例外"的意识,督促干警养成庭审主动公开习惯,不断提高法官的审判业务水平和庭审驾驭能力,以庭审公开倒逼庭审质量提升。

二是要制图画表,压紧压实责任,审管办定期汇总公示庭审公开情况,各庭针对部分庭审直播指标完成情况落后的案件承办人通过谈话提醒等方式及时督促完成任务。

三是要发挥榜样引领,营造争先氛围。发挥标兵的示范和"传帮带"作用,通过"双优评选"活动,评选展示优秀成果,营造奋勇争先、积极上进的氛围。努力推出更多精品庭审、示范庭审,力求庭审公开工作在数量、质量、效果上全面提升。

四是要重点抓好社会影响面广、群众关注度高、法制教育意义大、有助于促进提升社会法制观念的重点案件的庭审公开工作,以案说法,有效提升热点案件的庭审公开效果。将庭审直播与院庭长办理重大疑难复杂案件、院庭长示范庭审、优秀庭审培育、司法业务技能练兵等工作统筹结合。

五是要抓好审判人员、审判辅助人员开庭礼仪、用语规范、庭审驾驭的培训管理,切实提升庭审的规范性。要抓好技术操作培训,避免因操作不当导致直播失败情形或引发舆情。

（三）推进在线庭审的工作思路

二中院结合审判实际探索“三横三纵”在线庭审工作机制。“三横”指确立法官、法官助理、书记员的职责分工；“三纵”是指确立“摸排、疏导、确认”在线庭审同步工作方式。通过“三横三纵”机制，确立法官、法官助理对线上案件的适用筛查及矛盾调解端口前移工作法，强调书记员对当事人具体沟通操作指导，合理分工有效提升“云庭”适用质效。

一是法官摸排筛选“云庭审”匹配度高和急需开展的案件，重点突破，分类化解。对于造成致残、死亡等严重后果的人身损害案件，优先适用，推进审理，为当事人及时获赔提供便利条件；对涉外案件，巧用“云庭”的视频通讯和文件传输功能，有效解决境外当事人身份确认、委托手续认证送达等程序难题；对其他案件，灵活采用线上线下结合方式，推动庭审工作高效运转。

二是法官助理跟进疏导，初步固定二审争议焦点，了解举证情况及有无证人出庭，为“云庭审”高效进行提供保障；进一步介绍“云庭”审理方式，化解当事人对在线庭审可能存在的顾虑；同时，结合当事人在疫情期间较多居家、尚未全面复工的情况，积极开展调解，释法说理，促成双方矛盾缓和。

三是书记员负责技术指导和端口确认。在网上注册、端口进入、文件传输、举证质证等环节与当事人逐一对接，尤其对老年人等不熟悉电子设备操作的当事人，仅依靠电话沟通效果有限，书记员有时通过在自己电脑上下载当事人客户端，以当事人视角，采用与当事人微信视频连线方式亲自演示，将线上庭审的具体操作方法及步骤以最简单易懂方式予以直观呈现，前述工作环节完毕后亦及时删除微信；每起案件庭审前均需确认当事人能成功登录系统，调试声音、画面，以细致的工作方式确保在线庭审的效率及流畅。

三、二中院司法公开工作开展情况

(一)确保裁判文书依法全面及时公开

二中院按照《最高人民法院关于人民法院在互联网公布裁判文书的规定》及《北京法院在互联网公布裁判文书的规定(试行)》要求,逐条对照,扎实贯彻落实裁判文书公开相关工作。健全完善具体工作制度,优化上网操作平台和软件系统,强化服务保障,减轻法官和辅助人员事务性负担,实现了同步提醒、及时督促,切实解决了全面上网不到位、不及时、不上网文书审批不严格、依法不公开文书的案件没有公开基础信息项等问题。二中院坚决落实裁判文书质量责任,不断强化审判程序性诉讼文书自动生成、裁判文书智能纠错、隐名处理等软件系统的普遍、强制应用,不断提升法官裁判文书制作水平,坚决杜绝裁判文书"带病用印""带病送达""带病上网"等问题的发生。为落实责任到人,审管办组织各庭室推选了文书上网责任人,会同技术室为所有责任人召开文书上网工作会,讲解文书上网新规定及工作要求,解答日常上网中遇到的问题,进一步重申责任、分配任务。

2017年,全年审批上网文书16,750份,在年底前,督促各办案部门补录超期未制作、超期未提交的文书1677件,全年全院裁判文书上网率达到98.49%。评优方面,在北京法院优秀裁判文书网上互评活动中,二中院2篇文书获二等奖,5篇文书获三等奖,首次获评优秀组织奖。

2018年,全年共审批上网文书22,533份,内网通报文书上网情况70余次,4月起,二中院裁判文书上网率均保持在99.5%以上,第四季度各月裁判文书上网率均超过99.8%。评优方面,二中院2篇文书被评为首届全国"百篇优秀裁判文书",1篇文书获二等奖;在北京法院优秀裁判文书网上互评活动中，二中院2篇文书获一等奖，2篇文书获二等奖，5篇文书获三等奖，连续2年获评优秀组织奖。

2019年，全年审批上网文书23,318份，年底裁判文书上网率首次达到100%。评优方面，二中院1篇文书被评为第二届全国“百篇优秀裁判文书”；在北京法院优秀裁判文书网上互评活动中，二中院2篇文书获一等奖，1篇文书获二等奖，1篇文书获三等奖，5篇文书获优秀奖，连续3年获评优秀组织奖。

2020年，二中院继续完善裁判文书公开工作机制，严格不公开文书审批、已公开文书撤回标准；加强对上网裁判文书的主动筛查和质量管控，配合全院安装“聚法云体检”平台，运用信息化手段降低裁判文书低级错误发生率，不断提升裁判文书公开质量。全年共公开文书19,715份，各考核节点全院裁判文书上网率均达到100%。评优方面，在北京法院优秀裁判文书网上互评活动中，二中院1篇文书获一等奖，3篇文书获二等奖，1篇文书获三等奖，2篇文书获优秀奖，连续4年获评优秀组织奖。

2021年，二中院共公开文书23,590份，达到历年之最。CoCall提醒、通报文书上网情况66次，半年、全年裁判文书上网率保持100%。二中院还制定了本院裁判文书公开规定，组织各审执部门开展一系列提升司法公开质量相关工作，深化学习管理规定，强化干警对不公开文书范围及不宜进行直播情形的理解和认识，要求各部门领导严格审核监督可能导致舆情风险的文书及庭审在互联网公开。评优方面，二中院1篇文书被评为第四届全国“百篇优秀裁判文书”；在北京法院优秀裁判文书网上互评活动中，二中院1篇文书获一等奖，1篇文书获二等奖，5篇文书获三等奖，2篇文书获优秀奖，连续5年获评优秀组织奖。

（二）不断加大庭审公开工作力度

2018年4月20日，北京市高级人民法院发布《关于庭审公开管理系统上线的通知》，正式全面推动庭审公开工作。二中院坚决落实上级法院工作要求，聚焦社会关注的重点案件强化庭审直播力度，综合运用网络直播、视频录播等方式，扩大庭审公开覆盖面，确保庭审公开工作取得良好社会效果。同时，按照“公开为原则，不公开为例外”的要求，主动适应互联网时代庭审公开工作的新要求，进一步总结经验，查找问题，补足短板，将庭审公开工作全面推向深入。经过研究本院案件类型和庭室情况，将市高级人民法院制订的指标科学分配至各庭室，在第四季度根据各庭完成进度进行任务调度。在各相关部门的共同努力下，2018 年二中院共完成点播公开数 783 次，公开任务数 700 次，圆满完成了北京市高级人民法院制订的庭审直播任务，一场庭审入选首届全国法院“百场优秀庭审”。

2019 年，为继续提高庭审公开水平，二中院强化综合配套措施，加大督促、指导、考核、通报力度，通过深化庭审公开，进一步规范庭审行为，提高庭审规范化水平，充分发挥庭审在查明事实、认定证据、保护诉权、公正裁判中的决定性作用，促进庭审质量、效率、效果提升，完成同步中国庭审公开网直播 6213 场，庭审直播率达到 22.65%，比前一年直播数量提升 5000 场以上。

2020 年，二中院将能够公开的线下庭审全部进行庭审直播，充分应用“云法庭”推进线上庭审工作，进一步提高庭审直播数量，强化当事人及其他诉讼参与人的隐私保护。1～12 月，二中院已完成同步中国庭审公开网公开 4699 次，庭审直播率为 26.17%，比 2019 年全年提升 3.05%，获评中国庭审公开网评选的“优秀直播法院”。

2021 年，二中院根据各部门现实困难，对全院直播任务以半年为周期进行重新分解，全院本年度共完成庭审公开 7983 次。半年、全年庭审直播率均完成高院规定任务，公开数量再创新高，1 场庭审入选第四届全国法院“百场优秀庭审”。

（三）全力做好审判流程信息公开工作

二中院各责任单位能够准确把握《最高人民法院关于人民法院通过互联网公开审判流程信息的规定》，充分认识审判流程信息公开的“点对点”公开属性，明确所有公开信息都是当事人、诉讼代理人依法享有知情权的信息，牢记不公开信息应严格限制在极其例外的规定情形，对所有新收案件均全面、及时、准确地公开审判流程信息。立案诉服部门按规定收集当事人身份信息和手机号码，告知公开事项，宣传推广电子送达；审判业务部门着力规范办案流程，保障诉讼参与人诉讼权利；信息技术部门提供大力技术支撑，确保审判流程信息公开工作减少人力负担；审判管理办公室承担统筹协调、监督管理职责，确保司法解释要求全面落实。

（四）有序推进在线庭审工作

2020 年年初，新冠肺炎疫情呈抬头之势，不仅给人民的生命安全带来巨大威胁，同时道路管制、社区封控等抗疫措施也使诉讼活动无法正常开展，如何确保疫情防控期间法院审判工作正常运行成为亟待重视和解决的问题。

最高人民法院于 2020 年 2 月 14 日发布《关于新冠肺炎疫情防控期间加强和规范在线诉讼工作的通知》，二中院各审执部门按照通知精神及市高院、本院工作要求，对当事人确有需求或者案件本身适合线上庭审的案件，加大线上庭审力度，全力推进审执工作，并将在线庭审率纳入目标责任制考核。

为持续加大“云审判”力度，进一步推动智慧法院建设、司法能力建设、司法公信力建设，促进审判体系和审判能力现代化，二中院于 2020 年 3 月底至 4 月底开展了“百案云庭”专项业务技能比赛，暨北京法院“百案云庭”专项业务技能比赛初赛选拔工作。经过周密组织、认真备赛、精准安排、严格评选,圆满完成比赛各项工作。共推选 4 个优秀云庭审参加市高级人民法院的“百案云庭”比赛,其中一场庭审获评金奖。

为贯彻落实最高人民法院关于民事诉讼程序繁简分流改革试点的部署要求,二中院根据《民事诉讼程序繁简分流改革试点方案》和北京市高级人民法院相关实施细则,结合二中院工作实际,规划制定系列办案规范、指引。首个文件《民事案件在线庭审规范(试行)》,经院司法改革工作领导小组研究决定,于 2020 年 4 月 10 日下发试行。《民事案件在线庭审规范(试行)》针对在线庭审的特点,明确了在线庭审应当遵循的原则和效力,明晰了在线庭审的适用条件,强调了在线庭审的严肃性和仪式感,规范了庭前告知、庭前测试、诉讼材料上传等在线庭前准备事项。

为解决案件当事人不会操作在线系统、对线上庭审不信任等问题,二中院结合审判实际探索“三横三纵”在线庭审工作机制。“三横”指确立法官、法官助理、书记员的职责分工;“三纵”是指确立“摸排、疏导、确认”在线庭审同步工作方式。通过“三横三纵”机制,确立法官、法官助理对线上案件的适用筛查及矛盾调解端口前移工作法,强调书记员对当事人具体沟通操作指导,合理分工有效提升“云庭”适用质效。

2020 年,二中院共完成在线庭审 8575 场,诉讼案件在线庭审率达到 46.88%;2021 年,完成在线庭审场次达到 20,471 场,诉讼案件在线庭审率突破 80%大关,达到 82.8%,基本实现线上线下审判常态化并行格局,在线庭审模式得到进一步固化、优化。

四、二中院司法公开工作特点

(一)强化司法公开理念,确保审判权在阳光下运行

坚持主动公开。认真贯彻中央关于深化司法公开的各项部署,深刻理

解习近平总书记提出的“让暗箱操作没有空间,让司法腐败无法藏身”的要求,充分认识推进司法公开的重大意义,努力使司法公开成为每个庭室、每个法官的自觉行动。审判管理部门加强指标设计,做好统筹协调,引导各审执部门切实增强主动公开意识,大力推进阳光司法,努力让正义以看得见的方式实现。

坚持依法公开。严格履行宪法法律规定的公开审判职责,切实保障当事人依法参与审判活动、知悉审判工作信息的权利。严格执行法律规定的公开范围,既依法公开相关信息,又严守国家秘密和审判工作秘密。尊重司法规律,制定规范性文件,明确司法公开的内容、方式和程序,确保司法公开规范有序运行。

坚持全面公开。“以公开为原则、不公开为例外”,将司法公开覆盖审判执行工作各领域、各环节,严禁在法律规定之外设置任何障碍,确保向社会公开一切依法应当公开的内容。既注重程序事项的公开,也注重实体内容的公开;既注重案件审理信息的公开,也注重司法政务信息的公开;既注重运用传统的公开方式,又注重运用新媒体,最大限度地保障人民群众的知情权、参与权、表达权和监督权。

坚持实质公开。立足群众司法需求,依法及时公开当事人和社会公众最关注、最希望了解的信息,切实将公开的重心转移到服务群众、保障公众参与上来。不断完善司法公开平台的互动功能、服务功能和便民功能,切实回应群众关切,努力把深化司法公开变成人民法院和人民群众双向互动的过程,让司法公开成为密切联系群众的桥梁纽带。

(二)充分应用司法公开载体,切实增强司法工作透明度

充分应用中国裁判文书网,除涉及国家秘密、未成年人犯罪、以调解方式结案、离婚诉讼或涉及未成年子女抚养等情形外,作出的裁判文书统一在中国裁判文书网公开。

充分应用中国庭审公开网,除默认不直播的几类案由及部分不适合直播的案件外,其余庭审做到了开庭即播,应播尽播。

充分应用中国审判流程信息公开网,通过网站、短信、微信等多种渠道推送案件流程信息,变当事人千方百计打听案件进展为法院主动向当事人告知。当事人及其诉讼代理人自案件受理之日起,可以凭有效证件号码,随时登录查询、下载有关案件流程信息,及时了解案件进展。案件的程序性诉讼文书可通过网络进行电子送达。

开通本院微博、微信和各类新闻客户端账号,及时向社会公开审判执行信息,及时报道法院重要新闻和重大案件。

(三)拓展司法公开的广度和深度,努力满足群众多元司法需求

推进立案公开。全面实行立案登记制,依法保障当事人诉权。明确登记立案范围以及不予登记立案的情形,推行权利告知、风险提示、诉讼引导等措施。对依法应当受理的案件,坚持有案必立、有诉必理,对不符合立案条件的,及时做好释明工作,让当事人明明白白行使诉权。细化诉状要件规定,制作诉状样本,为当事人书写诉状提供示范和指引,对起诉材料不符合规定的,实行一次性全面告知。依托信息网络技术,实行网上立案、自助立案、二维码立案等,为当事人行使诉权提供最大便利。

推进庭审公开。严格执行公开审判制度,依法应当公开开庭的案件一律公开开庭审理。推进庭审实质化改革,落实以审判为中心的诉讼制度改革措施,依法按程序组织举证、质证、认证,完善证人、鉴定人出庭制度,严格遵循证据裁判原则和非法证据排除规则,充分发挥庭审在查明事实、认定证据、保护诉权、公正裁判中的决定性作用。落实庭审旁听制度,提前公示开庭信息,简化旁听条件和程序,充分保障当事人及其近亲属和社会公众、媒体记者旁听权利。对群众广泛关注、社会影响较大的案件,主动邀请人大代表、政协委员等参与旁听,自觉接受监督。创新庭审公开方式,强化

科技法庭应用,以视频直播等方式公开庭审过程。

推进裁判标准公开。通过制定指导性文件,召开业务交流会等形式,指导业务口及辖区法院统一正确适用法律,妥善审理各类案件。各业务口细化了上下级法院的沟通程序和操作细则,实现了二审改判发回工作流程标准化;业务口以召开业务交流座谈会的形式,加强与辖区的业务研讨,统一裁判尺度。

(四)推动司法公开精品化管理,加强业务成果培育

二中院制定关于开展员额法官"三个一工程"和"双优展评"工作部署,旨在促进全院员额法官不断提高庭审能力、文书撰写能力和分析写作能力,吃透法学方法论和证明责任论,打牢法官基本功,提高专业化水平。审管办以要件式审判方法等法学方法论为理论指导,借鉴全国兄弟法院先进做法,总结二中院以往实践经验,结合当前实际需求,制定了本院裁判文书质量评价标准及庭审质量评价标准。两个文件是法官提升裁判文书撰写和庭审驾驭两项核心技能的指南,也是培育优秀司法业务成果的指引,还是"双优展评"的评价标准。

2017 年至 2021 年,二中院连续五年开展"双优展评"工作,通过活动评选展示优秀成果,发挥示范引领作用。将社会评价引入评选过程,充分发挥司法公开和社会监督对提升审判质效的作用。在"双优展评"评选过程中,二中院制定了对接市高级人民法院及最高人民法院文书、庭审评选活动的评价标准,构建了院内与院外专家评委、人大代表、政协委员、人民陪审员、律师代表多元综合评价体系,以科学权重合成最终成绩。每年评选优秀裁判文书、优秀庭审树立全院学习典型,并作为选送北京法院优秀裁判文书网上互评活动和全国法院"百场优秀庭审"评选的备选成果。

近 5 年,二中院 4 篇文书被评为全国"百篇优秀裁判文书",2 场庭审被评为全国"百场优秀庭审";在北京法院优秀裁判文书网上互评活动中,二

中院5篇文书获一等奖,9篇文书获二等奖,14篇文书获三等奖,14篇文书获优秀奖,连续4年获评优秀组织奖。在文书评优期间,要求专家评委重点关注社会主义核心价值观融入裁判文书说理情况,标记相关文书作为优秀典型案例,作为标杆强化法官在法律框架内运用社会主义核心价值观释法说理的能力。

(五)加强多元评价结果运用,建立反馈机制

一是将多元评价意见作为业务学习资料,鼓励员额法官认真学习评价意见;尤其是对批评性意见,放下架子,虚心反思。通过开展员额法官批评与自我批评,提升审判业务能力。二是通过多元化评价意见公示,促使庭审驾驭和文书撰写注重"多元视角",引导员额法官深刻领悟新时代法官的更高要求。在司法公开大背景下,优秀的司法业务成果不仅要获得法官同行的认可,也要获得法律职业共同体的认可,更要获得人民群众的认可,真正实现"努力让人民群众在每一个司法案件中感受到公平正义"。三是鼓励员额法官互相借鉴,开拓眼界,取长补短。通过学习评审意见对获奖司法业务成果的亮点加深理解,增加学习提升的针对性,进一步夯实庭审驾驭和文书撰写两项核心司法能力。

(六)深化线上线下审判常态化并行格局

一是"率"。领导率先垂范,法官积极采用。二中院院领导率先垂范,开展在线庭审工作。中层领导带头开"云法庭",起到示范作用。全院员额法官热情高涨,克服困难,积极推行采用在线庭审模式。

二是"效"。短时间内出台在线庭审规范,高效利用"云法庭"。为指导、规范云庭案件的审理,二中院民事诉讼程序繁简分流改革调研小组起草了《北京市第二中级人民法院民事案件在线庭审规范(试行)》,并立即下发各部门在在线诉讼活动中适用。

三是"新"。在线庭审特点凸显,推出了一些创新举措。部分审判庭在最高人民法院和市高级人民法院线上庭审规则的基础上,统一了本庭的线上庭审模板,对当事人疫情期间庭审防护给予充分提醒,对线上庭审的权利、义务进行规范示明。有的庭审对合议庭成员利用多媒体手段予以完整展示。有的庭审实现线上方式的背对背调解并当庭调解成功。有的庭审针对防疫定点医院的财产通过线上庭审方式进行审理解封,有力保障了疫情防控。有的庭审对几个亿标的的案件进行线上庭审并当庭宣判,这些案件都取得很好的法律效果和社会效果。

四是"促"。以"百案云庭"评比,提高法官对在线庭审的适应度、把控力。评比推动了法官变换庭审思维模式,"云法庭"审驾驭能力得到快速提升,也迅速完成传统审判模式向现代科技审判模式的转变。法官主动研究庭审规范,制定庭审预案,研讨开庭细节,督促自身司法技能全面提高,在全院掀起了比赶超热潮。

第六章
人员分类改革
及法院队伍建设

第一节　法官员额遴选制度改革

一、相关改革精神

1.《关于司法体制改革试点若干问题的框架意见》(中央深改组会议2014年6月6日通过):第3点,确定法官、检察官员额。根据辖区经济社会发展、人口数量(含暂住人口)和案件数量等情况,确定法官、检察官员额。基层法院、检察院可在一线办案岗位设若干四级高级法官、检察官员额,计划单列市、副省级城市基层法院、检察院可在一线办案岗位设若干三级高级法官、检察官员额,地市级法院、检察院及直辖市所属基层法院、检察院可在一线办案岗位设若干二级高级法官、检察官员额,省级法院、检察院及直辖市所属中级法院、检察分院可在一线办案岗位设若干一级高级法官、检察官员额。要严格标准条件,具体数量由试点地方探索确定。第4点,选任法官、检察官的条件和程序。选任法官、检察官,要始终坚持党管干部原则,尊重司法规律,确保队伍政治素质和专业能力。确定法官、检察官的条件,除符合法官法、检察官法的规定外,要综合考虑政治素质、廉洁自律、职业操守和专业素质、办案能力、从业经历。

在省一级设立法官、检察官遴选委员会,从专业角度提出法官、检察官人选,并将人选名单、岗位需求、任职资格、拟任人选等情况面向社会进行公示,由组织人事、纪检监察部门在政治素养、廉洁自律等方面考察把关,党委按照权限审批,人大依照法律程序任免。

法官、检察官遴选委员会的组成,应当具有广泛代表性,由组织人事部门、经验丰富的法官和检察官、人大代表、律师、法学学者等人员组成。

上级法院、检察院的法官、检察官原则上从下一级法院、检察院择优遴选。

2. 最高人民法院院长周强在2015年7月23日至24日在上海召开的司法体制改革试点工作推进会上强调：法官员额制改革是按司法规律配置审判人力资源，实现法官队伍正规化、专业化、职业化的重要制度，是实行法院人员分类管理的基础，也是完善司法责任制的基石。建立法官员额制，就是要实现人员分类管理，让优秀法官人才充实到审判一线，建立以法官为中心、以服务审判工作为重心的法院人员配置模式。要严格控制法官员额比例，妥善解决法院领导干部入额问题，高度重视审判辅助人员配备。要结合四级法院职能定位、法官工作量和审判辅助人员配置情况等因素，科学测算员额比例，并适当向基层法院倾斜。

3.《最高人民法院关于全面深化人民法院改革的意见——人民法院第四个五年改革纲要（2014—2018）》：第49点，建立法官员额制度。根据法院辖区经济社会发展状况、人口数量（含暂住人口）、案件数量、案件类型等基础数据，结合法院审级职能、法官工作量、审判辅助人员配置、办案保障条件等因素，科学确定四级法院的法官员额。根据案件数量、人员结构的变化情况，完善法官员额的动态调节机制。科学设置法官员额制改革过渡方案，综合考虑审判业绩、业务能力、理论水平和法律工作经历等因素，确保优秀法官留在审判一线。

二、二中院法官员额遴选的思路

二中院在历次法官遴选过程中，严格贯彻市委政法委及市高级人民法院的要求，在法官入额过程中，二中院运用自主研发的工作量核定系统，科学分配各庭室法官员额，坚持以案定额、增量改革、动态调整，实现了法官员额人案相符、庭际均衡。入额过程中院党组全程跟进把控,各部门分工合作、各尽其责,各业务庭室及时跟进,政治部抽调精干力量,确保了资格审查、业绩考核、人员考察等遴选工作的公正透明高效。在申请人员多、员额数量少的困难面前,院庭领导以上率下,以实际行动引领全院干警,没有在一线审判岗位的中层领导顾全大局,主动放弃入额。

在入额条件与方式方面,历次入额均严格贯彻落实市高级人民法院《实施方案》的要求,在市高级人民法院框架内设定条件,与市高级人民法院《实施方案》保持一致。

在入额程序方面,严格按照市高级人民法院规定的程序进行,通过公布入额工作实施方案、报名及资格审查、业绩考核、组织考察以及参加市高级人民法院统一组织的考试,经院党组研究后提出拟入额人选建议,并报法官遴选委员会提出初步拟任人选,再经市高级人民法院党组研究通过,同时对助理审判员提请市人大常委会任命。

在考核内容方面,严格按照市高级人民法院历次《实施细则》的要求,综合考虑考核对象的基本情况、近年来工作业绩、办理重大疑难案件及调研等情况,重点考核工作业绩。为确保考核方案的科学性与公平性,二中院结合辖区调整、收案变化、立案登记制改革等因素,全面统计分析近年来全院、各审判庭及每名审判人员的15,000多组审判数据,形成2000余份图表,做到"全院有大账、每个庭有小账、每名法官有明细"。经过数十次模拟测算,制定《考试考核方案实施细则》并报高级人民法院审批。院司改领导小组办公室抽调精干力量组成业绩考核工作组,认真审核报名人员业绩考核材料,逐一核对确定加减分项,并向报名人员逐一反馈并回答疑问,确保了考核工作的公信力和权威性。

二中院在历次员额法官遴选工作中,始终坚持以下工作思路:

一是坚持中央和市委的领导。员额遴选是司法人员分类改革的基础,是关系到司法体制改革举措的重要制度。政法机关首先是政治机关,在司法体制改革中坚持党的领导,贯彻改革要求,是改革成败的关键所在。二中院在员额法官遴选过程中,无论是员额比例,还是遴选要求与程序,始终坚持贯彻落实中央和市委的要求,不打折扣,不讲条件,确保了员额法官遴选圆满完成。

二是坚持依法依规入额。司法体制改革虽然是对现有制度的创新,但也必须在法律的框架内进行。二中院在制定入额条件和遴选方案的过程中,始终坚持依照《公务员法》《法官法》的规定,按照法律规定的选任条件、任免流程实施方案,确保员额遴选依法依规,程序严谨,流程规范。

三是坚持选贤任能。员额制的初衷,就是让优秀的法官人才充实到审判一线。二中院在开展法官入额的过程中,坚决坚持业绩导向,择优遴选,考试考核,不论资排辈,不"到点就提",确保真正让政治素质好、业务水平高、办案能力强的人员优先进入法官员额。

四是确保审判质量、队伍建设"双稳定、双提升"。改革期间,工作不能停,队伍不能乱,要坚决做好队伍思想工作,凝聚改革共识,充分发挥基层党组织的战斗堡垒作用,坚持司法改革推进到哪里,党建工作就跟进到哪里。同时,持续抓审判质量,制定好改革期间的过渡政策,确保案件审理工作不受影响。

五是有利于队伍长远发展。改革不搞竭泽而渔,不搞"一刀切",在入额条件制定、人员选用方面,要充分分析队伍现状,科学制定选任政策,确保队伍梯次合理,流动有序,储备充足。做到老同志无怨言、中年同志有干劲、年轻同志有目标。

三、二中院员额法官遴选情况

(一)各批次法官员额遴选情况

1. 首批法官员额遴选情况。首批法官遴选,二中院共遴选了 148 名员额法官,占一线法官的79%。

一是积极开展动员部署。2016年3月3日和18日,二中院分别针对全体中层领导、全院干警召开司法改革政策宣讲会以及全院动员部署大会,并按照市高级人民法院的要求,结合二中院实际,分批次对司改工作进行教育培训和辅导讲解。

二是公布首批入额工作实施方案。3月31日,通过院网公布二中院实施方案并转发北京市法官遴选工作办公室发布的法官首批入额考试通知,以及考试时间、考试地点等相关安排。

三是积极做好报名及资格审查工作。二中院于2016年4月11日正式启动司法改革首批法官入额报名工作,由申请入额的人员填写提交报名表,并注明申请入额的专业领域岗位志愿,同时应承诺服从调剂,并签署《法官岗位承诺书》。领导小组办公室对报名人员从基本条件、资格条件、禁止条件等方面进行资格审查。截至4月13日晚,经院司改领导小组办公室审核,共有181名干警符合报名条件。

四是周密开展业绩考核工作。院司改领导小组办公室从各相关职能部门抽调精干力量组成业绩考核工作组,在报名工作结束后,立即组织实施考核工作。工作组成员加班加点,认真审核报名人员业绩考核材料,逐一核对确定加减分项,经过一周的紧张工作,全部完成考核核分,并向报名人员逐一作了反馈与答疑,确保了考核工作的权威性。

五是对申请入额人员进行组织考察。院司改领导小组办公室抽调12名中层领导和工作组成员,组成6个考察小组,集中利用4月26日、27日2天时间,对181名符合报名条件的人员所在的17个部门进行了走访,同各部门中层领导和干警代表进行了谈话,从德、能、勤、绩、廉等方面对报名人员进行考察并形成书面考察报告。

六是提出拟入额人选建议。院司改领导小组办公室根据考试、考核及考察情况,综合各专业领域报名情况和人员结构,向院党组提出152名拟入额人选建议，并按照高于5%的差额比例，上报市法官遴选工作办公室。

七是提请市人大常委会任命审判员。按照市高级人民法院的统一部署，按照法律提请市人大常委会任命为审判员，并及时将任命的入额法官名单报市高级人民法院备案。

八是做好法官员额二次分配和辅助人员调配工作。首批入额人员名单确定后，对各审判庭所需法官员额进行测算和核定，将入额法官分配到各个审判庭，并根据入额法官情况将审判辅助人员调配到岗到位。

2. 第二批法官员额遴选情况。2016年7月，根据市委、市高级人民法院的统一安排，第二批法官入额工作部署启动，二中院在充分总结首批入额工作经验的基础上，着力分析第二批入额工作的重点与难点，在员额数量更少、员额数占申请入额人员比例更低的情况下，顺利遴选出41名员额法官。

3. 第三批法官员额遴选情况。2017年9月，根据《北京市法院2017年法官遴选工作实施方案》，二中院第三批法官遴选工作有序开展。本次遴选入额条件更为严格、入额人数更少，针对此情况，经综合分析各庭室现有审判团队规模，收结案情况，科学测算出各业务领域员额法官缺口等情况，制定《北京市第二中级人民法院2017年法官遴选工作实施方案》《北京市第二中级人民法院2017年法官遴选工作考核实施细则》。在遴选过程中，召开中层干部动员部署会，准确解读遴选政策。严格按照选任程序，完成15名干警的报名及资格审查、业绩考核、反馈成绩、组织考察、考试、提出初步拟任人选等前置程序，确保遴选工作的公开透明。经过市法官遴选委员会面试遴选，市高级人民法院党组会审议，共有9名法官通过遴选进入员额。同时，为确保年轻干警的发展前景，为3名报考基层法院遴选的干警提供便利条件，协助基层法院进行组织考察。

4. 第四批法官入额遴选情况。2019年，按照市委政法委、市高级人民法院的部署，二中院组织开展了2019年法官遴选工作。针对本次入额人数少、符合条件法官助理数量较多的状况，干部处科学测算各业务领域人员数量，制定二中院《2019年法官遴选工作实施方案》和《2019年法官遴选工作考核实施细则》。在遴选过程中，召开动员部署会，准确解读遴选政策。严格按照选任程序，完成21名干警的报名及资格审查、组织考察考试等前置程序，确保遴选工作的公开透明，最终14人顺利入额，进一步充实了审判力量。

（二）法官员额二次分配

为进一步推进司法改革工作，确保法官员额科学分配，二中院依托司法工作量核定系统，遵循以案定额为主、综合考量全院及各庭室人员状况为辅的原则，以现有各庭室法官数、近两年工作量为基准，参考先期模拟测算结果，制定法官员额测算和二次分配方案，最终将法官员额配置到各审判庭。

1. 法官员额二次分配的核心技术支持。科学制定法官员额二次分配方案的核心依托，是二中院在全国法院率先上线运行的司法工作量核定系统。司法工作量核定系统借助信息化技术，通过综合权衡案件繁简程度，估算法官的实际工作负担，其运行思路主要有三点。

一是坚持抽取共性，以“办案要点”为工作量测算的基准要素。将不同类型案件之间均存在的共性流程节点和差异化实体节点抽取出来，将涉及法官工作量的流程节点、案由类别及实体难点进行解析，形成诸多“办案要点”，以此为基准要素测算法官工作量。

二是广泛采集数据，建立起“四全覆盖”的办案要点体系。经过深入一线广泛调研，对从立案到审判、执行全流程的关键节点及实体审理工作进行设置、取样、计算、分析，筛选出包括33项公共流程、75项业务特色、296项案由细节等3类共计404项办案要点。在此基础上，通过与审判管理系统、执行办案系统数据对接，全面采集工作量信息，采集到的信息越丰富,核算法官员额所需的数据就越精确。经过近两年的试运行,系统已采集到 100 万余条数据,建立起了覆盖“全时段、全岗位、全方位、全流程”的法官办案要点体系。

三是进行统一换算,构建起“标杆案件对比、节点系数叠加”新型计量体系。首先,按照立案、审判、执行三大工作类型设定标杆案件,并赋予基础工作量值,参照法官日常审判时效并经多次测算,将基础工作量值确定为若干工作小时。其次,将 404 项办案要点需花费的工作时间逐一与标杆案件比对,与基础工作量换算后分别赋予权重系数,核算出办案要点工作量。最后,将案件基础工作量值与全部办案节点的工作量累加得出该案件的工作量,再将“工作量值×工作小时”,折算出每个案件的具体工作时间。

通过司法工作量核定系统“统一度量衡”,打破了审级、专业等限制,实现了对全院法官实然工作时间的取值和评估,不仅直观呈现各业务庭室总工作量、人均工作量和案件平均工作量的横向对比情况,而且反映出各庭室的业务难度、工作强度和人力需求。

2. 法官员额二次分配实行分步操作。在司法工作量测算的基础上,二中院通过“核”“测”“分”三步走,对法官员额进行了二次分配。

一是坚持简单比例原则,在“核”上下功夫,确定各庭室人员基数。首先用市高级人民法院统一分配的法官员额数,除以一线庭室现有法官数,计算出全院一线庭室总体入额率;其次,用现有法官数乘以入额率就是各庭现有人员基准数。该基准数为制定最终员额分配方案纳入考虑的历史性因素。

二是坚持工作量换算原则,在“测”上下功夫,确定各庭室岗位基数。以庭室年度收案数×该庭案件系数比,计算出指定时间该庭工作量,再将近两年收案数根据统计时间远近对工作量测算的影响程度大小,按照 30%、70%的权重相加,计算出各庭的工作量。用各庭工作量占全院总体工作量的比重,乘以通过一次分配得到的法官员额数,是各庭员额制法官岗位基准数。该基准数为制定最终员额分配方案纳入考虑的规划性因素。

三是坚持综合加权平均原则，在“分”上下功夫，确定各庭室最终员额数。按照“落实以案定额、体现改革精神、适当照顾现状”的工作思路，以现有人员基准数的30%与工作员额基准数的70%相加，是各庭室最终的分配员额数，同时在各审判专业领域内预留若干机动员额。各庭室最终分配员额数作为实际分配时的主要参考依据，根据需要在审判专业领域内用机动员额进行微调。

3. 法官员额二次分配体现“三大均衡”。二中院依托司法工作量核定系统制定的法官员额二次分配方案，体现出“三大均衡”的突出特点。

一是坚持以案定额，实现了等值等量、忙闲均衡。由于各庭案件性质、审判程序、工作侧重不同，导致各庭室法官的实际工作负荷也表现出明显的差异性。例如，一件一审刑事案件同一件二审劳动争议案件相比，前者需要法官付出的工作量显然大大超出后者，在统计数据上二者却是等值的。因此，单纯以案件数量为准，或者经过粗略折算得出的数据，无法准确反映出各庭室的实际工作负荷，也难以精确核定各庭室对法官员额的真实需求。以工作量为计算依据，可以避免“等值不等量”的局限性，使计算结果最大限度地趋近于一线法官的实际工作负荷。通过“大数据”精确计算出的各庭室员额数，充分满足了审判工作对司法人力资源的实际需求，从根本上确保了员额分配的科学性。

二是坚持增量改革，实现了尊重现状、“员”“额”均衡。由于历史和现实中的种种复杂因素，各庭室在长期的工作中逐渐形成了现有的人员结构状况和法官分布状况。在实行员额制改革过程中，必须将现有人员状况纳入考虑范围之内。这对降低改革震荡、减少改革阻力、确保改革实效具有十分重要的意义。因此，在制定最终的员额分配方案时，将经过“现实计算”的“现有人员基准数”，和经过“理想规划”的“工作员额基准数”均纳入考量，对两者给予不同的权重，既有力促使员额制改革在实质上得到推进,又充分尊重了历史形成的人员结构和法官分布状况,使员额二次分配方案做到了既“有理想”又“接地气”。

三是坚持动态调整,实现了人案相符、庭际均衡。经过加权计算得出的最终员额分配数只是“纸面计算”得出的结果,在运行中难免会出现与实际状况不尽相符的情形。因此,预留若干机动员额作为“蓄水池”,用于员额需求出现缺口的庭室在审判专业领域内进行微调,有效确保了庭室之间的相对均衡。法官员额分配到庭在客观上“冻结”了法院人员的变动,避免了审判人员的随意增加和无序流动,有利于逐渐消除历史性因素对员额测算的负面影响,有助于准确核定员额制法官的“饱和工作量”,使员额分配的原则性与灵活性得以有机协调。

二中院以司法工作量作为法官员额二次分配的测算核心,在指导思路上显示出了较强的开放性。它不仅能够切实解决员额岗位科学配置的现实难题,而且可以为今后法官以及审判辅助人员的精确化、常态化考核提供基础,还能实现对历史数据与未来发展趋势的精确分析与精准预测,从而为法官员额的定期调整预留出接口,进而从根本上推进法院人力资源的最优化配置。

四、二中院员额法官遴选工作特点

一是深入调研摸底,做到“底数清、现状明、预判准”。任何一项改革措施,先摸清底数是第一步。审判工作量测算的客观性、真实性和全面性,是改革中员额与岗位配置、法官工作量测定的基础。结合辖区调整、收案变化、立案登记制改革等因素,全面统计分析近5年来全院、各审判庭及每名审判人员的15,000多组审判数据,形成2000余份图表,做到“全院有大账、每个庭有小账、每名法官有明细”。利用自主研发、率先上线的司法工作量核定系统,根据30%的员额比例、审判工作量、案件增长趋势等不同变量，确定基本工作量、任务饱和度，对法官员额配置形成初步测算报告，为改革启动后的人员配置奠定了基础。

二是主动分析研判思想状况，做到“有数据、有分析、有对策”。为充分了解队伍思想动态，及时掌握干警对司改政策的态度，摸清各类人员可能产生的思想波动，科学设计“关于司法改革的调查问卷”，利用信息化手段，采取网络填报方式，在全院范围开展了全员思想状况问卷调查，收集有效调查问卷 373 份，占全院在编干警总人数的 78%，形成了数据翔实、分析到位、对策全面的调研报告，将队伍思想状况分析做在前。针对不同部门、岗位、年龄、身份的人员或多或少存在的“跑不了”“进不去”“回一线”“没未来”等四种思想倾向与顾虑，采取“领导一对一”“支部包干”等形式，及时跟进做好前期思想政治工作。

三是调动干警参与改革积极性，做到配套方案“全覆盖”。针对审判、政工、后勤等不同部门，一线审判、职能综合等不同岗位，审判员、助审员、执行员、书记员、法警等不同人员类别，庭长、审判长等不同职务，老中青等不同年龄的人员，由党组成员召集主持，先后召开了 12 场不同部门、不同身份、不同年龄的干警参加的征求意见座谈会。在反复讨论研究、斟酌修改的基础上，根据《北京法院法官首批入额工作实施方案》，结合实际，进一步细化方案，制定出台《法官首批入额工作实施方案》《法官首批入额考核实施细则》，明确法官首批入额工作的指导思想、基本原则、组织实施、工作内容、工作程序、工作要求，以及考试考核的方式、内容、标准等，做细、做实、做全操作层面的细化落实方案。

四是充分借助信息技术，实现法官员额二次分配“三大均衡”。二中院依托自主开发并在全国法院系统率先上线的司法工作量核定系统，遵循以案定额为主、综合考量全院及各庭室人员状况为辅的原则，以现有各庭室法官数、近两年工作量为基准，参考先期模拟测算结果，制定法官员额测算和二次分配方案，将法官员额配置到各审判庭。通过筛选出 404 项办案要点，跟进监测采集到100万余条数据，用“办案要点”来“统一度量衡”，打破了审级、专业等限制，实现了对全院法官实然工作时间的取值和评估，不仅直观呈现各业务庭室总工作量、人均工作量和案件平均工作量的横向对比情况，而且反映出各庭室的业务难度、工作强度和人力需求。通过“大数据”精确计算出的各庭室员额数，最大限度地满足了审判工作对司法人力资源的实际需求，从根本上确保了员额分配的科学性，在员额配置和工作负荷上实现了忙闲均衡、“员”“额”均衡、庭际均衡。

第二节　分级分类培训制度改革

一、相关改革精神

1.《最高人民法院关于全面深化人民法院改革的意见——人民法院第四个五年改革纲要（2014—2018）》：完善法官在职培训机制。严格以实际需求为导向，坚持分类、分级、全员培训，着力提升法官的庭审驾驭能力、法律适用能力和裁判文书写作能力。改进法官教育培训的计划生成、组织调训、跟踪管理和质量评估机制，健全教学师资库、案例库、精品课件库。加强法官培训机构和现场教学基地建设。建立中国法官教育培训网，依托信息化手段，大力推广网络教学，实现精品教学课件由法院人员免费在线共享。大力加强基层人民法院法官和少数民族双语法官的培训工作。

2.《最高人民法院关于深化人民法院司法体制综合配套改革的意见——人民法院第五个五年改革纲要（2019—2023）》：完善法院人员教育

培训机制。完善人民法院各类人员教育培训体系,着力提高法律政策运用能力、防控风险能力、群众工作能力、科技应用能力、舆论引导能力,建立覆盖职业生涯的终身学习制度。完善法官定期培训机制,确保每名法官每年至少参加一次脱产业务培训、每年参加业务培训不少于10天。完善法官教育培训师资库建设。坚持网络视频培训常态化、开放性,推进"云课堂"建设,建好在线精品课程库,完善相关配套措施。健全完善少数民族地区双语法官培训机制。完善人民法院与法学院校、科研机构双向交流制度。

二、二中院开展分级分类培训制度改革的思路

自建院以来,二中院高度重视队伍建设,始终以革命化、正规化、专业化、职业化队伍建设作为教育培训和人才工作的主线,坚持以思想政治教育武装人,以身边的审判业务专家引导人,以形式灵活、对象精准的培训教育人,以完善的奖励保障机制激励人,推动二中院干警业务水平和执法能力的全面提高。实施司法体制改革后,二中院完善法官在职培训工作机制,严格以问题为导向,以实际需求为重点,依托线上线下教育培训模式,利用2年时间充分做到分类、分级、全员培训,加快干警专业化和职业化建设。2019年中央政法工作会议上,习近平总书记对加快推进新时代政法队伍建设提出了新的更高要求,二中院决定深化分级分类培训制度改革,在全院大规模开展岗位大比武活动,并将该活动定位为全年五项重点工作之一全力推进。大比武旨在规范司法行为、提高司法能力、提升工作质效,培养爱岗敬业人才,在全院形成学业务、比业务、钻业务的良好氛围,进而推动二中院整体工作水平的提高。目前,二中院已形成分级分类全员培训为常态,岗位技能大比武为验收的培训工作机制。

三、二中院开展分级分类培训制度改革的具体做法

（一）全员岗位大比武开展之前的分级分类培训情况

1. 召开座谈交流会，精准对接改革之初的培训需求。合议庭作为人民法院的基本审判组织，一直是人民法院司法改革的重中之重。二中院 2016 年整建制组建新型审判团队后，为确保其最大限度发挥作用，立即就新型审判团队组建后司法责任制的落实、人员履职职责、干警思想动态、团队运行建议、分类培训需求等方面开展座谈交流，针对座谈梳理出的 6 项大问题 29 个小问题，分别采取解决措施，加大人员分类培训的针对性和实效性。

2. 创办“法官沙龙”活动，适应改革之需为提升干警素质搭建平台。2016 年，创办“法官沙龙”活动，为全院干警提供自由展示能力水平的平台，带动队伍整体素质的提升，为司法的公平正义提供智力支持。活动有五大特点：一是活动议题的广泛性。全院性的法官沙龙活动打破专业壁垒，不拘泥于一定之规，凡是司法实践中遇见的共性问题、社会热点问题、司法体制改革过程中共同关心的话题，都可以作为活动议题来共同研讨、共同交流。活动设置的议题有：“新时代法官的媒体思维与媒介担当”“司法改革背景下法官的初心与匠心”“青年法官养成规划”。通过开展活动，大家对这些议题进行热烈的探讨和交流，不仅拓展智识空间，营造积极向上的文化氛围，同时也进一步统一思想认识，促进司法体制改革过程中干警队伍的稳定。二是活动交流的开放性。设置全院性法官沙龙活动的初衷就是搭建一个全院法官业务交流、思想交流的开放包容性互动平台，这个平台没有过多约束，没有过多限制，大家可以无拘无束，坦诚相

待，畅所欲言，直陈观点，百花齐放，百家争鸣，进行思想的交流和思考的碰撞，以期有所感悟、有所启迪。通过这样的交流与碰撞把个人的体会变成共同的财富，把个体的思考变成集体的智慧。三是活动人员的多元性。沙龙活动的参加人员不仅有入额法官、资深审判员，也有法官助理、青年干警，他们都来自全院审执一线各个部门，代表不同的审判领域、不同的专业类别。每期沙龙活动还根据设定的不同议题邀请院领导和部分中层领导作为嘉宾参与点评总结。应该说，不同层级、不同类别的人员参与到全院性法官沙龙活动中，既体现活动参加人员的多元性与广泛性，也体现活动的开放性与包容性。四是活动形式的趣味性。沙龙活动一改传统说教式、讲授式的培训形式，采用漫谈的方式就大家共同关注的问题进行交流探讨。优雅的轻音乐、清甜的应季水果、淡淡的咖啡香、可口的小点心再加上主持人诙谐幽默的语言，活动现场轻松有趣、笑语不断。既让活动参加者体会到活动的趣味性和愉悦性，也在润物细无声之中达到预期的培训效果。五是活动平台的统一性。全院性的沙龙活动实现三个平台的统一：(1)党组了解干警思想状态和工作需求的平台；(2)青年法官展示自我才华、展示能力水平的平台；(3)大家根据设定的不同主题，结合业务、结合工作生活互相交流的平台。大家通过这个平台共享资源，共同提升职业素养。

3. 开展“审判业务练兵季”系列活动，进行岗位大练兵。按照二中院“抓业务学习、抓能力提高、抓质效提升”的工作要求，为积极营造“学业务、比技能、强质效”的良好氛围，2017 年 7 月至 9 月，二中院开展了“审判业务练兵季”系列活动。活动分别在全院、各业务口、各部门三个层面展开。全院性的培训及练兵活动包括法官优秀裁判文书、优秀示范庭审、优秀承办案件评选的“三优”展评、“书记员之星”评选、裁判文书规范化及经验交流、法官公开课、与司法业务标兵面对面等活动。各口、各部门以自主脱产培训为契机,邀请专家学者授课,对司法理论前沿问题、司法实务疑难问题、司法体制改革热点难点进行研讨,有效提升了干警业务技能。

4. 立足岗位,分级分类精准施训。经过2年的探索,2018年,二中院针对各类人员的职责特点与发展需要,科学研判,统筹安排,提供差异化、精准化、系统化的分级分类培训。一是中层领导干部培训,以提升履职能力为核心,对新任命的中层副职和助理开展岗前培训,安排廉政谈话和优秀中层干部经验交流等,有效增强干部的责任感和使命感,为新任中层领导顺利完成角色转换打好基础。二是法官培训,聚焦专业化能力提升,举办“菜单式”系列培训,以需求为导向,以解决实务问题为原则,分别在刑事、民事、商事、行政、执行、司法改革等六个领域对全院法官展开针对性培训。真正做到干警自主“点菜”,量身定做培训“大餐”。三是法官助理培训,与法官培训紧密结合,针对法学理论与实践的前沿、热点问题,与法官同步学习、共同实践。开展“一对一”带教制培养,由资深法官手把手传授工作方法,分享实务经验。四是聘用制书记员、聘用制法官助理培训,依靠本院小教员开展授课,内容覆盖文书要素校核法、宪法理论与诉讼原理、书记员实务技能等主题。以赛代训,举办业务技能大赛并在此基础上评选两届共20名“书记员之星”。五是新入职人员初任培训,突出本院特色,以二中院自主编写的《书记员工作方法论》等教材为依托,组织近30名中层干部、资深法官和业务骨干开展授课。制作“新入职人员入门指南”,安排实地参观、沙龙交流、观看影片等活动,实现文化引领,培育文化认同。

此外,为提升各类人员的复合型能力,开拓干警视野,厚积知识沉淀,二中院还探索尝试与北京大学法学院合作打造高端培训项目,举办法官职业素养研修班。研修班培训内容涵盖法理学、社会学、心理学、经济学、国学、新闻传播、军事学等在内的多个学科领域,不仅完备了干警的知识体系,也有力助推了干警综合素养的提升。

（二）开展首届岗位大比武，全力推进干警业务技能提高

2019 年，在实施分级分类培训基础上，二中院继续探索培训方式改革，在全院开展首届全员全岗位大比武。岗位大比武以实战、实用、实效为导向，覆盖法官、法官助理、书记员、党务、政务、调研宣传和司法警察等 7 个岗位，比武项目按类实施，同步推进，交叉进行，5 月至 9 月共开展比武活动 30 余场次。比武形式灵活多样，除传统的培训、竞赛、考试之外，还探索尝试更具实战性和现场感的方式。如在政务岗位比武中采用现场模拟办会的方式进行，在法官岗位比武中，增加了现场答辩等环节，充分体现了“三实三多”的特点——比武过程实、比武内容实、比武效果实；比武场次多、比武方式多、比武实操多。通过比武竞技，切实切磋了技能，增长了才干，提高了能力，发掘了人才。

（三）适应新形势，开展“二中法 e 课堂”和“百案云庭”专项业务技能比赛，大力推进“云课堂”建设和线上庭审模式

2020 年，为适应疫情防控新形势，二中院创新培训方式，运用互联网信息技术手段，创设了网上在线学习平台“二中法 e 课堂”。“e 课堂”充分整合二中院教育资源，合理安排课程，运用“法官教法官”教学思路，利用每天 30~45 分钟的时间，邀请二中院优质师资进行授课，传授业务知识，分享竞赛心得，共享调研经验，并开设心理减压舒缓“e 讲座”，借助网络互联互通“e”功能，推送易学易懂易会实时在线课程，丰富二中院干警在岗坚守、居家办公、留观隔离期间的生活内涵，用点滴碎片时间收获无穷知识。为促进审判体系和审判能力现代化，二中院于 2020 年 3 月底至 4 月底开展了“百案云庭”专项业务技能比赛，通过云庭审比赛提高审判人员信息科学技术运用能力，助推现代科技与审判工作的深度融合，促进传统线下审判方式向现代线上审判方式的转变，进而实现促进审判质效、促进庭审规范、促

进便民诉讼的总体目标。

四、二中院分级分类培训的特点和成效

(一)分级分类培训凸显“法官教法官”

二中院通过创建多个自主分级分类培训品牌,充分发挥法官教法官的辐射带动作用。一是“庭长开讲啦”。由庭领导登台授课,通过畅谈职业理想与工作感悟,以创新思想政治课的方式,进一步筑牢干警法治信仰。二是“法官公开课”。资深法官在“公开课”中与全院干警面对面,传播司法理念、传承审判经验、研讨疑难问题。三是“语音微课堂——法官如是说”。借助“互联网+”手段,邀请院内审判业务专家、资深法官用“5 分钟微课堂”的形式,通过语音推送,以案说法。它的特点是“听中学”“小而精”,共计推送 13 期,累计收听上千人次。四是“专家示范庭”。由二中院审判业务专家选取典型案件以开示范庭的形式进行现场教学。除本院法官之外,还敞开院门邀请辖区法院法官、人大代表、政协委员、人民陪审员和社区群众来院旁听,达到对内发挥专家作用,推动庭审规范化,对外展示专家形象,提高人才知名度的综合效果。五是庭室小讲堂。各庭室作为培训主体,自主开展,形式灵活,内容多样。如民二庭“审判实务大家谈”、全国模范法官白松审判团队“圆桌小课堂”、民五庭“微课堂”、民六庭“能工巧匠”等多个“庭室小课堂”品牌已经形成长效机制。

(二)岗位大比武实现全方位的验收考核

岗位大比武在广度、深度、厚度上有着独有的鲜明特色。比武覆盖面广——涉及法官、法官助理、书记员、党务、政务、调研宣传和司法警察 7 个岗位;比武场次多——共开展比武活动 30 余场,另外还举办了 5 场考试和

8场与比武有关的培训；比武内容实——立足岗位要求，设计贴合具体岗位的比武项目和比武标准，采用更具实战性和现场感的方式按类实施，同步推进；比武形式活——庭审比武、文书评比、稿件评选、上机操作、闭卷考试、口头答辩、现场模拟、处突演练、专家评审、对抗式竞赛等轮番上演。二中院2019年首届全院岗位大比武是一次对全院干警、全员岗位业务能力的大练兵、大检阅、大考核，以比促训、以比促建，有效锤炼了队伍的岗位技能，涌现出35名岗位标兵、10名调研骨干、11名书记员之星、4个优秀部门，实现了锻炼干警能力、提高工作质效、推动队伍内涵式跃升发展的初衷和目的。

（三）培训方式改革促进人才培养方式大力变革

分级分类培训制度的改革和岗位大比武活动也助推二中院人才队伍建设工作机制体制的不断完善，逐步形成了识才、爱才、育才、用才“四位一体”的人才跟踪培育体系。在发现人才方面，坚持德才兼备，注重在承办重大案件、完成重大任务、参与重大斗争中考察识别干部，并纳入审判业务专家、“十百千”人才、审判业务标兵、优秀青年人才等各类人才库重点培养。在爱护人才方面，制定出台进一步加强审判业务人才激励保障措施的意见，试行非领导职务的市级审判业务专家享受中层待遇，在全院上下形成尊重人才、争当人才的良好氛围。在培育人才方面，针对各类人员的职责特点与发展需要，扎实开展“菜单式”培训、政治轮训，实行精细化培养；通过全院全员“岗位大比武”、定标准、树标杆、立典型，为人才脱颖而出提供练兵场；注重人才梯次化建设，加大人员基层锻炼、轮岗交流、院校深造的力度，为青年人才成长开辟“快车道”。在使用人才方面，坚持人尽其才，各得其所，通过遴选任命、提拔晋升、上下交流、外派挂职等方式压担子给任务；通过多个自主培训品牌发挥引领示范作用。

为了进一步拓宽人才培养选拔渠道，培育更多业务精湛的专家型人才,构建完备的人才梯次结构,2016 年,二中院对标对表上级要求,立足实际,综合考量,制定了符合本院人员结构特点的审判业务专家评选条件,在全市中基层法院中率先开展本院审判业务专家评选工作。截至目前,已持续开展四届,评选过程历经择优推荐、资格审查、现场答辩、综合评审、廉政公示等多个环节,充分体现“评选条件高、程序严、规模广、效应好”等四个特点,评选出的业务专家涵盖刑事、民事、商事、行政、立案、执行、审监和未成年人综合审判等多个审判领域,初步形成一支高素质、专业化、职业化的院级审判业务专家队伍。同时,二中院适时出台了《审判业务专家管理办法》,规定了审判业务专家的评选条件和流程,明晰其权利与义务,明确了考核管理与退出机制,将审判业务专家的培养、选拔、使用纳入制度化、规范化、长远化发展轨道。

(四)人才集群效果初步显现

经过实施有效的教育培训方式改革和人才培养工作方针,近几年二中院人才队伍建设取得显著成效,培养出 1 名“全国审判业务专家”,23 名“北京市审判业务专家”“北京市司法实务研究专家”“北京市信息技术专家”,44 名院级审判业务专家,42 名北京市法院司法业务技能标兵,44 人次被聘为北京市法院兼职教师,多名干警获评“北京市优秀青年人才”“北京市国家治理青年人才”“北京市百名法学英才”称号、获批“北京市优秀人才培养资助项目”。在全国法院系统第 26 届至第 33 届学术论文评选中,二中院共有 93 人次获奖,并且连续六年囊括一等奖,获奖数量和层次在北京法院排名前列。二中院结构合理、梯次有序、适度流动、储备充足的人才队伍体系初步构建,群英荟萃、人才集群的“人才高地”建设成效明显,有力助推了二中院以审执为中心各项工作的整体跃升。2020 年,二中院被市高级人民法院授牌“北京法院刑事审判特色人才高地”。

第三节　干部交流制度改革

一、相关改革精神

《最高人民法院关于深化人民法院司法体制综合配套改革的意见——人民法院第五个五年改革纲要(2019—2023)》:完善法院人员分类管理制度。完善人民法院综合业务部门人员交流机制和人才培养机制。完善审判辅助人员培训考核、培养选拔等机制,建设专业化审判辅助人员队伍。根据人民法院职能特点,结合公务员职务与职级并行制度,建立健全内部岗位交流机制,拓宽审判辅助人员、司法行政人员的职业发展通道。

二、二中院开展干部交流工作的整体思路

为进一步优化整合人力资源,提升干部队伍素质,推动干部能上能下、能进能出、合理流动的科学用人机制形成,促进司法体制改革和以审判执行为中心的各项工作科学发展,二中院以司法体制改革为背景,结合当前干部队伍素质结构、能力特点和成长成才需求等,深入研判、系统谋划,逐步探索建立起多渠道、多层次、全方位的干部交流长效机制。

二中院高度重视干部培养锻炼工作,精心加强引导,想方设法为那些讲政治、敢担当、有才华、守规矩的干部锻炼成长搭建平台;根据干部队伍素质结构、能力特点和成长成才需求,着眼培养审判工作需要的管理型、专家型、技术型和其他多方面人才,有目标、有计划地全方位优化培养锻炼路径;坚持在工作实践中培养锻炼干部,努力使有发展潜力的干部得到基层历练、实践锻炼以及跨单位跨部门跨条块跨领域交流锻炼,成长为符合事

业发展需要的高素质人才。

三、二中院干部交流实施情况

(一)建章立制,深入推进干部交流工作的制度化建设

院党组多次要求干部处摸清现有干警在思想政治素质、业务能力水平、基层工作经验方面的整体状况,制定工作清单,着手制定《关于建立干部交流锻炼机制的工作意见》《干警基层交流锻炼工作办法》,为干部交流工作确定工作抓手。坚持正确的工作导向。明确干部交流工作要始终以坚持习近平新时代中国特色社会主义思想为指导,认真学习贯彻习近平总书记关于选人用人工作的重要论述,紧紧围绕贯彻落实新时代党的组织路线和好干部标准,牢牢把握“五个过硬”总要求,确保干部工作始终保持在正确政治方向上。提出明确的工作目标。着眼于长远规划,以解决我院中青年干警缺少基层工作经验的短板为基本目标,以拓宽视野、全面提升干警综合素质能力为中级目标,以优化整合院内人力资源、增强班子整体合力、助力审执业务更上新水准为高级目标,在全院建立形成多层次、全方位、高覆盖的干部交流长效机制。确立四个并重的交流培养原则。统筹院内外资源,坚持做到院内与院外交流并重,推动不同法院间、不同政法部门之间的交流,促进业务的深度融合;实现上挂与下派交流并重,针对法院内部干部专业能力强,但成长环境和路径比较单一的问题,树立“走出去”的工作思路,以进一步开拓视野、丰富阅历、积累经验、提升能力;坚持单向与双向交流并重,在保证现有审判团队或部门顺畅运转的前提下,进行岗位互派交流,某一部门或者团队在派出人员的同时接受相同级别或身份的人员进入;对于部分岗位特殊,交叉交流存在一定困难的适度放宽,实行适度的单向交流;坚持短期与长期交流并重,根据不同的交流类型,在时间上采

取长短结合的形式,确保交流干警充分熟悉交流岗位的工作特性,了解工作内容的实质,发挥干警的特长,达到交流的目的。

(二)分类实施,推动干部在各个层级的有序交流

紧扣司法体制综合配套改革的实施要点,聚集人员分类管理的重点难点,结合不同人员类别专业特长、不同人员层次职业发展路径,分类精准施策。

一是着眼于干部结构和特点,加大基层交流力度。对于综合素质好、发展潜力大但任职经历单一、缺乏基层工作经历的年轻干部,侧重于多岗位、下基层交流锻炼,重点实施培养型交流,在交流中锤炼意志、砥砺品质,开拓视野,提高干部驾驭复杂局面、解决实际问题的能力和群众工作水平。2015 年以来,二中院共计选派 150 余名同志到辖区法院、派出所、社区街道办等基层单位交流任职。

二是着眼于后备干部储备,培养复合型人才。为进一步落实中央及上级单位关于加大优秀年轻干部培养力度的要求,我院启动了优秀年轻干部培养工程,扩大行政职能部门与审判业务部门之间的交流锻炼,将一部分政治立场坚定、业务能力强、具备一定组织协调能力的干警交流至行政职能部门任职,满足多岗位、复合型人才培养需求,储备起一批有专业背景的复合型干部。

三是着眼于专业能力提升,加大内部轮岗力度。为做实做好人才队伍"蓄水池",分层级的对人员通过内部轮岗的方式进行分类培养。对于新入院的青年干警,实行新入院大学生到窗口单位锻炼制度,入院后一律到立案、申诉审查、审判事务管理等窗口部门实习锻炼,提升把握大局和运用法律解决实际问题的能力,为尽快完成角色转变打好思想和实践基础。对于年轻干警建立定期交流机制,在确保庭室骨干力量基本稳定的基础上,在同一工作岗位上工作满 5 年的,有计划地组织进行工作岗位交流,对工作

不满5年的年轻干警,每年有重点地组织进行工作岗位交流,重点实行审判执行部门与窗口单位、职能部门交叉交流,提升综合实力。各类形式的内部轮岗能有效地盘活院内人力资源,通过跨口或口内调整,改善常年以来人员岗位固化、庭室活力缺乏等突出问题。

四是着眼于干部长远规划,打通上挂外派交流渠道。聚焦法院内部人才发展的局限性,在自主培养的基础上,不断拓宽对外交流渠道。主动、积极推荐优秀干部向上级单位流动,多名干警到中纪委、最高人民法院、市委组织部、市委政法委、市高级人民法院等相关单位帮助工作,在借调期间均受到借调单位的广泛好评。部分同志因借调期间表现出色,后通过转任手续调到上级单位工作。

(三)跟踪培养,确保干部在交流锻炼中取得实质成效

为最大限度地满足干部交流的需求,在统筹全院人员的基础上,坚持党管干部原则,建立起选拔、交流、跟踪培养等全链条体系。

一是完善交流调控机制。根据工作需要,结合干部成长特点,研究制定切实可行的干部交流方案,对交流对象、交流范围、交流时间提出明确意见。在实施干部交流过程中,要把握好交流人员的政治素质考察,把握好干部交流的时机,把握好交流节奏。兼顾人才培养的全局性和个人发展的需求性,择优选送一批年轻干警到复杂艰苦环境中去锻炼成长,培养他们应对和驾驭各种复杂局面的能力。实施中,注意交流过程中工作的衔接性和延续性,既确保被交流干部在新的工作岗位上能发挥才干,同时又要保证不影响其原单位的工作开展。

二是完善跟踪培养机制。交流是形式,培养是目的。挂职交流干部的管理是挂职锻炼工作的关键环节,在实践中由干部部门牵头,认真落实“三个监督”:信息监督,挂职干部每季度要向干部部门反馈挂职工作情况,干部部门时刻掌握挂职干部的锻炼情况;跟踪监督,到挂职单位开展座谈了

解思想动态、进行实地调研了解各方反映，听取挂职单位领导对交流干部的评价；工作监督，挂职期间，至少写出1篇有指导意义的调研文章，挂职结束上交工作总结。通过以上举措，帮助干部找出工作上存在的问题，并帮助分析原因、及时改进，提高交流的实效。

三是完善考核考评机制。制定了以实绩考核为主的干部考评指标体系，客观公正地评价挂职交流干部的工作业绩，提高考核的公正性和准确性，挂职交流结束后，挂职单位要对交流干部做出鉴定，最终由干部部门做出综合评价，考评结果作为以后日常管理和跟踪培养的参考依据。

（四）聚焦问题，结合实际工作总结经验

司改以来，经过多年的实践探索，二中院坚持问题导向，时刻关注当前干部交流的现状，总结梳理现实困境，积极寻求上级机关的政策和工作支持。主要存在问题：一是无基层工作经历人员数量大，短期内无法全面解决需求。经过近5年努力，已经为150余名干警陆续安排交流锻炼，但至今仍有半数干警尚待解决，其中大部分为年轻干警。二是中院层面单独推动基层交流锻炼尚有难度。锻炼需求仅限于中院层面，基层法院无此需求，故对于此项工作积极性欠佳，单方面推动力度不足。三是仅限于法院系统内部的交流锻炼在效果上无法满足锻炼目的。跨系统交流更有利于干警开拓视野、丰富工作经历、提升综合能力。

针对上述问题，二中院一直致力于多途径解决，一方面与周边街道办等基层单位开展交流共建，选派一部分青年干警到基层一线单位参与实践，提高群众工作能力；另一方面积极寻求上级机关的支持，多次以请示、调研、座谈会的形式，向高级人民法院提出相关建议。在全市范围内协助各院联络社区、街道办、派出所等相关基层单位开展长期法律咨询、援助、普法等工作，灵活锻炼方式、提升锻炼效果、达到锻炼目标。统筹全市法院"一盘棋"，组织推动三级法院间无基层工作经历人员的"一对一"的交流锻

炼,建立新录用大学生见习期内基层交流锻炼机制。对于每年新录用的大学生直接选派到辖区基层法院接受锻炼,1 年后,回归本院工作,对工作中各方面表现突出的优秀"苗子"分期、分批下派基层进行重点培养,补足基层工作经历,为后期干部培养奠定基础;探索针对员额法官的基层锻炼模式,基于员额法官工作的特殊性,在保证不影响本职工作的前提下,开拓基层锻炼新方式。

四、二中院干部交流工作成效和亮点

(一)覆盖范围广,补足大部分正科级及以上干部的基层工作经验

自 2015 年开始,根据无基层工作经历人员入院及任职级时间分五批次组织开展基层交流锻炼,共计选派 150 名干警参加交流。灵活交流方式,与基层法院建立长期的交流互派机制。前两批次采用帮助办案的方式,选派 72 名审判员及助理审判员到基层法院参与办案;2017 年起,组织 28 名法官助理与 5 家基层法院开展"一对一"岗位交流。同时选派 4 名中层副职挂职基层法院院长助理。与市公安局丰台分局开展合作共建,期间选派 40 名员额法官在不影响本职工作的前提下,到方庄等 5 家派出所担任人民调解员,参加民事调解、处理群众纠纷。积极推荐、择优选派 5 名干警参加市政法系统交叉锻炼,到区县检察院、公安局等单位挂职,选派 4 名干警到通州法院帮助办案。大规模交流活动的展开,确保本院干警的职业履历更为丰富,工作视野更为开阔,综合素质能力更为全面。

(二)能力提升快,多岗位工作交流有利于干警能力综合素质培养

针对二中院干部专业能力强,但成长环境和路径比较单一的问题,以分层分类的方式针对性地开展交流锻炼,促进广大交流干警在各方面获得

了实质性提升。

工作视野更加开阔，工作内容、工作形式在很大程度上有了新的变化。在基层法院交流人员，更多地参与到办理一审案件中，无论是审理案件的广度、考虑问题的深度，还是把握案件的全局性均有了深层次的提升。在其他单位交流的，工作内容更为丰富，接触到了新的领域，有助于扩大干警的工作视野。

工作能力显著提升，参与一审案件办理极大提升了交流人员办案能力、分析研判案件能力等各方面能力。部分同志随着交流岗位发生质的变化，有同志从审判部门交流到了综合职能部门，体会了工作方式和工作内容的深刻变化，但都能较快地适应相应的角色转变，独当一面。有同志交流到了法院系统外的公安、检察系统。部分干警在艰苦岗位、吃劲岗位、重要岗位得到了锻炼，尤其是2018年年初到北京互联网法院交流的同志，经历了改组、管辖更新、业务变更等，在筹建过程中担当重任，较好地发挥了中院干警的吃苦耐劳、创新的担当精神。多名干警，在对外交流中因工作出色被遴选至上级机关。

群众工作水平大幅提高，新入职大学生在立案、诉讼服务窗口进行实习锻炼，实现了角色转变，直接接触了一线当事人，进一步体察了社情民意，增强了与基层的信任感。深入基层一线工作，给予青年干警深入调查研究、了解基层情况的好机会，也是磨炼意志、增长才干，提高群众工作能力的好途径。

（三）干部储备足，实现对后备力量的积蓄，有利于队伍长期发展

根据《党政领导干部选拔任用工作条例》处级领导干部选拔任用上必须具备2年以上基层工作经历。鉴于此，二中院通过与基层单位开展的规模化的互派交流，储备起一批具有基层工作经历的青年干警，培养起一批政治立场坚定、业务精湛、管理能力强的复合型人才，并作为优秀年轻干部

及时充实到了一线岗位上。目前,二中院已建立起一批 40 岁以下的副处级干部队伍,较为均匀地分布在审执业务部门、综合职能部门,为后续中层领导干部的结构及年龄优化奠定了人才储备基础。

(四)群众反响好,积极响应院党组相关决策部署

为有效解决二中院年轻干警基层经验缺乏、任职经历单一的现状,院党组多方谋划,积极探索出一些干部培养新路径。依据入院时间、任职时间长短等因素综合确定基层交流人员,最大限度地为干警提供基层交流的平台,为全院干警提供均等的机会,体现了公平公正的工作理念;依据同一岗位任职时间长短、年龄结构、部门内工作量全院平衡等因素综合确定内部轮岗交流人员;依据分管领导、中层班子及部分干警代表意见,对于评价程度高的作为优秀年轻干部,及时调整到不同性质岗位上进行轮岗交流,将其放到艰苦岗位、吃劲岗位、重要岗位去磨炼,不断提升综合素养。

第四节　青年干部政治素质考察探索

一、相关改革精神

1.《决胜全面建成小康社会　夺取新时代中国特色社会主义伟大胜利——在中国共产党第十九次全国代表大会上的报告》:党的干部是党和国家事业的中坚力量。要坚持党管干部原则,坚持德才兼备、以德为先,坚持五湖四海、任人唯贤,坚持事业为上、公道正派,把好干部标准落到实处。坚持正确选人用人导向,匡正选人用人风气,突出政治标准,提

拔重用牢固树立“四个意识”和“四个自信”、坚决维护党中央权威、全面贯彻执行党的理论和路线方针政策、忠诚干净担当的干部，选优配强各级领导班子。

2.《陈希：培养选拔干部必须突出政治标准》：选拔党的干部，毫无疑义要突出政治标准，这是政党的政治属性决定的，是保证政党团结统一、实现政治主张和政治目标的必然要求。我们党作为马克思主义政党，历来把政治标准作为选人用人的首要标准。毛泽东同志指出，政治是主要的，是第一位的，干部要又红又专。邓小平同志提出干部队伍“四化”方针，强调首先是要革命化。江泽民同志指出，无论从事什么工作的干部，政治上必须合格，要确保各级领导权牢牢掌握在忠于马克思主义、忠于党、忠于人民的人手里。胡锦涛同志强调，选干部要坚持德才兼备、以德为先，把政治标准放在首位，坚决防止和纠正重才轻德现象。党的十八大以来，习近平总书记鲜明提出了新时期好干部标准和忠诚干净担当、“三严三实”“四有”“四个铁一般”等要求，归结起来就是干部首先要在政治上达标，选人用人首先要看政治素质。所以，突出政治标准是我们党选人用人的一贯方针，也是党的优良传统。

二、二中院青年干部政治素质考察的整体思路

（一）当前法院青年干部政治素质考察的主要现状

自中共北京市委组织部下发《加强领导干部政治素质考察的办法（试行）》、北京市高级人民法院出台《关于加强领导干部政治素质考察工作的意见》以来，二中院结合本院实际情况，制定《北京市第二中级人民法院关于加强领导干部政治素质考察的实施细则（试行）》（以下简称《实施细则》），积极探索政治素质考察和培养的方式方法，为切实打造一支忠诚干

净担当的高素质法院队伍提供了坚强的政治保证和组织保证。当前二中院政治素质考察主要有以下特点:一是考察内容有侧重,重点考察干部关键政治素养。二是考察方式广覆盖,全角度考察干部政治素质。三是考察结果全留痕,立体化呈现干部政治素质画像。

(二)政治素质的评价要素解构

政治素质具有天然的隐蔽性和复杂性,难以快速进行准确识别和评价,对此,二中院认为,培育和提升政治素质的关键和前提是深入研究和理解政治素质的特点和规律,尤其是要在习近平法治思想和人民法院的职能定位语境之下,对政治素质的内涵和所包含的实质要素予以深度剖析和解读,以此明确政治素质标准体系,使政治素质培养有方向、有目标,从而进一步加强和提升干部政治素养,坚定不移走中国特色社会主义法治道路。

在政治素质培养方面,可以借鉴政治素质考察的相关标准体系,根据市委组织部《加强领导干部政治素质考察的办法(试行)》,政治素质考察重点看政治忠诚、政治定力、政治担当、政治能力和政治自律。为准确理解政治素质的核心要义,二中院系统梳理习近平总书记讲话以及部分中央文件中关于政治素质的标准和要求,对政治素质的五个重点方面进行逐一解读,通过结合法院实际,将分散的政治话语转化为系统化的可操作的标准体系,进而将相关性较强的政治素质要求抽离出来建构专门的政治素质标准体系。在此基础上,对政治素质五大标准逐一进行评价要素解构,以最精确理解政治素质考察的含义,做好考察应用。

1. 政治忠诚。一是要筑牢政治信念。要坚持党对全面依法治国的领导,始终坚持以人民为中心,依法保障人民权益。二是能够坚决贯彻落实党的路线、方针、政策。法院领导干部的政治忠诚集中体现为忠于党、忠于国家、忠于人民、忠于法律,始终将人民放在最高位置。

2. 政治定力。一是具有坚定的政治信仰。在执法办案过程中必须保持对马克思主义的坚定信仰,对共产主义和中国特色社会主义的坚定信念。二是能够始终保持战略定力。要坚持中国特色社会主义法治道路,能够从中国国情和实际出发,传承中华优秀传统法律文化。三是具有强大的自制力。在执法办案过程中对欲望诱惑能够做到心神宁静、稳如泰山、坚如磐石,具有强大的自制力和免疫力,能够做到站得稳、立得住。

3. 政治担当。一是做到主动担当作为。政治担当主要体现在为党分忧、为党尽职和为民造福上,它要求法院青年干部要将党和人民的利益高于一切的原则贯穿于执法办案的整个过程当中。二是永葆斗争精神。即能够在司法改革和执法办案等各项工作中永葆斗争精神,战胜前进道路上的各种风险挑战,着力践行以人民为中心的发展思想。

4. 政治能力。一是要有政治敏锐性。即在法院系统的各项工作中,必须做到观察分析形势要把握政治因素,筹划推动工作要落实政治要求,处理解决问题要防范政治风险。二是要有政治鉴别力。即能够准确把握正确政治方向,在推动工作、解决问题的过程中善于从政治角度出发,对方向性、原则性、根本性问题具有清晰定位。三是要有政治融合力。即能够将党建工作和业务工作深度融合,学深悟透党的规章制度和理论知识。

5. 政治自律。其一,廉洁自律。要做到在执法办案和其他工作中严格自律,自觉加强自我约束,自觉同特权思想和特权现象作斗争。其二,廉洁用权。要做到注重防范被利益集团"围猎",坚持公正用权、谨慎用权、依法用权。其三,廉洁齐家。要做到主动接受党和人民监督,严格落实任职回避要求,对亲属子女严格教育、严格管理、严格监督,发现问题及时提醒、坚决纠正。

三、二中院青年干部政治素质考察的具体做法

根据对政治素质潜在的内涵和包含的要素维度的分析，分别设计出政治素质评价的一级、二级指标，同时，将机关党建、新闻和组织宣传、部门业务、纪检监察等工作中政治素质相对比较集中的关键政治行为表现予以总结提炼，设计了政治素质的三级指标体系，具体如下。

一是在政治忠诚一级指标下设筑牢理想信念和坚决贯彻落实党的路线、方针、政策两个二级指标。经过调研，我们发现，当前法院工作中关于政治忠诚表现最为集中的方面主要在于：体现筑牢理想信念的党史学习等专项教育情况、政治轮训学习情况、青年理论提升工程学习情况三个三级指标，以及体现坚决贯彻落实党的路线、方针、政策的落实重大事项请示报告制度、加强政治生态分析研判情况的两个三级指标，评价核心在于青年干部的理论学习情况和政策执行落实情况。

二是在政治定力一级指标下设坚定政治信仰、保持战略定力和具有强大的自制力三个二级指标。在法院工作实际中则主要集中在：体现坚定政治信仰的增强“四个意识”、坚定“四个自信”、做到“两个维护”情况一个三级指标；体现政治战略定力的“严格落实三同步工作要求”和“做好新闻宣传工作情况”两个三级指标；体现具有强大的自制力的“突发事件应对情况”和“拒腐防变情况”两个三级指标。

三是在政治担当一级指标下设主动担当作为、坚定政治立场两个二级指标。政治担当主要体现在法院干部在实际工作中是否坚持原则、敢于斗争以及是否善于从政治上观察、分析问题，集中体现于：体现主动担当作为的“是否围绕中心、服务大局、积极履职”、“是否兢兢业业、严谨务实、实绩突出”和“直面困难挑战，有斗争精神”三个三级指标；体现永葆

斗争精神的“在法院司法改革和执法办案等各项工作中永葆斗争精神”一个三级指标。

四是在政治能力一级指标下设政治敏锐性、政治鉴别力、政治融合力三个二级指标。主要考验法院干部是否能够把握正确政治方向，站稳政治立场，严格遵守政治纪律，自觉把讲政治贯穿于法院工作全过程，使自己的政治能力与工作职责相匹配。在法院工作实际中则主要集中在：体现政治敏锐性的“警惕意识形态等领域各种错误思潮”一个三级指标；体现政治鉴别力的“把握政治方向的能力”一个三级指标；体现政治融合力的“党建和业务工作的融合情况”一个三级指标。

五是在政治自律一级指标下设廉洁自律、廉洁用权、廉洁齐家三个二级指标。政治自律是检验干部是否知敬畏、存戒惧、守底线的重要标尺，当前法院工作中关于政治自律表现最为集中的方面主要在于：体现廉洁自律的“是否严格落实中央八项规定精神”和“严格遵守三个规定和党纪法规情况”两个三级指标；体现廉洁用权的“是否对党忠诚老实、依法公正用权”一个三级指标；体现廉洁齐家的“对配偶、子女等亲属是否严格约束要求”一个三级指标。

综上，由政治忠诚、政治定力、政治担当、政治能力、政治自律构成的5个一级指标和12个二级指标回答了“考什么”的问题，是政治素质评价体系对青年干部政治素质培育目标的提炼；由12个二级指标下设的20个三级指标回答了“怎么考”的问题，是连接关键政治行为表现与培养目标的纽带，需要在具体工作中予以培养锻造（见表6-1）。当然，政治素质考评和培养指标体系应当是动态变化的，需要根据法院工作实际情况予以动态、科学调整。

表 6-1　政治素质考察评价体系

	一级指标	二级指标	三级指标	工作环节
政治素质	政治忠诚	1. 筑牢理想信念	(1)党史学习等专项教育情况	机关党建工作
			(2)政治轮训学习情况	
			(3)青年理论提升工程学习情况	
		2. 贯彻落实党的路线、方针、政策	(4)加强政治生态分析研判	
			(5)落实重大事项请示报告情况	
	政治定力	1. 坚定政治信仰	(1)增强"四个意识",坚定"四个自信",做到"两个维护"	新闻和组织宣传工作
		2. 保持战略定力	(2)严格落实"三同步"工作要求	
			(3)做好新闻宣传工作	
	政治担当	1. 主动担当作为	(1)围绕中心,服务大局,积极履职	部门业务工作
			(2)兢兢业业,严谨务实,实绩突出	
		2. 永葆斗争精神	(3)在法院司法改革和执法办案等各项工作中葆有斗争精神	
	政治能力	1. 政治敏锐性	(1)高度警惕意识形态等领域各种错误思潮	党建和业务工作
		2. 政治鉴别力	(2)从政治上看问题,把握政治方向的能力	
		3. 政治融合力	(3)党建和业务工作融合情况	
	政治自律	1. 廉洁自律	(1)严格落实中央八项规定精神,遵守各项规章制度	干部监督和纪检监察工作
			(2)严格遵守"三个规定"	
			(3)严格遵守国家法律法规,严守党的廉洁纪律规定	
		2. 廉洁用权	(4)对党忠诚老实,注重自觉主动接受监督	
			(5)坚持公正用权、谨慎用权、依法用权,坚持交往有原则、有界限、有规矩	
		3. 廉洁齐家	(6)严格落实任职回避要求,对配偶、子女严格要求和约束,发现问题及时提醒、坚决纠正	

四、二中院青年干部政治素质考察的工作特点

二中院通过建立政治素质评价体系,将政治标准作为评价干部的首要标准,通过强化政治把关,达到把政治上的两面人挡在门外的过滤效果。

通过对政治素质的内涵解读,以及与具体工作实践相融合,建构了法院政治素质评价体系,解决了考什么的问题。

（一）健立融合培养机制

一是着重在政治理论教育培训工作中融合培养政治忠诚。要充分发挥机关党建的优势作用,要在法院系统中充分发挥教育培训机构职能,筑牢理想信念教育阵地。二是着重在新闻宣传工作中融合培养政治定力。注重培养青年干部防控意识形态风险的能力素质。三是着重在干部监督和纪检监察工作中融合培养政治自律。在干部监督和纪检监察方面注重对青年干部政治素质的培养,注重廉政教育和警示教育。四是着重在部门业务工作中融合培养政治能力和政治担当。对于法院青年干部来讲,无论是在审执部门还是在综合部门,岗位履职情况、工作实绩情况、工作亮点特色情况、党建和业务的融合情况等始终是政治能力和政治担当的集中反映领域。

（二）健全支部堡垒培养机制

党支部是集中反映干部政治素质的主要阵地和党员政治素质培养的重要教育基地,有必要在堡垒型党支部中培养锻造德法兼修的法院青年干部队伍。一是职能下沉压担子。以二中院“书记访谈”为抓手,继续深化院党组书记、机关党委书记、基层党支部书记等三级层书记推进党建责任落实的特色做法和模式,延伸到党小组组长的责任担当上。二是互帮互助结对子。聚焦“关键少数”,通过支委帮带党小组组长,党小组组长帮带党员干部,坚持将党建工作与司法改革、审执工作的主题和内容相结合,做到与时俱进,带动青年党员干部发挥战斗堡垒作用和先锋模范作用。三是政治轮训搭台子。通过开展习近平新时代中国特色社会主义思想大学习大研讨大培训,开展全员政治轮训,保证各类重点培训班次中党的理论教育、党性教育和党史教育课程的总课时占比，切实把理论学习成果体现在绝对忠诚上、体现在能力提升上、体现在履职担当上。四是青年干警理论学习提升工程架梯子，通过建立政治理论学习日制度，采取多种学习形式，引导青年干部深刻领会党中央决策部署实质，持续提升青年干部理论素养和政治能力。

(三)建立动态交流培养模式

对标对表干部政治素质培养体系，构建多元化交流锻炼机制，实现在动态交流中培养锻造德法兼修的法院青年干部队伍。一是在“双跨、双兼”模式中动态培养。即结合青年干部自身特点和业务庭室工作需要，跨部门、跨专业交流，兼顾本职、兼顾审执交流，通过拓宽青年干部政治视野，加强其在不同岗位的政治锻炼，不断丰富青年干部成长成才渠道。二是在基层交流中动态培养。通过基层工作经历强化履职经历，提高青年干部的群众工作能力和为民服务意识，不断历练其政治素质。三是在青年干部轮岗交流机制中动态培养。对部分在同一部门或工作岗位工作年限长、工作经历单一、需要丰富任职经历和拓宽业务面的青年干部进行岗位调整，在优化审判资源配置的基础上，不断提升干部政治能力素质，切实加强党风廉政建设。四是在重点岗位锻炼中动态培养。安排优秀青年干部到关键部门、重点岗位蹲苗锻炼，实行交叉锻炼任职制度，不断完善青年干部政治素质和专业能力培养的短、中、长期规划，实现青年干部队伍的梯次化建设，激活法院队伍的“一池活水”，实现队伍素质能力的全面提升。

(四)优化考核监督和结果运用

一是建立青年干部的政治素质档案，根据政治素质评价和培养体系，形成反映青年干部的融合培养情况、履职情况、支部表现情况、动态交流情况、廉政情况等重点领域的各类评价材料，并将其全部纳入档案中，确保政治素质表现材料真实、准确、客观。二是建立定期谈心谈话制度，根据青年干部的政治素质档案，了解其思想政治和廉洁自律情况，不断加强对青年干部的跟踪培养和日常跟踪了解，及时掌握其成长动态，教育引导干部勤奋敬业、自觉奉献。三是加强政治素质考核。将政治素质考核有机融合到对干部个人德、能、勤、绩、廉的考核中，通过加强对青年干部政治素质考核的工作力度，注重将平时考核与年度考核、培训考核、重大事件考核相结合，不断激励青年干部干事创业、担当作为。四是完善有为有位、能上能下的用人机制。通过多种途径全面了解青年干部的日常政治表现和工作实绩，贯彻落实《推进领导干部能上能下若干规定（试行）》，坚持优者上、庸者下，区分不同情形，对政治立场坚定、政治能力突出的青年干部优先提拔重用，不断推进德法兼修的法院青年干部队伍建设。

附　录

北京市第二中级人民法院
依托大数据测算工作量　精确开展审判绩效考核

（最高人民法院首批司法改革案例）

长期以来，法院绩效考评工作存在全面完备与简便易行的基本矛盾。追求全面、完备的考核体系，会导致指标繁多、内容庞杂，指引性不强；内容过于简单，则会导致考核流于片面、平均主义，精准度不高。北京市第二中级人民法院在兼顾绩效考核全面完备与简便易行的方向上做出有益探索，以工作量科学测算为基础，依托信息化系统和大数据分析，突出工作量在绩效考核中的基础性作用，构建出既能客观反映人员工作实绩，又不增加一线审判人员工作负担，指引性强的绩效考评管理体系。

一是打牢绩效考核基础，精准测算司法工作量。绩效考核"量、质、效"三个基本维度中，"量"是基础。传统的以单一案件数累加测算"量"，难以反映案与案不同，过于简单粗放。为此，北京二中院开发运行了"司法工作量核定系统"，从每类案件均存在一些共性的流程节点和差异化的实体难点出发，深入案件本体，庖丁解牛，确定了以办案要点为基础的工作量测算崭新思路。通过对从立案到审判、执行全流程的关键节点及实体审理工作进行取样、计算、分析，筛选出包括 33 项公共流程、75 项业务特色、296 项案由细节等 3 类共计 404 项办案要点，在此基础上，采用"统一度量衡"模式，构建"标杆案件对比、要点系数叠加"的新型工作量计量体系，即按照立案、审判、执行 3 大工作领域，分别设定标杆案件，并赋予基础工作量值

"1",将404项办案要点需花费的工作时间逐一与标杆案件比对,与基础工作量"1"换算后分别赋予权重系数,核算出办案要点工作量。最后,将案件基础工作量值与全部办案节点的工作量累加得出案件的工作量。

二是发挥"工作量"核心作用,构建科学绩效考评体系。以"量"为基础,不仅是加大"量"的分值权重,也是以"量"为标杆。"质""效"层面的指标设立、取值全面与工作量标杆案件进行二次对比,所有指标的分值不折合权重,直接与工作量得分相加减,确保了评价体系的统一性,计分方法与分数合成的体系一致性。同时,由于工作量的测算是以案为轴,虽以法官为核心,但也为其他各类人员的考核管理预留了接口。可以围绕工作量系统,搭建各类人员业绩评价体系。根据岗位职责特点,针对各类人员确定不同的办案要点。在明确人员岗位职责的基础上,通过科学划分办案要点的权责归属,使考核能够覆盖各类人员。

三是依托信息化手段和大数据分析,杜绝绩效考核"繁琐主义"。工作量系统与绩效考评得分合成均采取数据自动采集、后台合成结果的方式方法,前端实时输出,后台大数据计算,体现科学性、全面性的同时,使系统更易懂易用。司法工作量核定和绩效考评系统与"北京法院审判业务管理系统""北京法院执行办案系统"等成功对接,海量数据由系统自动采集,小部分数据在立案、结案阶段由审判人员填报,操作非常简便,不增加一线法官和辅助人员的工作负担。

四是强化民主公开,力促绩效考核全员参与认可。体系确立方面,无论是工作量系统的各项指标设置还是绩效考评体系的确立,均由一线审判业务专家和法学专家组成的调研小组深入审判一线,均有各个环节指标的设置、取样、计算、分析,通过"专家打分法",确保办案要点的指标分值信息能够准确、客观反映审判执行实际,也保证了体系建立的民主性。考核方式方面,确立了院庭两级考核方式,重要指标由院里统一确定,各庭室在不与院里指标冲突的前提下,可结合本单位具体情况自行细化,增强了考核的灵活性和认同度。考核程序方面,院考评委员会吸收一定比例的普通法官作为考评委员会成员,在考评工作的组织、指导、监督,研究决定考评工作的重大事项等方面具有一定的影响力,确保了考核结果的代表性和公信力。

五是发挥导向作用,绩效考核结果更加实用。北京市二中院以工作量为基础和核心,以审执质、效为主体,依托信息化大数据构建的审判绩效考核体系,在实践中取得了很好的效果。指挥棒作用突出。实时更新、一目了然的司法工作量核定系统,让审执人员随时掌握本人的工作量情况,能够准确评估考核结果,便于及时调整工作节奏和进度,较好地发挥导向作用,充分调动起审判人员的工作积极性。岗位考核特点鲜明。审判工作中,不同的角色履行不同的职责。“工作量”系统程序办案要点中的每一个要点,均对应着不同角色应尽职责。如开庭、案件合议等要点对应法官角色,庭前证据交换、草拟裁判文书等要点对应法官助理角色,将各类角色在实体、程序办案要点中的分值相加,并辅以办案的质效得分,即完成了对法官、法官助理在承办一件案件中的绩效进行了评价,这种考核体系确保了分工明确、职责清晰。结果运用凸显公正。二中院顺应司法改革的要求,将绩效考核结果与法官的入额与退出机制、法官等级晋升以及各类人员的绩效奖金发放相挂钩,突出了公平、公正原则。例如,二中院针对员额法官,以所在庭室法官绩效平均分的80%作为绩效考核的红线,凡无正当理由未获得达标成绩的法官,均不能按照员额法官标准分配绩效奖金,对于绩效考核分数过低者,将视情况启动退出机制。同时还规定,达标成绩以上的法官,分配奖金的档次应当与其考评成绩相对应,使改革红利得以科学、公正、平稳释放。

北京市第二中级人民法院
强化二审独任制案件监督管理
确保有效发挥审级监督作用

（最高人民法院第九批司法改革案例）

民事诉讼程序繁简分流改革试点启动以来，北京市第二中级人民法院坚持提升审判效率与发挥二审监督作用并重，针对独任制审理特点和可能出现的风险点，充分发挥制度约束和大数据监管优势，从系统集成角度加强统筹谋划，既实现对独任法官充分放权、激发制度活力，又注重加强监督管理，促进法律适用统一，确保有效兼顾司法质量与效率。

一、坚持“人”“案”源头管理，精准甄别适配独任团队

该院从案件甄别入手，在合理区分案件“繁简”的基础上，匹配合理的审判组织模式，实现司法资源优化配置。依托立案庭统一归口管理二审速裁案件的“大速裁”机制，迅速成立二审独任审判团队，构建整套案件甄别原则、模式和方法。

一是加强案件甄别，抓好案件“入口”关。在选案方面，建立以系统识别为主、人工识别为辅的案件甄别机制，80%的案件由系统自动识别。根据试点要求制定《适用二审独任制案件选案指引与分案办法》，采取客观性标准与主观性标准相结合、正向列举与反向排除相结合的方式，明确适用二

审独任制的案件筛选标准,实现“应纳尽纳”,避免“人为选择”。

二是实施随机分案,优化审判格局。在分案方面,采取“以随机分案为主、人工调整为辅”分案模式,结合速裁专业化审判团队建设,二审独任制案件以立案庭独任审判团队集中审理为主,以各业务庭适当补充为辅,便于对案件的统一监督管理。

三是建立“双模”团队,做到人案适配。成立独任制团队内嵌于速裁团队的“双模团队”,按照法官、法官助理、书记员“3+3+3”模式组成,既方便独任审理,又便于“独转合”之后迅速组成固定合议庭。在团队法官配置方面,独任法官应不少于 5 年审判工作经验或不少于 3 年办理相关案件经历,确保人案适配。

二、坚持全流程智能管理,促进法律适用统一

针对独任法官咨询需求增加和管理监督分散化、间接化的问题,该院在二审独任制案件中大力推广应用智审系统和全流程管理系统,既为独任法官提供“外脑”支持,又有效实现案件进度可视化、全程可追溯。

一是强化“智审系统”开发应用。联合开发智能审判辅助系统“智审系统”,在对该院 7 年以来 5 万余件案件、全国近千万件公开案例、指导案例及当前案件适用法律整理分析的基础上,归纳出 19 个案由的 900 余个案件审理关键要素,为法官提供案情、争议焦点、风险点、指导案例等关键数据推送和提示。试点以来,独任团队使用“智审系统”推送典型案例 63 次,推送类案 43 次,文书生成 53 次。法官运用“智审系统”分析案情的效率大幅提升,文本检索的案例匹配度从 20%提升到基于法律知识图谱与事实相似的 90%。

二是加强全流程智能管理。依托“审判执行流程监管系统”,将审判执行工作进行节点化分解,细化出法官、法官助理、书记员容易出现问题的 38

个关键节点，通过自动和人工预设催办通知、审限警示等多种功能，实现对审判权力运行中每个流程、节点、岗位、人员的监督提醒。

三是加强统一法律适用。组织编写了 31 项类案办理规范和类案裁判规则，并以每年 1~2 个的数量扩容，所有办案规范均嵌入办案系统，为统一裁判尺度提供指引。建立独任法官对当事人提交类案检索报告的有效回应制度，将回应情况纳入案件评查。

三、坚持审理方式和裁判结果分类管理，实现监督不留死角

为有效消除当事人将独任制与“二审维持”相挂钩的结果主义主观成见，避免二审独任制同化为“速裁机制”，该院从开庭方式和裁判结果两方面入手，加强监督管理。

一是加强庭审方式管理。坚持以开庭审理为原则、不开庭审理为例外，明确不开庭审理的 5 大类 26 项标准；规定采用不开庭方式审理的，纳入庭长监督范围，并告知当事人。

二是发回改判案件纳入全院统一管理。在裁判结果方面实行分类管理，制定《拟发回改判案件监督管理办法》，对拟发改案件，一般应当提交专业法官会议讨论。结合二审独任制案件特点，严格把握发回重审标准，对不属于严重违反法定程序情形的案件，审慎作出发回裁判，更好发挥二审定分止争功能。

三是“维持”类案件实行“智能偏离度分析”监管。对适合二审独任制的 13 种类型化案件 5 年来的发改率、维持率进行统计分析，结合一年来速裁机制运行情况，按季度进行自动监控比对并及时预警，对严重偏离阈值区间的类型化案件，通过庭内互查和审管办重点评查方式进行案件复查。自改革试点以来，该院二审独任制案件调撤率 4.7%，发改率 2.3%，处于合理区间，当事人满意度较高，案件信访率低于全院平均水平。

二中院首创“法庭调查与法庭辩论合并进行”庭审模式

（北京法院第一届司法改革“微创新”最佳示范案例）

当前，以“繁简分流、快慢分道”为核心的民商事审判格局进一步优化，以职责清晰、协作高效为特点的新型审判团队建设进一步完善，以审理者裁判、裁判者负责为关键的司法责任制进一步落实。2018 年中央政法工作会议提出，要深化民商事庭审方式改革，探索法庭调查与法庭辩论合并进行。同年，市高级法院召开的全市法院民事审判工作会上也提出探索改革庭审模式的要求。

二中院着眼群众最关心、法官最关注的“庭审程序”这一审判核心场域，在深入调研论证的基础上，大力推行“法庭调查与法庭辩论合并进行”的庭审模式。试行 15 个月以来，试点庭室（民一庭）14 名员额法官共采用该模式审理案件 1900 余件，改革成效显著。最高人民法院周强院长、罗东川副院长、胡云腾大法官对二中院的改革经验作出圈阅、批示。

一、为何改：“找症结”突破传统庭审模式制约

传统庭审模式中，法庭调查、法庭辩论分开进行，为当事人参与庭审及法官审理案件提供了清晰路径，为大量案件的公正审理奠定了坚实的基础。但随着法治化进程及民事诉讼模式的变化，由于调查与辩论分立模式

未能完全体现民事诉讼的本质规律,实践中逐渐产生一些不足和缺陷。

一是庭审过程不流畅。分立模式中,调查阶段查明事实,辩论阶段阐述法律,事实与法律易人为割裂,但事实和法律通常表现为“你中有我,我中有你”,许多当事人习惯于事实、法律一起陈述,很难遵照设定顺序。如强行或多次打断,又易引发对抗情绪;但任由陈述又难免重复,造成庭审冗长且难以驾驭。

二是审理环节易“跑题”。分立模式下,庭前没有“过滤阀”,缺乏庭审争点归纳,当事人无法就证据、事实和法律适用一以贯之地充分发表意见,当事人自认或与争议焦点无关的证据等无效信息进入庭审之中,极易造成庭审“跑题”,浪费时间。

三是庭审结果难服人。分立模式中,法官一般习惯不归纳争点而是直接组织举证质证,造成各方难以专注于真正争点,为赢得诉讼纷纷在庭上“信马由缰”,把握不住法官审理思路,导致诉讼主张与裁判思路脱节,容易造成裁判结果与当事人心理预期存在落差,易出现“突袭式判决”,导致判决公信力下降。

二、怎么改:“动脑筋”合并法庭调查与辩论

为有效解决上述问题,二中院经深入论证实践,探索出如下合并模式的具体程序:

一是确认案件适用。通过反复实践摸索,法官确定“有必要”适用合并模式审理的案件,一般包括案情较为简单的案件、案情疑难复杂的案件以及法官认为可以合并的案件。

二是庭前会议阶段。首先,采用合并模式审理案件,需征得当事人同意。之后,原告陈述诉讼请求、理由,被告陈述答辩意见。随后,组织双方举证质证,排除与案件无关的事实及证据,固定无争议事实、归纳出争点。

三是合并模式审理阶段。首先，由各方对庭前会议确定的无争议事实和争点进行确认。其次，在法官主持下，各方当事人围绕争点，就证据分析、事实认定、法律适用一体陈述，夹叙夹议、质证辩法，充分体现言辞辩论原则。最后，展开综合辩论。当事人可针对所有争议焦点统一发表辩论意见，以保障当事人意见得以充分完整表达。

三、见成效："亮数据"检验改革探索质效

自 2018 年 5 月以来，二中院民一庭探索试点合并模式收效明显。合并模式改变了传统庭审构架，形成了以争点确定、事实查明、以心证为中心的新型审判模式，有效解决了实践中普遍存在的庭审集中度不高、过程不流畅、心证公开不够、诉讼突袭时有发生等痼疾，有效推进了庭审的标准化、规范化、实质化，既得到当事人的充分认可，也受到了多数法官的欢迎，切实提升了案件审判质效。

一是法官助理积极性有效提升。合并模式下，法官助理可以主持庭前会议、固定事实、归纳争点。通过此举，法官助理可切实分担法官的事务性工作，可增加发挥自身能力的机会，还可提高个人和团队的核心绩效指标。

二是庭审时间有所缩短。庭前会议中有效归纳争议焦点，减少了法官庭审中程序性、重复性劳动，缩短了庭审时间，提高了合议庭成员审理案件的注意力和集中度，确保"好钢用在刀刃上"，既可提高开庭率又可促进庭审实质化。

三是案件质量进一步提升。固定无争议事实使各方知道有什么，归纳争点使各方知道争什么，围绕焦点讨论使各方知道审什么。把有限时间、讨论重点放在该说的问题上，让各方说得更明白、法官听得更清楚、书记员记得更清晰，裁判结果必然会更加公平公正。

四是申诉投诉率下降。合并模式能让当事人切实感受到法院对案件

的重视程度,让其有更多的获得感。无论是老百姓还是律师,对该模式的合法性、合理性都表示认可,对庭审的高效率赞誉有加。截止目前,二中院民一庭申诉投诉率同比下降四成,可以说合并模式起到了较为积极的作用。

五是庭审笔录成为文书支点。无争议事实和争点已在庭前或庭审中归纳与确认,当事人也围绕争点进行了充分辩论,法官对案件裁判方向及胜败关键点了然于胸,加之大部分文书内容可以从庭审记录中抓取,使得裁判文书可在庭后第一时间“自动”生成,案件审判效率显著提升。

二中院推行“类案报告回应机制”促进法律适用统一

（北京法院第二届司法改革“微创新”优秀案例）

建立类案及关联案件强制检索机制，是完善统一法律适用机制的必然需求，也是健全以司法责任制为核心的审判权力运行体系的重要内容。实践中，专业律师群体和部分当事人依托于各类大数据检索系统对类案检索应用越来越广泛，向法院提交类案检索报告也成为某些类型化案件的“标配”。但对类案检索结果缺乏有效的回应机制，导致部分法官的“隐形适用”或“视而不见”，一定程度上削弱了类案检索制度的实践价值。

近年来二中院在建立完善的类案和关联案件强制检索机制的基础上，积极探索对当事人提交类案检索报告的强制回应制度，形成类案检索机制的工作“闭环”，有效发挥了类案检索制度在促进法律职业共同体建设、促进法律适用统一方面的价值作用。自2020年1月推广试行以来，二中院试点庭室对当事人提交类案检索报告的68件案件分别在不同环节予以回应，其中25件在庭审辩论，32件在合议讨论，12件在裁判说理环节加以论证，实现百分百回应。类案报告回应机制，既能对社会行为起到指导效用，又能满足人民群众对公平正义的普遍需求，促进不同地域审判质效的共同提升，为有效提高国家治理的法治化水平“掌灯指路”。

一是制作“一个模板、两个规范”，实现类案报告回应机制规范化。制作《商事裁判文书类案回应部分通用模板》，统一当事人提交类案材料的格式和内容要求，统一裁判文书说理部分关于类案回应的内容和形式，根据不同情形分别设计回应方式。制定《关于促进统一法律适用的工作办法》《类案回应操作规范》，确立类案材料一律审查原则，从类案标准、回应措施、检索方法、报告应用等方面明确统一规则，将类案回应确定为法官的职责之一，强调法官应认真履行裁判说理义务，充分保障当事人的诉讼权利。类案报告回应机制引导法官将新类型或疑难复杂案件，放在类案裁判规则框架下进行审理，辅助法官理清思路、明确尺度，强化内心确信、锚定案件结果的合理区间，同时也约束了法官自由裁量权的空间，并为法官提供职业“避风港”，有效防范各类风险隐患，推动司法责任制改革要求落到实处。

二是类案检索报告运用“三步走”，实现类案识别比对精细化。类案检索报告根据功能区分为三类：1. 作为证据使用。类案裁判中已查明的事实可以辅助证明在审案件中的关键事实，如“职业打假”“职业放贷”等类案可以作为证据证明当事人系“职业打假人”“职业放贷人”。2. 作为个案审理的裁判参考。当事人提供的类案与所裁判案件具有高度相似，法官要改变类案规则，则须进行充分的论证，必要时应提交专业法官会议、审判委员会讨论研究。3. 作为提炼新类型案件裁判规则来源。聚焦案件基本事实，梳理法律关系、争议焦点、法律适用，进行比较分析。对当事人而言，类案报告回应机制规范其检索类案的方式，激发了检索类案的动力，有利于提升自身法律素养；对法官而言，办案理念、办案模式发生转变，强制检索类案的压力也得到部分减轻；法官与当事人间对类案认识不断统一，裁判结果可接受性得到提高，同时，以稳定、统一的裁判规则引导市场主体规范经营行为，推动建设透明、公平、可预期的法治营商环境，发挥以案普法、“谁执法谁普法”作用，实现社会效果、法律效果、政治效果的统一。

三是建立“四梯次”回应模式，实现类案运用实质化。1. 庭前阶段重引导释明。单方当事人提交类案检索报告的，法官告知对方当事人可以进行类案检索并提交报告。法官可以指派法官助理向当事人释明围绕争议焦点提交类案材料。鼓励当事人在诉辩意见中对提交类案材料的目的进行详细说明。2.庭审过程重辨析查明。当事人提交类案或类案检索报告,作为证据使用的,适用证据开示规则;作为裁判参考,要求当事人重点阐述类案与在审案件的相似性、参考意义或反驳意见,确定为争点的,要求当事人围绕是否参照类案审理进行法庭辩论。3.案件评议重讨论说明。当事人提交类案材料或属于强制检索情形的,合议庭在合议时应对类案检索报告进行评议,并记入合议笔录:作为证据适用的,重点分析是否应当采信;作为裁判参考的,重点分析是否具有参考价值。4.文书说理重精确阐明。类案与在审案件高度相似的,法官应对是否参照类案审理在裁判文书说理部分进行详细阐述:采纳类案规则的,可以直接引述类案裁判观点,或按照其具体意见进行说理;不采纳类案裁判观点的,应全面展示类比推理过程,重点分析类案与在审案件的差异,详述不参照的理由。类案以适用相同规则作为一般,例外情况则由法院进行解法析理,这体现了司法对个体权利的尊重,符合人民群众对案件结果的预判和对关于司法公信的期待。试点工作开展以来,多次收到当事人的书面感谢和认可,认为该案案件审理"公正廉洁"。

四是健全完善配套工作举措,确保类案回应管理监督同步化。二中院围绕类案回应工作的统筹管理,召开多部门专题研讨会2次,召开专业法官会议3次。对类案回应机制的适用进行跟踪督促,组织类案检索和回应主题专项培训,向各审判团队推广类案回应办案规则。形成类案回应大数据报告18份,覆盖20余个商事案由,归纳类案裁判要旨30余个,整理类案适用规则、说理观点入库,提炼了40余条类案适用要点。建立健全重点案件评查机制,将因类案裁判尺度不一引发重大影响、被改判或发回重审的案件列为重点评查案件。完善院庭长监督管理机制,督促法官提高回应意识,规范类案检索、识别、参照适用。